国有企业数字化审计基础

肖　琴　陈金华　王利军　主编

南开大学出版社
天　津

图书在版编目 (CIP) 数据

国有企业数字化审计基础 / 肖琴，陈金华，王利军主编．— 天津：南开大学出版社，2019.9

ISBN 978-7-310-05885-3

Ⅰ．①国… Ⅱ．①肖… ②陈… ③王… Ⅲ．①计算机－国有企业－审计－中国－教材 Ⅳ．① F239.44-39

中国版本图书馆 CIP 数据核字 (2019) 第 206148 号

南开大学出版社出版发行

出版人：陈敬

地址：天津市南开区卫津路 94 号　　邮政编码：300071

营销部电话：(022)23508339　23500755

营销部传真：(022)23508542　　邮购部电话：(022)23502200

*

天津午阳印刷股份有限公司印刷

全国各地新华书店经销

*

2019 年 9 月第 1 版　　2019 年 9 月第 1 次印刷

260×185 毫米　16 开本　10.5 印张　256 千字

定价：48.00 元

如遇图书印装质量问题，请与本社营销部联系调换，电话：(022)23507125

编委会

前言

由于受审计权限、审计手段局限及被审计单位提供资料不真实等因素的影响，审计面临的风险越来越大。作为一名审计人员如果政策研究、审计取证、专业判断等方面出现失误也会导致最后的结果错误，给企业和自身带来风险，这就要求审计人员一定要具有很高的专业素养来支撑自己的工作。

审计事业发展面临严峻挑战，既有审计工作任务繁重和审计人员不足的矛盾，又有各单位单兵作战、各自为战难以适应现代审计组织方式的矛盾；既有信息技术快速发展与复合型人才结构短缺的矛盾，又有现有技术水平难以满足海量数据处理需求的矛盾。应对这些挑战，出路只能是加快审计信息化建设，靠人才兴审、科技强审，通过信息化、数字化，提高审计监督能力、过程控制能力、决策支撑能力和机关事务管理能力。

大多数国企已经推广实施了自己的审计专用系统以提升审计信息化水平。但是在审计信息化的大背景下，审计人员本身仍然存在理论基础差、实操水平不高的实际问题。虽然每年都会请审计专家不定时开展相关业务培训，但是整体来说效果不佳，培训教材存在一系列问题：一是业务培训教材缺乏系统化的整理，各个部分的衔接缺乏逻辑上的连贯性，缺少一部针对审计系统实际操作与理论知识学习的完整教材；二是审计教材阅读性不强，有些个别生硬难懂又难操作的内容仅有简单文字说明，不便于学习人员进行理解。

本书是数字化审计教材的基础篇，读者对象为审计人员中的新从业人员和零基础人员，是学习数字化审计的入门教材。

本书第一章介绍审计前沿的新方法和新技术，包括国际最新审计工作的发展趋势、大数据技术的审计应用研究、人工智能技术的审计应用研究和我国数字化审计建设发展方向，包括审计署、国企央企的数字化审计发展方向。

本书第二章简要介绍了审计信息化分析流程，包括审前调查，数据采集与预处理，建立审计中间表，审计数据分析、建模和可视化，以及疑点延伸、落实、取证等。

本书的三、四、五、六章针对第二章审计流程分别详细介绍了审计数据采集和预处理，审计数据中间表的创建，审计数据分析方法、建模和可视化等内容。

Preface
（前言）

Because of the influence of audit authority，limitation of audit methods and untruthful information provided by the auditees，audit faces more and more risks. As an auditor，misjudgments in policy research，audit evidence collection and professional judgment will also lead to the final result errors，which will bring risks to enterprises and themselves，which requires auditors to have high professional ability to support their work.

The development of auditing work is facing severe challenges，including the contradiction between the heavy task of auditing and the shortage of auditors，and the contradiction between the individual combat of each unit and the difficulty of adapting to the modern auditing organization mode；the contradiction between the rapid development of information technology and the shortage of compound talents structure. To meet these challenges，the only way out is to speed up the construction of audit informationization，rely on personnel review，scientific and technological review through informationization and digitalization，improve the ability of audit supervision，process control，decision support and organ affairs management.

In the background of audit informationization，auditors themselves have practical problems such as poor theoretical basis and low practical level. Although audit experts are invited to carry out relevant professional training from time to time every year，the overall effect is not good. There are a series of problems in training materials：1. Training materials are not systematic ，and lack of logical coherence in the cohesion of various parts. A complete teaching material for the actual operation of the audit system and theoretical knowledge learning is required. 2. Some of the audit textbooks are difficult to understand and difficult to operate.

“Digital Audit Basis” is the basic chapter，aiming at new auditors as learning introductory textbook.

目　录

第一章　审计前沿新方法和新技术分析

1. 国际最新审计工作的发展趋势

1.1　从事后的审计报告向持续审计监督发展

传统审计中，审计人员只是在企业生产经营业务发生后才编制财务报告，而且财务报告编制过程漫长，年度财务报告一般用三至四个月时间才能完成编制，严重影响了审计信息的及时性和利用效率。随着信息技术迅速发展，越来越多的人意识到实时财务报告的重要性，而大数据技术使实时财务报告成为可能。实时财务报告是信息技术与大数据技术相互交叉融合的结果，是信息化条件下审计技术发展的必然产物，尤其对业务数据和风险控制“实时性”要求较高的特定行业，如银行、证券、保险等行业，实施实时财务报告迫在眉睫。

在大数据时代，企业要实现实时财务报告，首先要在企业内部局域网中实现企业的审计信息系统和管理信息系统的数据集成，这可以通过建立企业的中心数据库来实现；其次是将企业局域网与互联网相连，实时财务报告系统中所用到的数据则来源于外部互联网和企业内部局域网的中心数据库。实时财务报告由审计人员对数据库信息进行网页化处理后供用户浏览，同时用户也可根据需求定制所需信息，通过 ASP 等动态页面生成技术即时生成所需的财务信息页面，为财务报告使用者提供实时的财务审计信息。

1.2　从审计的反映过去向预测未来发展

在大数据时代，审计人员需要更多地探寻如何利用大数据资源帮助企业预测或防范风险，并确保绩效和实现价值的持续增长。大数据能够让审计人员进行彻底革新，并有机会在企业中发挥更具战略性和“前瞻性”的作用。审计人员通过各种技术不断收集、储存和传递的海量数据会改变审计工作的工作重心，从数据分析和挖掘过程中向企业领导提出预测性的重要趋势，并为股东和利益相关方创造新的财富。

审计人员要实现从反映过去向预测未来发展，须要做好以下三方面的工作：首先，要制定数据评估的方法和服务，在符合法规且有效管理数据资产方面，发挥其对合规与内控方面的作用。其次，利用大数据提供更具针对性的决策支持，可以是通过实时方式，并决定何时与内部和外部利益相关方分享数据最有效，或何时将数据“兑现”为新产品。最后，利用大数据及其相关工具并不只是为了实时识别风险和提高审计服务能力，而是为了评估和规避生产经营活动中所面临的短期和长期风险。

1.3 从财务管理理念向综合管理理念发展

大数据的出现将颠覆现行财务管理的理念和模式，财务管理将不再局限于传统的财务领域，而是向销售、研发、人力资源等多个领域延伸和渗透，与企业业务有关的一切数据的收集、处理和分析将成为财务管理的主要定位和主导任务。大数据时代的财务管理拓展了传统财务管理的领域和范围，一些原本不属于传统财务管理范畴的业务会进入大数据时代的财务管理视野，可以将其称之为“综合财务管理”。

综合财务管理因为大数据技术的支撑，能在企业决策时通过数据挖掘掌握大量的有用信息，这些信息有助于企业减少常规错误，有利于企业减少系统性风险，可以使企业对未来发展的预测更加准确。另外，大数据使得财务人员在进行相关数据分析时，及早觉察到异常情况，这样企业就可以提前采取措施，减少可能的损失或规避潜在的风险。综合财务管理极大地扩展了财务管理的领域和深度，从企业所处的行业背景分析、企业的竞争能力估计、企业无形资产评估、产品价值分析和自身财务状况出发，做到不仅“知己”，而且“知彼”。从这个意义上说，在大数据时代，综合财务管理将成为企业的核心资源与核心竞争力。

1.4 从抽样审计模式向总体审计模式发展

抽样审计模式，由于抽取样本的有限性，而忽视了大量的业务活动，无法完全发现和揭示被审计单位的重大舞弊行为，隐藏着严重的审计风险。在大数据时代，数据的跨行业、跨企业搜集和分析，可以不用随机抽样方法，而采用搜集和分析被审计单位所有数据的总体审计模式。大数据环境下的总体审计模式是要分析与审计对象相关的所有数据，使得审计人员可以建立总体审计的思维模式。

审计人员实施总体审计模式，可以规避抽样审计风险。审计人员能够收集总体的所有数据，就能看到更细微、更全面、更深入的信息，就可对数据进行多角度的深层次分析，从而发现隐藏在细节数据中的对审计问题更具价值的信息。审计人员实施总体审计模式，能发现从抽样审计模式所不能发现的问题。总体具有局部根本没有的功能，当各个局部以合理的结构形成总体时，总体就具有全新的功能，总体的功能就会大于各个局部功能之和。大数据技术给审计人员提供了一种能够从总体把握审计对象的技术手段，从而帮助审计人员能从总体的视角发现以前难以发现的问题。

1.5 从单一审计报告向综合审计成果应用发展

目前，审计人员的审计成果主要是提供给被审计单位的审计报告，其格式固定，内容单一，包含的信息较少。随着大数据技术在审计中广泛应用，审计人员的审计成果除了审计报告外，还有在审计过程中采集、挖掘、分析和处理的大量的资料和数据，可以提供给被审计单位用于改进经营管理，促进审计成果的综合应用，提高综合审计成果的应用效果。

审计人员对大数据技术的应用，促进了审计成果的进一步综合应用。首先，审计人员通过对审计中获取的大量数据的汇总、归纳，从中找出内在规律、共性问题和发展趋向，为被审计单位投资者和其他利益相关者提供数据证明、关联分析和决策建议。其次，审计人员通过应用大数据技术，从不同的角度、不同的层面整合提炼审计结果以满足不同层次的需求。再次，审计人员将审计成果进行智能化留存，通过大数据技术，将问题规则化并固化到系统中，以便于计算或判断问题发展趋势。最后，审计人员将审计成果与被审计单位进行关联，可以减少实地审计的时间和工作量，提高审计工作的效率。

1.6 从精确的数字审计向高效的数据审计发展

直到今天，审计人员的数字审计技术依然建立在精准的基础上。这种思维方式适用于掌握“小数据量”的情况，因为需要分析的数据很少，所以审计人员必须尽可能精准地量化被审计单位的业务。相比依赖于小数据和精确性的时代，大数据因为更强调数据的完整性和混杂性，帮助审计人员进一步接近事情的真相，“局部”和“精确”将不再是审计人员追求的目标，审计人员追求的是事物的“全貌”和“高效”。

在大数据环境下，很多传统的审计技术和方法显得效率低下和无法实施，大数据时代的超大数据体量和占相当比例的半结构化和非结构化数据的存在，已经超越了传统数据库的管理能力，必须使用新的大数据存储、处理和检索方法。围绕大数据，一批新兴的数据挖掘、数据存储、数据处理与分析技术将不断涌现。在实时审计时，审计人员应使用分布式拓扑结构、云数据库、联网审计、数据挖掘等新型的技术手段和工具，以提高审计的效率。

2. 大数据技术的审计应用研究

大数据分析是通过对大规模、多样化的数据进行科学化采集和分析，从而挖掘出其中隐藏价值的过程。大数据时代的到来，给现代企业审计提出了新的要求和新的挑战。如何在信息时代更有效地进行企业审计是审计机关需要面对和解决的问题。

（1）大数据分析是创新企业审计技术方法的必然要求

“审计工作，就是让数据说话”。传统的企业审计是事后审计，在事后对企业的会计报表、账簿和凭证等财务资料进行抽查核实，是让财务数据说话的事后审计。大数据时代是实时审计，实时采集企业的业务数据，并与企业外部的银行、工商、税务、物流、其他企业业务数据等进行综合分析与挖掘，实时判断企业生产经营情况，甚至基于当前状态对企业未来发展进行短期预判，是让业务数据说话的实时审计。现阶段，我们正处在由传统审计向大数据审计的转化过程中，但仍处于以财务审计为主、外部数据核查为辅的大数据初级阶段。

要在一个行业中应用大数据技术，不能一蹴而就，前期探索阶段需要以技术和工具为主，从分析工具及分析思路出发挖掘价值；后期则以数据为主，从数据本身出发挖掘价值。在当前的企业审计实践中，大数据应用较为原始，主要体现在数据分析理念的应用上。即通过采集企业某业务流程的全部数据，结合外部信息系统或记录台账，对该业务的流程进行全面多维度对比分析。通过贯彻大数据“样本 = 总体”“相关 > 因果”的理念，数据分析不再拘泥于抽样调查，也不仅仅局限于业务流程本身，而是以全体业务数据关联外部数据，从业务本身及相关流程进行分析挖掘。大数据审计思维对企业的业务数据分析共分为以下6个步骤：

第一步是对业务或问题进行了解。要了解企业业务的性质、业务流程、关键节点、管控可能存在的薄弱环节和漏洞，从各个角度理解企业业务并初步提出可能存在的问题，这是分析思路和分析模型的出发点。

第二步是对数据进行了解。要了解该业务会产生什么数据、数据存储位置、存储形式和结构、不同阶段业务活动在数据中如何体现、数据库的设计结构和数据字典以及更新策略如何设计等。除业务自身外，还需了解该业务的外部活动，互动的外部活动产生的数据存储位置、存储形式等，这是对数据进行分析的基础工作。

第三步是准备数据。若进入真正的大数据时代，此步骤会因数据太大无法移动而被舍弃，但现阶段还不能跳过。准备数据即先采集目标业务信息系统的所有数据，并根据第二步对数据的了解，对所收集数据进行整理、重组，在可行的前提下，进行丢弃数据中的冗余、噪声，对明显的错误进行纠错等清洗操作，这是用于分析的数据原材料。

第四步是正式对数据进行分析，以第一步提出的问题为目标，采取合适的分析方法，建立相应的分析模型，对第三步准备好的数据进行分析和挖掘，找出其中所需的结果。分析方法和模型不是越复杂越好，在能达成目标的前提下，越简单的分析模型越有效。

第五步是形成观点或结论，把分析出的数据结果加以解读，以数据分析动态或数据分析报告的模式，用可视化、通俗化的方式来表达整个分析步骤及结果，包括此次数据分析的目标、分析思路和方法、分析结果，并提出建议关注的重点和延伸方向。

第六步是实证使用，将第五步形成的分析结果用于审计实践，来帮助指引审计方向、推进实际工作。同时，实证使用也是对前期分析思路正确与否、完善与否的重要验证。若在实际操作时发现分析结果与实际情况出入较大，则可以反馈至数据分析组，帮助数据分析团队完善对业务和数据的理解及分析方法的思考，调整分析模型，必要时重新调整挖掘方向。

（2）现阶段大数据应用于企业审计存在的主要问题

一是数据获取途径不畅。大数据具有“大量”和“多样”的特性，由于缺乏采集的规范标准和范围边界，尚未建立数据定期采集机制，企业审计数据大多只能在审前调查阶段采集，数据采集更多依赖于被审计单位的配合，部分单位存在对审计组采集数据的口径理解不到位，或者以各种理由拒绝提供数据、只提供部分数据、不及时甚至故意拖延等影响数据完整采集的情况，直接影响分析结果。外部公共数据也未实现全国联网接入，现在的数据往往地域与地域隔离、系统与系统隔离，碎片化严重。

二是分析技术、分析方法亟待改进。在企业审计中，对数据进行分析是建立在数据库和电子表格等结构化模式的基础上的。对于文档等半结构化数据，现在能够实际应用的只在文字搜索这一层次，更高级的语义挖掘、话题检测、特征抽取等分析技术还未广泛推广应用。对于图片、声音、影像等非结构化数据，现阶段只能靠人工判读，无法在审计过程中依靠电脑进行分析。

三是传统审计思维需要更新。审计是一种客观求实、讲究证据的工作，它需要弄清楚事情的因果关系，以此来判断是否合法合规合理。但大数据分析更看重的是相关性而非因果，很多大数据分析模型都是“黑盒”，它可以给出结果，但结果不可解释。两者之间的理念冲突造成了传统审计很难适应大数据分析的结果，审计人员对分析结果充满疑问、怀疑其准确性。并且后台数据分析与现场审计实施易脱节，如果后台分析团队、审计组数据分析团队和现场审计小组对分析思路、疑点判断等沟通协调不够顺畅，就会导致审计现场发现的疑点无法及时通过数据分析进行研判，有时数据团队的分析结果与审计现场实际存在较大差异。

（3）完善企业审计大数据分析的建议

一是对于数据获取途径不畅的问题，建议深入学习贯彻党的十九大精神，从全面增强执政本领的政治高度出发，加大运用互联网技术和信息化手段开展工作的力度，建立健全国有企业、国有资本管理运营相关电子数据的定期采集报送机制，制定数据采集的规范和标准。从政策顶层设计的高度，整合公共数据，制定完善相应访问策略与权限。

二是对于分析技术、分析方法需要提高的问题，建议完善数据操作平台，加快技术知识创新，做好经验总结。从底层数据存储开始研发，自下而上，直到用户操作界面，设计建立符合大数据时代的，兼顾存储容量、处理速度、分析方法的系统性综合审计信息系统。

三是对于审计思维需要更新的问题，建议加大审计人员的培训力度，将信息技术前沿理论、数理统计、语义处理等内容纳入日常培训，从原理角度阐述大数据分析的方法及内在原理，转变思维方式，提高技术水平，开阔技术视野。完善后台数据分析团队与现场审计组的沟通协调机制，使数据分析发挥出更大的作用。

2.1　大数据技术对审计的价值

大数据技术使得审计方法和技术不再拘泥于过去的固有形式，传统数据的处理方式已经发生了变化，审计技术和方法正在进入显著的演变过程，朝着预见性、智能化、数据化和及时性的方向迈进。审计组织也将通过重大的技术性改革来适应大数据的影响，大数据技术与审计的发展存在十分密切的联系，不仅会影响到审计工作方式和技巧，而且会从思想上转变审计工作人员和单位的看法，从而更加准确快速地开展审计工作。

2.1.1　全面的审计数据范围

抽样方式是在数据量较大的时候所采用的处理方法。这符合传统审计模式的要求，然而今天只有在技术条件具有较大约束性时，才会在分析研究过程中采取抽样取数。如果有些问题或规律通过个别或少数数据得以揭示，可能造成审计结果出现偏差。对于大数据背景而言，一是抽样数据由于样本本身数量局限无法表达整体情况，二是抽样分析的技术已不再受约束，所以分析者不应再拘泥于局部抽样数据，而是应当从全部数据角度入手进行分析。全面的数据处理可以依赖大数据技术得以实现。

2.1.2　大幅降低审计成本

只有审计部门定期采集各行业部门的数据，并与被审计单位联网，才能实现传统审计的数据采集。这样将大幅度增加审计成本。大数据背景下，审计部门内部横向纵向各部门都可以更加高效地流通数据信息，这主要通过跨数据结构跨平台跨系统的大数据技术得以实现。若想在权限范围之中直接获取审计所需的数据，只需连接内部网络便可。

2.1.3 科学的审计工作方式

现场数据系统分析、现场集中分析、现场分散分析的状态是传统审计大部分时间停留的层次，即呈现出的格局较为分散。数据的关联分析是大数据时代强调的重点。大数据审计下需按照如下步骤完成局部审计向全部审计的过渡：

（1）全面对比分析各个数据。该过程建立在大数据分析平台的基础之上。

（2）按照审计重点将审计疑点切实挖掘出来。

（3）为核查发现的疑点，应布置各审计小组开展现场审计。

2.1.4 可实行分布式处理

个人仅需要一台计算机便可以顺利完成传统审计数据处理，但是只有将分布式数据处理系统切实构建起来，才能够适应大数据环境。这是单台计算机无法实现的。分布式处理系统能够利用网络连接具备不同功能且处于不同地点的多台计算机，大规模数据处理系统可以在统一管理和控制下得以妥善落实。为促进审计效率的提升，使分析工作能够得以更好地完成，不同的审计人员应当分工操作，然后汇总分析结果实现审计分析。

2.2 大数据分析技术的审计应用

常规数据分析方法利用的是审计人员已有的知识，这存在多处不足：一是审计人员的经验和知识是“有限的”，被审计对象行业跨度大，各单位情况千差万别，当审计经验无法运用时，面对海量数据真如“瞎子摸象”；二是数据是不断发展的，审计经验相对于数据往往是滞后的，这种不同步性给审计带来了巨大的潜在风险；三是对同一数据审计，不同的审计人员可能会得出完全不同的结论，知识的不对称性无法保障审计质量；四是传统的数据分析方法无法处理庞大的数据库系统，数据难以追踪，审计无从下手。

数据挖掘是针对日益庞大的电子数据应运而生的一种新型信息处理技术。它一般排除人为因素而通过自动的方式，来发现数据中新的、隐藏的或不可预见的模式或活动。这些模式是指隐藏在大型数据库、数据仓库或其他大量信息存储的知识。利用数据仓库中包含的信息，数据挖掘可以发现审计人员原先根本没有想过的问题。它是在对数据集全面而深刻认识的基础上，对数据内在和本质的高度抽象和概括，也是对数据从理性认识到感性认识的升华。数据挖掘方法千差万别，不同的方法应用于不同的领域和对象。选取合适可行的挖掘算法对挖掘的效果起着重要的作用，它将直接影响到决策。在实际运用过程中，很多挖掘方法不是单独使用的，它往往和其他方法结合起来，才能产生预期的效果。

（1）运用统计分析技术发现偏差数据

统计分析技术是指利用统计学原理对数据库字段项之间存在的函数关系或相关关系进行科学分析的方法。具体方法包括常用统计（求大量数据中的最大、最小、汇总、平均值等）、回归分析（用回归方程来表示变量间的数量关系）、差异分析（从样本统计量的值得出差异来确定总体参数之间是否存在差异)等。

审计人员通过建立统计模型对搜集的被审计单位以及同类型单位的大量财务、业务历史数据进行分析,挖掘内部存在的函数关系或相关关系,然后对审计期间内的相关数据进行合理预测。通过将分析的预测值和审计值进行比较,从而帮助审计人员发现疑点。例如,根据个人或家庭的购买模式,估计个人或家庭的收入水平,通过与个人或家庭的正常收入水平相比,或许能找出个人或家庭收入方面的一些问题。对某个企业或单位,也可以按此逻辑来分析其收入或支出等方面数据的正常性。一般情况下,估值可以作为分类的前期工作,输入一些特定的数据,通过估值分析,得到其他难以直接获取的变量的值,然后根据预定的分类规则进行分类。例如,银行的个人消费信贷业务,就可以运用估值分析,给各个客户打分,然后根据一定的分类标准,将客户按级别分类。

(2)运用关联分析技术揭示关键属性

关联分析技术是从操作数据库的所有细节或事务中抽取频繁出现的模式,进而总结出一组事件或条目与其他事件或条目的相互联系。

利用关联规则分析,审计人员可通过关联规则挖掘技术对审计对象数据库中的数据进行分析,找出数据库中各数据之间的相互联系,发现某些数据之间的异常联系,以此为基础,寻找审计线索,发现审计疑点。例如利用关联规则分析,可以发现一个企业的原材料消耗量、职工工资总额、生产量、销售费用、销售额和应纳增值税额或消费税额的关联性,通过查找相关企业这些数据的对应关系,据此或许能发现该企业在缴纳增值税或消费税方面存在的问题。

(3)运用孤立点分析技术挖掘审计疑点

孤立点是指明显偏离其他数据,即不满足一般模式或行为的数据。孤立点分析是数据挖掘中的一项重要技术,用来发现数据源中显著不同于其他数据或行为的异常数据和异常行为。

而面对海量的电子数据,审计人员需要利用计算机强大的数据分析能力,采用孤立点检测算法,发现异常审计数据或异常发生频率等,从而发现有可能隐藏的违规行为。

(4)运用聚类分析技术确定审计重点

聚类分析就是把一个数据集分解或划分成不同的组,使同一组中的对象尽可能相似,不同组中的对象尽可能相异。通过聚类,容易识别出密集和稀疏的区域,发现全局的分布模式和数据属性之间的相互关系。

在审计实践中,通常利用聚类分析技术对信息系统中被审计单位的同类型的财务数据或者业务数据进行分组,使其成为有相似特性的聚集。一般说来,财务数据及重要业务数据(如销售数据)的变动具有一定的规律性。所以如果某些数据处于稀疏区域,说明其变动表现异常,需要重点关注。同时通过观察该区域记录的特征,可以发现审计需要查证的问题特征。例如对银行的信贷业务进行审计时可对各种业务分类为低、中、高风险三类,然后分配各笔业务到预先定义的业务分片。分类就是要达到“物以类聚”的目的,分类规则一旦确立,各种数据都可自动通过数据挖掘系统来归类聚集。

2.2.1 智能挖掘技术

为了对被审计单位的各级别的财务、业务信息做到切实了解，将审计线索有效挖掘出来，审计人员通常要对综合程度不同的被审计数据信息进行查询，完成审计数据分析工作。

为使不同层次的信息需求能够满足用户需要，可在数据库中应用智能挖掘技术达到浓缩细节数据的目的。所以，要对某类数据的全貌做到有效把握，审计人员在对数据集描述时可以从不同角度和不同粒度入手，在审计数据分析中应用智能挖掘。要想挖掘被审计数据库中存储的数据，智能挖掘技术是审计人员的不二选择。通过属性分析等智能挖掘技术，在较高的层次上将详细的财务数据表达出来，通过财务报告的一般属性特征描述，审计人员就能以此作为依据来判断财务报告是否虚假。例如：会计信息的挖掘可以通过会计凭证、分类账与财务报表等逐步实现，并且财务报告的一般信息评价也能通过智能挖掘技术得出，这样财务人员在进行财务审计时，可以根据不同的需要来选择不同程度的信息。

2.2.2 统计分析技术

对于数据的分类和预测主要是通过统计分析技术予以实现。审计数据库中存放了大量的信息，而分类挖掘则能找出具体的数据模型或者描述。此外，审计人员也可以针对被审计单位大量的业务、财务历史数据建立相应的统计模型，以此进行趋势预测，并比较审计值和分析的预测值，这样审计人员就能迅速发现审计疑点，对其进行重点审计。以财务审计为例，对于虚假财务报告来说，其财务指标和其他同类企业相比有着非常明显的不同：主要包括资产负债率、应收款项周转率、应收款项比率、速动比率、销售费用率和管理费用率等。在审计过程中，统计分析技术可以发挥重要作用。通过对数据进行分类和预测，如果审计值和预测值出现了很大的偏差，那么就重点审计。应收账款和相关的债务人记录都在数据库中进行保存，债务人的信誉状况、账龄分析、数据时间戳等指标都可以被用来进行坏账预测，如果计算值和实际坏账损失差别很大，审计人员应重点进行审查。

2.2.3 聚类分析技术

这一技术应用被审计人员用来识别稀疏区域和密集区域，这样就能发现数据属性间的关系和分布模式，进而将重点审计区域确定出来。企业的经营业务变化会对企业的财务报表数据产生影响。通常，在真实的财务报表中，主要项目都是呈规律变化的。如果在报表中发现了异常表现，那么重要的信息可能就隐藏在数据的异常点处，也就是说可能有一些虚假成分被增加到这份被审计的报表项目的数据中。该方法对于“孤立点”的挖掘分析非常有效，审计人员在分析审计数据时，通常会检查数据的极端值、异常和偏差，孤立点就是指的这些特殊或者异常的情况，应将其作为审计要点重点考察。在挖掘“孤立点”时采用聚类分析中的孤立点检测算法，就能提前发现异常审计事件、数据，或者是发生异常的频率，将那些被隐藏的违规行为找出来，孤立点分析技术通常被用来检查规定的、违背规律的和舞弊的行为。这是由于在大量正常数据中，这些行为数据的量是很少的，其表现形式和正常数据也有所不同。举应付账款的实质性测试作为例子说明：对于那些特征相似的会计数据通过聚类分析技术完成聚类分组，就能够发现重复记账、与其他月份金额差异明显、明细账和总账金额不一致以及非常规交易等异常情况的应付账款。

2.2.4 关联分析技术

财务作假需要对各个不同科目进行协调，但是无论如何处理都不会无懈可击，有个别科目发生背离是在所难免的。审计人员通过应用关联分析技术，就能挖掘出数据库中的相互关联的数据，进而找出不同数据项之间的关系。如果数据项有异常联系的话，就会被提取出来。审计人员应将其列为审计疑点重点分析。

财务领域的财务数据之间是具有钩稽关系的。隐藏在数据之间的相互关系可以通过以关联规则为基础的数据挖掘分析发掘出来，科目作假是财务作假的一种表现形式。“假科目，真做账”是其主要表现，不同科目之间运作、配合、协调，但是报表间异常的钩稽关系以及个别科目的背离也是这种作假手段的常见问题。例如：在审计经济数据或者财务数据的过程中，利用关联分析技术方法就能发现不同类或者同类的财务数据以及科目之间存在一定的对应关系，并且现金流量表、利润表、资产负债表三大财务报表是存在钩稽关系的，而对于那些隐匿经济活动的查找，则需要使用非财务逻辑关系的规律，使得审计人员有更多的方式来发现财务造假。

2.2.5 数据可视化技术

通常人们在潜意识中会将大数据认为是凌乱、浩繁的数据集合。大数据处理通常是由机器来完成的，有时仅凭人的意识无法准确理解数据反映的信息。这时，通过形象的方式来呈现大数据包含的信息会更有利于审计人员进行审计分析。可视化报表和可视化分析是可视化技术的两大类别。所谓的可视化报表是将数据信息通过图或者表的形式反映出来，如记分卡、仪表盘等，Excel（电子表格软件）的图形化功能也是其中的一种。在可视化报表的基础上，可视化分析能够将更高程度的数据互动提供给使用者。可视化技术可以被应用在审计分析程序中，将信息从大数据中提炼出来，并通过简单报表形式进行呈现，审计人员对报表进行了解之后，形成自己的见解，并将不需要的信息再通过可视化分析过滤出去，留下需要的信息，将审计分析程序和大数据技术有机结合起来。比如，可视化分析可以用来分析被审计单位数年的管理费用，以此对分析过程中呈现异常的年度管理费用数据进行重点审计。

2.2.6 多维度数据建模

多维度数据建模指的是基于多维度模型所进行的数据分析，具有分析速度快、结果准确等优势。在实际应用当中，只有当需要分析的数据具有多个不同维度的时候，才可以采用多维度分析。要想在审计当中运用多维度分析，除了数据需要具有维度外，还需要做到以下几点：首先需要结合业务进行维度及度量的确定，然后需要结合数据选取合适的组织模式，如雪花、星形模式，再结合多维度数据模型，可以实现多维度数据分析。

2.3 各国大数据审计工作现状

2.3.1 中国大数据审计工作现状

中国审计署将大数据审计工作总结为“三个集成、五个关联”。三个集成即是数据、分析、审计工作的集成。五个关联即：一是从中央财政到省市县乃至每个乡镇的资金使用、从部门到项目具体执行单位的资金使用的纵向关联；二是从市财政、市发改委到一级、二级预算单位的各种专项资金的横向关联；三是财政、金融和企业三方面的数据关联；四是财政与其他多部门、多行业的数据关联；五是财政数据与业务数据、宏观经济数据的关联。在获取到的各类型大数据基础上运用多种数据挖掘技术，实现对数据的集中分析、疑点发现和分散核查。目前，中国审计署实践的大数据审计工作包括：①针对被审计单位和内部部门，建立采集、分析、保护数据的机制，此工作的前提是中国国家政策赋予了中国审计署收集和累积外部受审核方数据的权力。对于内部部门，中国审计署制定了一系列内部规则，规范其在收集、转移、存储、分析和保护数据方面的行为。②建立专门的部门和多个交叉团队管理数据、深度发掘数据的价值。2014 年，中国审计署成立专业部门，负责管理和挖掘数据，并经常邀请来自不同部门的经验丰富的审计师，设立各种跨行业团队的审计数据分析。③数据的采集与管理方面，根据“审计工作十三五规划”提出的目标，到 2020 年前收集我国主要经济运行行业的数据。未来，中国审计署将从管理、数据（包括质量、安全）、人力（训练）、基础设施（软、硬件）这四个方面来提升、创新大数据审计工作。总的来说，中国审计署认为大数据审计不仅是技术层面的革新，更多地代表审计理念的创新。

2.3.2 世界各国大数据审计现状

（1）美国审计署

美国审计署认为，大量数据和增强数据分析可以为审计界带来许多机会。此外，通过利用数据分析领域不断发展的方法、工具和技术，最高审计机关可以大大增强其审计工作的影响。这些方法使得最高审计机关可快速发现审计线索和形成审计结论，以便在问题发生之前实施干预。近年来，美国政府在提高政府数据的透明度、可用性和可靠性方面已经付出了很大努力，一些立法工作正在使美国联邦政府的支出数据更加准确和广泛可用。然而，即使可以提供更多关于美国联邦政府的消费数据，也需要美国审计署有能力分析这些数据。最后，美国审计署强调了数据分析方面协作的重要性，其一直非常积极地与其他实体合作，以促进数据分析在政府责任审计中的应用。

（2）英国国家审计署

英国国家审计署（National Audit Office，NAO）关注于如何在大数据环境下增加数据分析的价值，同时降低分析成本。国家审计署通过数据关联分析挖掘模式，创造新的数据见解和价值，从而获得最佳审计实践方式和更可靠的审计意见。其审计过程应用计算机自动化技术降低审计成本并加速数据分析以获得新发现。在保持避免错误的同时，利用各种机会增加数据的更大价值。目前，英国国家审计署主要关注审计数据分析中的三个方面，即数据服务（数据清洗、关联、存储）、审计分析（将统计、机器学习、文本挖掘等大数据技术应用于审计）和可视化（运用数据可视化技术清晰简明地呈现和传播分析结果）。这三个方面主要由更大程度地应用自动化、编程、软硬件技术来支撑，其工作特点是尽可能地利用外部力量来保证工作的创新。

（3）印度主计审计长公署

印度最高审计机关主计审计长公署（Comptroller and Auditor General of India，CAG）重

点介绍了电子治理(E-governance)和数字审计(E-Auditing/Digital Auditing)的概念。印度最高审计机关从数据整合(内部,被审单位,第三方)、统计分析、可视化技术、建立数据仓库、能力建设等方面着手,通过实施标准模型(审计计划,报表可视化)、特定审计分析技术(识别审计目标,风险评估,抽样,审计证据,审计报告)、试点项目等手段展开大数据审计工作。他们指出,在获取被审计方信息和IT能力这两个方面面临挑战。最后,他们提出一个开放性主题,即鉴于数据分析技术的使用发展,审计师要在重复性审计模式转变为持续审计中发挥更大的作用。

(4)其他各国审计大数据现状

奥地利审计院(Austrian Court of Audit, ACA)针对大数据环境下的审计工作成立了R语言工作组以及R语言导师计划(有经验的R语言审计人员作为新人员的导师),通过应用R语言开展审计任务中的数据分析,并介绍了其在绩效审计、医保资金流动审计等方面的应用成果。

厄瓜多尔审计总署(The Office of the General Comptroller of Ecuador)分享了厄瓜多尔在公共信息数字化、开放数据采集和处理方面的最新进展。该国政府已经签署了促进在线公共信息获取的新规定,并介绍了几种可供公民访问信息的工具软件。通过各种门户,厄瓜多尔审计总署将采集的信息用于审计活动和监督管理。此外,该审计总署引入信息技术实现审计总署大部分内部流程的自动化,例如,其开发的"家庭地址咨询"应用程序允许审计人员查找被审计对象的家庭住址,便于通知处理。

爱沙尼亚的代表表示爱沙尼亚审计署缺乏应用大数据审计的经验,然而在其高校、科研机构以及商业公司,大数据分析得到广泛应用。该代表分享了爱沙尼亚两所大学分别进行的两项大数据分析案例,一是塔林技术大学针对爱沙尼亚政府与三菱公司之间的二氧化碳排放交易的项目,二是可为个性化医疗开发相关工具的大型健康数据分析(爱沙尼亚中央电子健康数据库,保险基金数据库等)项目。

巴西联邦审计法院(Federal Court of Accounts, TCU)介绍自2006年以来,TCU已经收集到了代表巴西最重要政府进程的公共数据库。至今,TCU拥有56个数据库,其总数据量达7TB。为充分利用这些数据,TCU创建了一个相应的信息管理部门。TCU的使命在于提高巴西的公共行政能力,通过公共行政的外部控制,以提供更好的服务、更好的公共政策,为社会造福。此外,他们还分享了基于各种软件的审计平台建设以及风险分类模型的案例应用。他们认为大数据环境下,审计工作的挑战在于如何提高数据和数据分析在审计工作中的作用以及如何提高数据分析效率。

芬兰审计署(National Audit Office of Finland, NAOF)首先介绍了芬兰审计署的组织结构:芬兰审计署由四个部分组成,分别是财务审计和合规审计部门、绩效审计和财政政策审计部门、行政办公室及管理服务部门。芬兰审计署已认识到需要新的审计方式来应对社会变革的速度和社会的不可预测性,因此NAOF试图寻求一种新的策略分析数据并以可视化方式呈现相应的数据与结果。在财务审计与合规审计方面,国家各部门和机构使用同一会计制度,从审计计划到审计报告生成都系统地使用IT系统审计技术和分析工具。目前,IT

(信息技术)系统审计已成为财务审计和合规审计的一个组成部分。NAOF 已认识到审计人员获取新技能的需要,因此审计人员的培训重点在于发展其 IT 分析技能。然而,NAOF 对数据的使用还没有超出传统的财务数据。而在绩效审计和财政政策审计方面,过去 20 年里只有数十个审计案例使用了数据统计分析。目前,NAOF 正在筹备中央政府的实体预算和其他财务数据的可视化,并积极寻找一个使用大数据的实验性审计主题。

挪威审计长公署(Office of the Auditor General of Norway, OAG)分别分享了在财政审计和绩效审计中数据收集和数据分析方面的经验。其国家的相关法案规定挪威审计长公署可以要求被审计单位提供任何信息或任何文件进行审核。被审核单位应确保审计长公署可以检索所需的任何信息,且以其认为的适当的方式进行审计。信息(包括个人信息)应以审计长公署要求的形式和媒介免费提交。未来他们将建设一个新的数据服务中心,该中心不仅提供数据导入、清理、分析和可视化功能,还将应用开源软件(如 R/Shiny)来开发审计应用程序,以不断提高审计人员的数据科学和分析能力。

俄罗斯联邦审计院(Accounts Chamber of Russian Federation)分享了大数据对其审计工作的影响,介绍了利用数据预测分析技术面临的挑战和局限。目前,他们正积极收集数据并利用大数据分析开展前瞻性审计。

泰国审计署的代表概述了大数据对泰国审计工作的影响,并介绍了审计人员和 IT 审计之间的审计工作方针。目前,泰国审计署运用审计软件包和审计指令语言(ACL)软件分析数据,下一步他们将发展 IT 技能以辅助制定审计政策。

2.3.3 未来大数据审计发展趋势

从各国审计机关关于大数据审计现状和成果的介绍中可以看出,审计数据获取、数据可视化技术、审计人员能力提升是大家共同关注的问题。如今,大数据环境为审计工作提供了一个“全数据”模型,即“样本等于总体”,使得审计全覆盖成为可能。然而,大数据环境下的审计工作也面临诸多挑战,如数据收集、管理和利用的困难。此外,大数据审计也带来了很高的成本,并且大数据审计一直受到噪声数据的影响。未来将从技术创新、管理变革和审计实践三个方面来推进大数据审计工作。其中,大数据审计技术革新主要包括:①多源、异构数据的标准化与整合研究;②大数据存储架构研究;③大数据分析技术研究。管理变革意味着审计组织模式的改革,即需要建立跨部门合作机制实现数据收集、数据安全和保密维护及审计风险控制。此外,在大数据审计实践中还应当注重:①利用大数据分析手段促进可持续发展;②防舞弊审计研究;③数据公开与数据共享。

2.3.4 小结

大数据环境下,各国审计模式随之发生改变:从抽样审计转向全覆盖审计,从事后审计转向事前、事后审计相结合,从现场审计转向非现场审计,从微观审计转向宏观审计。

大数据战略与诸多国家提高国家治理水平、实现社会可持续发展的实践密不可分,各国最高审计机关的使命是促进国家良治、全球良治和全球可持续发展。大数据审计不仅是技术方法层面的创新,更是审计理念、审计制度、人才培养方面的变革,应进一步解放思想,充分树立责任观、系统观、数据观、创新观、人才观,不断完善和推进大数据审计工作。

3. 人工智能技术的审计应用研究

高度智能化审计建设是“牵一发而动全身”的系统工程，必须在顶层设计上进行整体规划，有步骤地推进。

（1）信息化审计的前提是对内外部相关信息“全生命周期”的管理与应用。通过对信息产生、获取、应用、退出等环节进行的自动化、系统化管理，建立起覆盖信息资源全生命周期的管理机制，实现信息资源对审计活动的引导。从信息产生入手，实现信息的充分了解和全面获取。内部审计要紧跟业务发展与系统建设，了解业务数据信息的性质、内容、结构、过程与逻辑关系，并建立多元化渠道实现对信息的全面获取。

通过整合、挖掘和流转，实现信息的有效应用。通过高效能的数据仓库，从风险、业务、产品等各个视角对审计信息进行筛选、清洗、开发、加工，使整个审计信息结构清晰、粒度细化、动态更新、调用顺畅，为各类审计作业与管理提供有力支持。

通过动态管理，实现失效信息的及时退出。内部审计要跟随业务发展和信息更迭，结合审计档案管理和数据时效要求，通过信息的替换、覆盖、删除，及时清除失效信息，消除冗余信息干扰。

（2）信息化审计的基础是搭建具备“大数据”处理能力的“云计算”平台。通过开放、整合的审计服务平台，实现对审计活动全流程、全方位覆盖，为审计活动的自动化和智能化提供数据信息、计算能力和软件应用等高度共享的云审计服务。

搭建审计数据平台，建立审计信息云。构建结构化数据库和非结构化信息库，打破业务系统之间的隔离墙，紧跟业务发展，不断扩充数据信息资源，通过“打标签”将非结构化信息标准化，实现各类信息资源的有效管理、充分共享和灵活检索。

搭建审计应用平台，建立审计服务云。在数据平台基础上，打造内审专属的自动化持续监测平台、智能化数据分析平台，为实现持续性审计、数据分析与挖掘等核心功能提供技术工具和系统支持。

（3）信息化审计的核心是要形成一套“智能化”的审计方法体系。这主要体现在从业务思路和数据信息两方面出发，创新审计分析技术，增强审计的增值服务能力。发展审计智能，持续优化从业务思路出发的审计分析技术。创新并行审计技术，强调内部审计对于业务发展、产品设计、系统开发的全流程参与，强化内部审计对业务本质的理解，以业务思路为出发点，构建、优化、管理、应用审计模型，突出审计的同步性、时效性和协同性。审计人员可以借助信息化设备随时查询业务报表，随时掌握风险动态，随时开展线上分析；同时，将大量审计知识积累纳入智能的计算机系统，借助计算机模拟人类的思维过程，实现审计模型的自校验、自完善与自调整。强化数据驱动，逐步建立从数据信息出发的审计分析技术。拓展数据挖掘技术，利用聚类、关联、群集分析等方法，对海量数据进行深层次分析，揭示其本来特征和内在联系，获取审计线索、发现审计疑点，准确定位风险，快速形成审计思路，促进内部审计由事后查处与事中控制并重，逐渐向事前预防、事中控制为主转变。

(4)建立审计专家系统。专家系统是一个智能计算机程序系统,其内部具有大量专家水平的某个领域的知识和经验,能够应用人工智能技术利用人类专家的知识、方法和经验进行推理和判断,模拟人类专家的决策过程,以解决那些需要专家决定的复杂问题。专家系统可以解决的问题一般包括解释、预测、诊断、设计、规划、监视、修理、指导和控制等。随着人工智能整体水平的提高,专家系统也不断获得发展。审计专家系统是建立在会计电算化和计算机人工智能技术基础上的一种计算机审计软件系统。与普通计算机辅助审计技术不同的是,它利用人工智能的原理,借助计算机模拟人类的思维过程,对会计电算化信息系统的数据进行计算、分析与推理,作出相应的判断,提出审计建议及线索,以供审计人员进行进一步的重点审计,从而得出审计结论。建立审计专家系统的目的就在于:提高审计效率,降低审计风险,进而保证审计报告的质量。

4. 我国数字化审计建设发展方向

4.1 审计署数字化审计发展方向

2014 年 10 月国务院印发《关于加强审计工作的意见》(国发〔2014〕48 号)。文件要求被审计单位提供完整准确真实的电子数据,在确保数据信息安全的前提下,协助审计机关开展联网审计。文件要求加快推进审计信息化,推进审计机构和有关部门、金融机构和国有企事业单位实现信息共享,构建国家审计数据系统。

2016 年 4 月 1 日,国资委印发《关于进一步加强中央企业内部审计工作的通知》(国资发评价〔2016〕48 号)。文件要求大力推进内部审计制度化、规范化、标准化、信息化建设,要不断创新审计方法,推进以大数据为核心的审计信息化建设,科学高效开展审计。

国家审计署于 2014 年发布《审计署关于加快推进对中央企业联网和数据采集工作的通知》(审企发〔2014〕2 号)。目前审计署已长期进驻国家电网公司开展审计监督活动,明确要求国家电网公司按季度上报各业务数据信息,实施“预算跟踪 + 联网核查”的审计模式。外部监管力度大、频率高,涉及范围广,对企业加强内部管理、提高依法治企水平提出了更严、更高的要求。

4.2 国企央企数字化审计发展方向

4.2.1 国网公司数字化审计发展

国网公司贯彻国务院《关于加强审计工作的意见》(国发〔2014〕48 号)和国资委《关于进一步加强中央企业内部审计工作的通知》(国资发评价〔2016〕48 号)要求,进一步做好新形势下的审计工作,结合国网公司审计专业发展现状,提出公司下一阶段审计信息化建设与应用指导意见。

2016 年国网公司审计部下发了《审计信息化建设与深化应用指导意见》(审计〔2016〕41 号),要求在应用中推动系统不断优化完善,实现系统应用与优化完善相互促进,通过不断提升系统功能提高应用效果;推动实现远程、在线审计,开展过程跟踪审计,强化实时监控和动态监督；运用大数据技术归集数据、分析数据、查找疑点、综合提炼，实现审计现场作业与在线数据分析一体化融合，提高审计效率和效果，提升审计辅助决策能力。

4.2.2　南方电网公司基于大数据的智能化审计模式

南方电网公司的数据资源产生于公司生产经营的各个环节，整体呈现出大数据特征。一是数据体量大，二是数据类型多，三是数据实时性高。南方电网公司建成了基于数据中心的数据资源管理平台，围绕大数据采集、存储与计算相关技术，完成了技术探索，大幅提升了数据治理效率，为后续构建企业级大数据平台奠定了基础，也为开展基于大数据的智能审计实践提供了重要数据来源。

南方电网公司智能化审计平台建设和“大审计”项目模式应用的重点是对大数据时代下的审计组织、审计方法、人才培养等方面进行研究，规划了智能化审计模式建设路径，并依托南方电网公司审计数据中心开展审计实践。2014 年，南方电网公司审计信息系统获得“电力行业信息化优秀成果”一等奖。

（1）建设审计信息系统，解决审计基础平台问题

审计信息系统是支持智能化审计模式开展的基础平台。围绕审计管理信息化和审计手段信息化两条主线，重点建设审计管理系统、审计现场作业系统和在线审计系统。

审计管理系统实现对审计计划、审计项目管理、审计整改的全过程管理，对内部审计管理流程进行再造，并且涵盖审计资源管理、审计成果应用等功能。审计现场作业系统提供计算机审计辅助手段，方便采集业务系统数据，并提供数据分析。在线审计系统是智能化审计模型运行的重要平台，通过固化的审计模型可对财务、营销、物资等业务领域实现自动的、全覆盖的审计。三个系统之间并非孤立，数据交互与业务流转贯穿始终。

（2）搭建审计数据中心，解决大数据处理问题

依托南方电网公司数据中心，引入大数据分析工具组件，打造支持决策分析、风险预警、个性化分析及数据增值服务的审计数据中心。审计数据中心的数据可直接来自公司数据中心，也可根据需要从业务系统经过数据抽取、转换、清洗后进入，另外审计管理数据及审计成果数据也储存于此。审计数据中心是公司数据中心的重要组成部分，可有效支持为公司战略制定、经营管理、电网运行、科研创新、社会服务提供一体化的大数据服务。

（3）构建审计技术方法与数据安全体系，解决大数据应用问题

技术方法体系主要以信息化业务管理思路为出发点，重新构建、优化大数据的处理分析和应用审计模型，更新审计的理念、方法、工具等，除利用传统的关系型、固化的数据分析工具外，还引入灵活的、适应大数据要求的数据分析工具，利用聚类、关联分析等新方法，对海量数据进行持续和深层次分析，揭示风险特征及关联关系。重视审计数据安全应用，基于南方电网公司整体数据安全管理体系，结合审计业务特点，从技术手段、制度管理等方面构建审计数据安全体系。

大数据在南方电网公司内部审计中的应用主要有两种途径：通过建设在线审计系统，基于该系统中可灵活自定义的模型进行分析；二是直接对审计数据中心的底层数据通过大数据分析工具来开展。

(4)打造审计监控中心,解决审计预警与信息共享问题

审计监控中心一方面实现了对审计数据、审计资源(包括全网审计项目、审计人员)情况、自动化模型预警的监控,另一方面也是集中开展审计数据分析、开展后台支持型审计服务的重要场所。在审计监控中心可以及时了解审计现场项目开展情况和资源的分配情况等,通过可视化系统与审计现场进行交互,调配审计资源;而数据分析方面则体现为从现场获取审计需求并将审计发现的疑点问题反馈到现场核实。

(5)培养信息技术与审计业务兼备人员,解决人才短板问题

大数据时代的特征就是通过专有技术对海量数据的挖掘和分析,因此内部审计需要建设一支既擅长数据分析又精通审计业务的队伍。一是吸收具有信息技术背景的人员加入审计队伍;二是定期开展审计信息化培训班,提升数据分析能力;三是"以审带练",积极组织审计业务骨干参与数据式审计实践,丰富并完善审计模型;四是引入信息技术公司和高等院校外部咨询,紧跟业务发展,开展人才共建。

4.2.3 大数据背景下中国建筑审计信息化建设

中国建筑股份有限公司总部审计局启动审计信息化建设,结合审计工作体制机制改革和职能转型升级成果,公司审计信息化定位不仅要支持传统审计作业的流程,强化审计项目质量控制和事后的审计监督,还要支持内部审计在事前预防和事中监督,支持对业务风险预测和经营管理活动的监控,帮助公司提高运作效率和风险管理水平。

中国建筑审计信息系统是在借鉴国内外审计信息系统建设经验的基础上,结合公司业务经营特点和信息化建设基础条件,以审计管理、审计作业和审计分析为主要功能的信息系统。功能架构包含1个审计信息门户、1个系统管理平台、1个审计数据管理平台和4个核心业务模块,即审计管理模块、内控测试模块、在线作业模块、监控预警模块。

(1)审计信息门户

审计信息门户是审计信息系统登录后的主界面,为用户提供三项基本功能,即功能入口、信息浏览和信息发布。设有审计新闻、学习园地等栏目,使审计人员能够在权限范围内及时了解审计信息。审计信息门户与中国建筑统一门户系统集成,实现数据的交换与共享。

(2)系统管理平台

系统管理平台是进行系统初始化的应用平台,可以对审计信息系统各项系统参数进行设置。系统管理员或经其授权的人员在权限范围内,对组织机构、系统用户、权限体系、基础设置、审批流程等业务信息进行配置。

(3)审计数据管理平台

审计数据管理平台是在线审计的关键,包括数据采集和数据管理两项功能,实现对财务系统、报表系统、各类业务系统数据的采集和对审计信息系统数据的管理。数据管理平台提供直连数据库、代理服务等多种数据采集机制,在全面确保数据安全和对业务系统最小负载影响的前提下,完成对各类数据的采集、清洗、转换、校验和使用,实现对审计对象的财务、业务数据全面集中管理,为审计作业和监控预警提供数据来源和基础。

(4)核心业务模块

①审计管理模块。

该模块是管理人员进行审计工作管理的平台,也是审计项目组实施人员进行信息沟通的平台。包含审计计划管理、审计项目过程管理、审计整改跟踪、档案管理4个业务管理模块,以及办公管理、资源管理、决策支持、绩效考核4个支持服务功能模块。其业务管理模块从审计日常工作出发,以项目管理为核心对审计项目进行全过程规范管理,引导审计人员按要求实施审计,全面提升审计工作质量。支持服务模块中,办公管理提供与审计业务流程有关的事项处理功能;资源管理整合了审计工作所需的各种资源,如审计人员信息、审计机构信息、审计对象信息、审计实施方案、审计法规制度、审计案例等,为审计工作提供完整、有效的信息资源支持;决策支持记录审计工作的全貌,通过对审计成果、审计资源的决策分析,按照管理要求快速生成各类统计报表,为领导决策提供有力支持;绩效考核主要针对审计人员、审计部门、审计项目进行评价,以进一步提升整体审计工作水平。

②内控测试模块。

该模块是审计人员开展内部控制测试的平台,按照《中国建筑股份公司内控测试手册》的要求,嵌入公司有关内控评价规范与标准,自动实现公司内控量化评价、展现风险分布,促进全面风险导向审计定位的实现。该模块主要有四大功能:一是内控测试流程维护,由总部审计局内控岗位人员将各测试流程录入系统,并定期维护,包括流程名称、子流程、控制目标、控制活动说明、测试点等标准信息;二是内控测试执行,既包括准备阶段的划分测试范围、选择测试人员、成立项目组、制订测试方案及流程等,又包括测试实施阶段的项目组成员根据实际工作情况记录的测试样本、汇总测试结论和发现的缺陷问题等;三是内控结果统计分析,可针对测试情况自动进行不同纬度的分析;四是生成内控测试评价报告,内控测试实施阶段工作完成后,内控专岗人员可根据测试结果编制内控测试报告,为集团年度内控自评估报告提供依据,并对项目组工作绩效进行评价。

③在线作业模块。

该模块是审计人员通过小组作业方式,实现远程网络审计的工作平台。审计人员在项目准备阶段和实施阶段,根据工作分工,使用在线作业模块查询分析工具对审计对象的财务数据进行查询、分析,以快速找到审计线索,登记审计疑点,获取审计证据,记录审计工作底稿和审计问题,从而提高审计工作质量和效率。审计作业平台与管理平台无缝整合,使审计一体化方案得以实现。在线作业模块的主要分析工具为账簿查询,包括凭证、科目余额表、科目明细账、辅助余额表、辅助明细账、总账、日记账等,能够进行跨年度多账套查询分析;科目分析是以科目为线索完成对趋势、结构、比例、负值、对方科目、配比趋势和账龄的分析,同时实现对辅助项目的结构、趋势、对方科目和账龄的分析操作,能够进行多年度账簿关联查询分析,在线分析。

④监控预警模块。

该模块是从审计数据管理平台提取常用信息进行汇总分析,实现即时监控预警功能。针对经营风险关键点,利用构建分析模型和关键指标等方法对财务、业务数据进行预警,风险预警结果能够以多种方式实时通知，便于及时发现重大风险，也可以为审计计划编制和审计项目实施提供支持。

除上述功能模块外，系统还提供离线工作支持。审计局为每位审计人员配备了离线作业客户端工具，当审计人员预计作业现场不具备网络条件时，为保证审计工作的正常开展，在进入现场工作前，可预先从系统中下载审计项目信息、审计方案和审计数据，进入现场后使用离线作业客户端工具进行离线审计，待连接网络后将审计成果上传到审计信息系统服务器，实现审计信息系统各项数据和成果文件的集中统一管理。

4.3 社会机构数字化审计发展方向

2014 年 10 月国务院《关于加强审计工作的意见》指出，要加速推进审计工作的信息化，要探索在审计实践中运用大数据等技术，加大大数据的综合利用程度，提高核查问题的能力，从而进一步提高审计工作的能力、质量与效率。这是国家首次提出要将大数据审计作为审计工作信息化发展的重点方向。2016 年 10 月审计署发布《“十三五”国家审计信息化发展指导意见》，提出要进一步利用非结构化数据查询和数据挖掘等大数据分析技术，推进以大数据为核心的审计信息化建设。

4.3.1 大数据审计在国际“四大”中的运用

国际四大会计师事务所（普华永道、安永、德勤和毕马威，以下统称国际“四大”）在利用大数据技术方面较早。在国家强化“建设国家审计大数据中心，构建审计大数据平台”的背景下，借鉴国际“四大”的大数据审计经验，对我国发展大数据审计具有一定的参考价值。

国际“四大”多年来投入了大量资金和资源研发大数据审计应用技术。截至 2016 年，安永已经投入近 4.5 亿美元开发新的审计平台和审计软件，包括研发审计机器人。伴随着大数据分析技术日臻成熟，利用机器人流程自动化（Robotic process automation）技术，国际“四大”相继研发出审计机器人来承担审计工作。

当前大数据和机器人审计工作具有以下特点：

一是利用大量历史审计数据对机器人进行训练。通过模拟人工智能和云平台计算，使机器人完成基础的审计流程，专业的审计人员则只需要专注于高风险的审计领域。

二是从传统的财务数据向财务数据与非财务数据并重的方向过渡。传统的审计工作侧重于分析会计凭证、报表当中的数字及其内在联系。大数据审计则可以分析更为广泛的非财务信息。机器人可以从电子邮件、新闻报道甚至是社交媒体上抓取与该客户有关的非财务信息，进而从客户的人力资源、供销关系、内部控制等方面分析客户的财务报告错报风险，进一步提高审计效率。

三是利用数据挖掘技术发现风险。除传统审计工作强调的七种特定检查程序外，机器人还可以利用大数据分析技术，深入挖掘财务报告中的审计线索，降低审计风险。

四是提高审计工作效率。传统的审计工作必须给注册会计师充分的休息时间，而机器人可以不间断地工作，在审计时间和审计费用相对固定的情况下，可以提高审计效率，降低审计成本。

五是优化预测精度。一方面，由于机器学习具有自我优化的本质特征，在综合分析海量数据的基础上，机器人在审计证据的抽取、审计意见的决策等方面预测精度更高。比如，在识别高风险账户、财务造假、企业经营持续性等核心业务中，机器人的表现强于注册会计师。另一方面，机器人的预测依靠数据，相较于注册会计师的预测更为客观，有助于得出科学的审计结论。

从产品层面来看，2017 年国际“四大”相继推出了财务机器人，并开始在国内大型企业和商业银行中投入应用。这些财务机器人在一定程度上替代了财务流程中的手工操作，比如，审核合同（购销、租赁、贷款等合同）、银行对账、税务信息整合、传统财务信息录入以及汇总统计。同时，财务机器人还可以识别传统财务流程中的缺陷，对财务流程进行优化。除财务领域外，机器人还可以帮助企业改进人力资源管理系统、供应链系统和信息技术系统。按照国际“四大”的估计，在财务工作中使用财务机器人，可以降低 40%~75% 的成本，并有效减少人工流程和相关误差，业务流程的单位处理时间减少了 30%~40%，极大地节约了业务处理成本。

从业务层面来看，大数据分析的优势显著，国际“四大”也正在努力将这一优势从审计领域拓展到咨询领域。首先，近年来，国际“四大”逐渐将大数据分析作为独立的部门，为其他公司提供数据咨询服务。比如，普华永道成立了专门的数据与分析部门，德勤将大数据分析置于技术咨询业务中。其次，国际“四大”开始逐渐并购其他的数据咨询公司，如普华永道并购了 Biond Consulting（比昂咨询公司）。国际“四大”的大数据咨询也正在挑战传统的数据咨询提供商，如微软、IBM、SAP、甲骨文公司等。

4.3.2　大数据审计在徽商银行的应用

徽商银行股份有限公司（以下简称徽商银行）已建成“3+2”审计信息平台。其中，3 个系统平台为：审计非现场分析查证平台、IDEA 数据分析软件、审计作业管理系统；2 个数据基础平台为：行内数据，行外数据。平台建设有力推动了徽商银行审计的进一步发展。

审计非现场分析查证平台（简称查证平台）是以大数据理念建立的系统。该平台在借鉴国内外同行业成熟技术的基础上，根据自身业务特点及未来发展需要，整合了行内各业务与管理系统的海量数据，利用计算机技术将多年的审计积累转化成审计模型，是一个集在线大数据分析、疑点扫描、风险评估、事件预警、跟踪预警、线索聚集、数据表级操作为一体的通用平台。查证平台的开发、投产和应用，极大提升了徽商银行内部审计的效能。

查证平台从物理上分为核心设备数据库 &ETL 服务器、WEB& 应用服务器两大部分，数据库 &ETL 服务器主要用于部署数据库软件、ETL 工具、计算引擎、规则引擎、报表工具等软件或组件，存储业务数据，构建审计数据集市；WEB& 应用服务器主要部署应用中间件、产品自带的报表引擎、流程引擎及业务逻辑与应用功能模块。

（1）辅助办公支持应用

为审计管理及业务人员提供办公提效服务和决策参考信息。其中，“我的工作台”为审计人员提供及时方便的辅助业务处理工作平台；统计报表与报表管理可向商业银行的管理层揭示审计工作处理过程与完成情况。

（2）审计风险监测应用

为非现场审计各核心工作环节提供应用功能服务，包括数据管理、审计模型探索、审计模型管理、风险预警监测及处置、查询查证分析功能模块。其中，审计模型探索是该系统最具特色的重要功能之一，可以对数据库原表直接操作，审计人员经过基础培训，即可进行相应数据操作。

（3）基础服务支持应用

为非现场审计应用和办公辅助应用提供后台基础应用服务，包括基础管理平台。基础管理平台是前台功能正常运行的必要基础，并提供系统管理员前台运行维护功能。

目前，查证平台已将徽商银行主要业务与管理系统数据纳入采集范围，已灌入数据表400余张，按照预设规则每日自动ETL，实现主要数据的T+2日查询；审计人员可直接操作底层数据表进行复杂挖掘，自由定制数据模型并发布共享；及时监测机构及业务单元的指标变化（指标矩阵）；已开发查证、中间、预警模型200余个，其中中间与预警模型按既定粒度（日、月、季、年）运算预警信息，提供风险线索，支撑各类审计项目的现场与非现场实施。

第二章　审计分析综合流程概述

1. 审前调查阶段

审前调查是审前准备阶段的一项重要内容，是指在下发审计通知书之前，就审计的内容范围、方式和重点，到被审计单位及相关单位进行调查了解其基本情况，以掌握第一手资料的一项活动。

1.1　审前调查的内容

审前调查的内容包括被审计单位的内外两方面情况。外部情况是被审计单位所处的经济环境、法律环境和行业地区环境等，内部情况是被审计单位的组织经营情况、财务会计及内部控制情况等。具体包括以下几个方面的内容。

①调查被审计单位所处的经济环境。如宏观经济形势对被审计单位产生的影响，政策因素对被审计单位产生的影响和政府对被审计单位限制性规定等，主要考虑国家产业政策调整，对某些行业进行扶持，财税金融政策的优惠等。

②调查被审计单位所处的法律环境。包括与被审计事项有关的法律、法规、规章、政策和其他规范性文件等，主要考虑开展对被审计单位的合法合规性检查的内容和重点。

③调查被审计单位所处的行业地区环境。如行业的现状和发展趋势，行业地区的主要经济指标和统计数据，行业地区运用的法规，特定的会计规定和惯例等。

④调查被审计单位的组织经营情况。包括被审计单位的经济性质、管理体制、机构设置、人员编制情况，职责范围或者经营范围情况，财政财务隶属关系和国有资产监督管理关系，被审计单位涉及经济活动的业务开展情况等。

⑤调查被审计单位的财务会计及内部控制情况。包括财务会计机构及其工作情况，相关的内部控制及其执行情况，重大会计政策的选用及变动情况，银行账号及重要财务收据，重大决策及相关的会议记录、合同、协议、文件等。

⑥其他需要调查的情况。包括以前年度审计或其他监管部门的检查情况以及有关账外资产负债收支等。

1.2　审前调查的方法

审前调查可以采用审阅调查法、问卷调查法、访谈调查法、观察调查法、分析调查法和重点调查法等。

①审阅调查法。是通过对书面资料进行审查、阅读而取得证据的一种方法。审计人员可以根据需要，查阅与被审计单位相关的经济政策、法律法规、行业地区背景材料，查阅被审

计单位的报表、账册、财政财务收支计划、内部管理制度、重要会议记录文件合同，调阅相关的审计档案、统计资料等。运用这种方法，主要是为了收集有关资料，熟悉被审计单位内外情况，为下一步调查做准备。

②问卷调查法。是通过发放调查表而取得证据的一种方法。调查表的设计一般有两种：一种是设问式，将调查的内容和提纲设定为若干个问题；一种是表格式，根据调查内容确定若干个量化指标，问卷调查通常可与布置自查结合起来。运用这种方法，主要是为了查询有关问题，了解可能出现的账外信息。

③访谈调查法。是通过召开座谈会或个别访谈而取得证据的一种方法。访谈的对象既包括被审计单位的领导和干部职工，也包括被审计单位的上级主管部门、有关监管部门、组织人事部门及其他相关部门。运用这种方法，可以在更广的范围内收集更多的信息，拓宽审计思路，发现重点关注领域。

④观察调查法。是指审计人员通过实地观察来取得审计证据的一种方法。应用于调查被审计单位的经营环境、内部控制制度的遵循情况和财产物资的管理等方面。运用这种方法，可以获得实物和行为的亲历汇报。初步判断行为的规范性和实物的真实性。

⑤分析调查法。是通过对书面资料所反映的各种比例和趋势关系的计算与比较而取得证据的一种方法。通过对报表的横向纵向分析、账户的结构分析和相关经济活动的因素分析，揭示经济活动中存在的问题线索和变化趋势，根据异常波动确定审计重点。

⑥重点调查法。是在普遍调查的基础上选取少量典型样本进行重点检查的一种方法。主要运用于某一地区、某一行业、专项资金开展的一条鞭审计，带有试审的性质。运用这种方法，可以抓住典型，解剖麻雀，理清审计的整体思路，规避大型项目的审计风险。

1.3 审前调查的步骤

审前调查必须明确调查的目标，调查人员组成及分工，调查的时间、地点、内容、方法，形成调查小结，为编制审计工作方案和审计实施方案打好基础，具体步骤如下：

①组成审前调查组。项目实施部门选择一定数量有相当业务素质、能胜任审前调查任务的人员，组成审前调查组，一般来说，项目组长或主审应担任审前调查组的组长。

②拟定审前调查方案。在调查前，调查人员要做好充分的准备，对调查内容，要逐项列出明细；对调查采取的方式方法，要提前设计并做好人员分工；实行问卷调查的，要将问卷印制完成，可以制成表格的，要提前将表格绘制好。

③全面收集资料。在调查中，调查人员要根据被审计单位的实际情况和所调查内容的不同，采取上述六种不同的调查方法进行全面调查，收集符合上述审前调查六个方面内容的相关资料。

④及时汇总情况。调查结束后，调查人员要及时将被审计单位的情况进行汇总。必要

时绘制被审计单位工作流程图，如财务流程图、业务流程图、内部控制流程图等。根据汇总的情况，找出被审计单位应该重点关注的领域。

⑤召开审前调查组会议。根据调查汇总的情况，讨论重要性水平，评估审计风险，确定审计策略、审计范围、内容和重点，规划符合性测试和实质性测试程序，形成会议结论和记录。

⑥形成书面调查报告。根据审前调查组会议记录，调查人员把审前调查的过程、方式、参加人员，调查的重点内容及审前调查的结论形成书面调查报告并存档。

1.4 审前调查的意义

①通过审前调查总体把握被审计单位的大致情况，为制定好审计实施方案，做到心中有数。通过与被审计单位领导和财会人员谈话中可以知道一些苗头性和倾向性问题。

②根据审前调查确定的内容和重点，发现薄弱环节，针对薄弱环节制定该单位内控制度测试表，为符合性测试打好基础。

③通过走访税务、银行、财政等监督部门了解该单位遵守财经、银行法规制度、纳税及抵押状况；审计人员可以通过走访被审计单位的上级主管部门和财政、税务、银行等专门机构，收集有关资料；为进行实质性测试、确定此次审计工作的重点、范围、内容等提供第一手资料。

审前调查已经成为审计准备阶段的重要内容。加强审前调查对于确定审计的重点、范围和内容具有重要的意义。有利于发现存在的问题，为制定审计方案和制定内控制度符合性测试，打好基础。能够提高审计效率和质量。事实证明：开展审前调查能够收到事半功倍的效果。

1.5 目前审前调查存在的主要问题

①思想不重视。部分审计人员认为，审计机关成立三十多年，绝大多数被审计单位都审计过，有的审计多次，认为对被审计单位的情况很熟悉，没有必要再搞审前调查，甚至还有部分审计人员认为审前调查在审计过程中无关紧要，作用不大，可有可无。

②审前调查蜻蜓点水、流于形式。审前调查经常仅局限于被审计单位基本情况，对其财务管理和会计核算也仅作一般了解，而对业务经营情况、财务内部监督控制程序和管理流程却常常忽略，对被审计单位经济活动所涉及的法规资料收集掌握不全面，由此而形成的审前调查记录质量不高，难以为编制高质量的审计实施方案提供服务，必然使编写的审计实施方案审计重点不突出，针对性不强，直接影响了审计项目质量。

③忽视计算机审计在审前调查的应用。有些审计人员审前调查时只采集、转换数据，而不利用计算机进行数据分析；还有的则是到审计正式进点后才对有关数据进行整理分析。被审计单位的计算机系统是对相关业务工作的信息化管理，审计人员应把实际业务情况与计算机系统管理的数据对应起来，正确的采集、转换和分析数据，这些都需要大量的时间，如果在审前调查阶段没做好充分准备，势必增加审计实施阶段的工作量，加大审计成本，也不

利于发现大案要案线索、确定审计工作重点。

④审前调查的方式、方法和手段老化。审计实践中，很多审计人员仍然采用经验主义的做法，对所有的审计项目不加分析和区别，全部采用到被审计单位召开一个很短的座谈会，简单了解一下被审计单位的基本情况就结束，而忽视了《审计项目质量控制办法》中介绍的其他方法。现实生活中，很多审计人员对被审计单位的工作业务流程和相关的法律法规都不作了解，更谈不上对被审计单位的内部控制进行合理性和有效性的调查。这种走马观花、蜻蜓点水式审前调查的结果就是，依据审前调查情况制订出来的审计实施方案千篇一律，对审计实施的指导作用无从谈起，甚至有可能导致重大违纪问题未被发现的审计失败。

1.6 对策及建议

(1)切实转变观念，充分认识审前调查工作的重要性

在审计实践中，审计人员要彻底消除“不是每一个项目都要开展审前调查”和“项目年年审，搞不搞审前调查都一样”之类的错误认识，牢固树立审前调查是提升审计质量的关键环节的观念，把审前调查当作确立审计重点、深化质量控制、防范审计风险的重要途径，要舍得在审前调查上下功夫，坚持“磨刀不误砍柴工”。

(2)科学制定审前调查提纲

认真学习审计工作方案，明确审计工作思路和方向，制定详细的调查提纲。做到“全面掌握基本情况，突出审计项目重点”，把握好审前调查的深度和广度，促使审计目标能够较好地结合具体情况，具有可操作性和实现性。

(3)创新方式和手段，做到“一学二听三看四访五议”，确保审前调查取得实效

“学”。在审前调查之前，一是要组织审计人员针对审计项目的特点，学习审计机关制定的年度工作计划，明确指导思想和主要任务，特别是要领会审计项目的立项意图和目标。学习与审计项目有关的财经制度和政策法规，掌握与被审计单位相关的行业规范、制度规定、会计制度、业务流程，明确审计工作的思路和方向；二是可邀请被审计单位的专业人员讲解本系统、本行业的规定规范或行业特点，介绍本部门本单位履行职责、执行国家财经政策或本单位的经营业绩、经营成果情况；三是采取走出去方式到有关单位进行现场观摩学习，力求通过学习培训，使审计人员对审计对象业务流程和经营情况、管理状况有全面清晰的了解。

“听”。一是在审前调查时，要集中一定的时间听取被审计单位及有关部门的情况介绍，由被审计单位有关人员介绍本单位经济性质、管理体制、机构设置、人员编制情况，重大会计政策选用及变动情况以及存在问题及建议等方面的内容；二是可以根据需要采取召开小型座谈会的方式，听取有关职能部门或业务科室的人员就本单位或本部门主要业务的操作流程、执行的政策依据、涉及的具体环节进行介绍；三是可以采取发放审前调查表或问卷的方法了解有关情况。

“看”。即搜集查看有关审计资料，掌握总体情况。为提高工作效率，审计组可按调查

的内容，分成若干小组进行。一是重点收集查看审计对象所处行业涉及的法律法规、财税政策、预算或计划、被审计单位的银行账户、年度会计报表或决算报表、上报的文件及其批复、相关的内部控制制度和重要的会议记录等文件资料；二是充分利用审计软件，采集被审计单位财务业务等相关数据，通过对数据的认真整理、分析，掌握被审计单位财务管理总体情况，初步评价财务管理体制和制度建立健全情况，搜集有价值的审计线索；三是查阅以往审计资料和相关单位审计资料，调阅以前年度的审计档案，掌握被审计单位以前年度执行财经纪律及单位的经济状况，了解以前年度被审计单位所存在的问题，从中发现内部控制薄弱点，进而确定审计重点；四是要充分收集审计对象所处行业相关的资料，充分利用有关政府职能部门对被审计对象做出的检查处理及执行情况，社会审计机构和内审机构出具的报告、意见。

“访”。就是根据掌握的被审计单位情况和搜集的资料，对其所涉及的有关部门或下级单位进行延伸走访。一是做好与纪检监察、组织、人事、财政等部门的协调沟通工作，通过有针对性走访政府职能部门，了解国家就被审计单位财政财务收支和业务活动所涉及的方针政策，了解审计对象的经济状况、可能存在的问题；二是走访被审计单位的上级主管部门，了解上级对下级的管理情况和行业特点；三是走访下级单位，在掌握本级基本情况的基础上，进一步深化调查内容，寻找上下级之间在管理、交易、往来方面出现的漏洞，从中发现问题或线索；四是重视群众来访工作，认真分析群众反映情况和问题，在确保不泄密的前提下，进行初步调查，进而确定审计主攻方向。

“议”。审计组听到的、看到的情况和资料，按分工协作要求，结合项目审计的总体目标，及时进行讨论，在掌握和搜集总体情况的基础上，对所了解的政策执行、经营业务和实际操作情况进行重点分析研究，特别关注审计对象财政财务收支异常变动情况，经审计人员专业判断和初步分析性复核以及内部控制制度的测评，确定审计对象的薄弱环节作为审计重点内容。

2. 审计数据采集和预处理

2.1　审计数据采集

数据采集是在调查阶段提出数据需求的基础上，按照审计目标，采用一定的工具和方法对被审计单位信息系统中的电子数据以及来自被审计单位之外的，与被审计单位有关的，从不同的角度体现被审计单位实际经营情况的电子数据进行采集。

数据采集可分两步实现：第一步是通过调查阶段掌握的信息来选择需要采集的电子数据；第二步是通过一定的技术和手段实现对目标数据的采集，及时获取全面、完整的电子数据。常用的数据采集策略有三种：一是通过数据接口采集；二是直接复制；三是通过备份文件恢复。

对被审计单位信息系统中的电子数据的采集一般需要在被审计单位技术人员的配合支

持下完成。对来自被审计单位之外的，与被审计单位有关的，从不同的角度体现被审计单位实际经营情况的电子数据，如果审计单位的审计数据分中心已经积累了这部分的电子数据，可以由审计组向本单位提出申请，调出这部分电子数据；如果尚未掌握这部分电子数据，应通过正规途径尽可能协调相关单位，获取这部分电子数据。

2.2 数据清理、转换、验证

在实际工作中，经常需要将来源众多的被审计单位电子数据集成到一起进行分析和处理。由于被审计单位数据来源繁杂，数据格式不统一，信息表示代码化，数据在采集和处理过程中可能失真，被审计单位可能有意更改、隐瞒数据真实情况等诸多影响因素，对采集到的电子数据必须进行清理、转换、验证，使得数据能为审计所用。

数据清理是指为提高数据质量而对缺失的、不准确的、不一致的有质量问题的电子数据进行处理。通常，通过重复记录的识别与清理、缺失数据的补充、空值处理等操作可以提高数据质量。

数据转换包括数据库格式的转换以及数据内容的转换。数据库格式的转换要求将采集到的来源于被审计单位不同类型数据库格式的电子数据统一存储为一种数据库格式。数据内容转换要求对采集到的原始数据的含义进行识别，明确地标识出每张表、每个字段的经济含义及其相互之间的关系。通常，通过数据类型转换、日期 / 时间格式的转换、代码转换、值域转换可以实现数据内容的转换。

数据验证贯穿数据采集、数据清理、数据转换的全过程。

在数据采集阶段，数据验证要检查被审计单位提供资料的完整性，保证数据采集工作准确有效地进行，同时对采集到的数据进行确认，排除遗漏和失误。

在数据清理阶段，数据验证要确认数据清理工作没有损害数据整体的完整性和正确性。

在数据转换阶段，审计人员会将原始电子数据中表名、字段名、记录值代码以及表表关联的经济含义明确标识出来，这需要进行大量的查询、替换修改、插入数据、更新数据、删除数据等操作，每一步转换工作都有可能影响数据的完整性和正确性，因此应在这一阶段进行数据验证，以确保数据转换工作未对电子数据引入新的错误。

3. 建立审计中间表

对获得的电子数据按审计需求进行投影、连接等“再加工”，从电子数据中选择满足审计需要的精简的数据集合，生成审计中间表，为建立审计分析模型形成数据基础。

审计中间表是利用被审计单位数据库中的基础电子数据，按照审计人员的审计要求，由审计人员构建，可供审计人员进行数据分析的新型审计工具。

通常在设计数据库的时候要对数据进行范式分解。范式分解这种规范化过程会将描述一个业务对象的数据分解成关系数据库中的多个逻辑表，这些表之间存在一定的关联关系。要利用被审计单位数据库中的数据来实现审计分析，必须对清理、转换、验证后的电子数据按审计需求进行投影、连接等"再加工",从电子数据中选择出满足审计需要的较为精简的数据集合,生成一系列中间数据表——审计中间表。审计中间表是审计人员建立审计分析模型的基础。

建立审计数据中间表是一个循序渐进的过程。在对数据进行清理、转换、验证后,就应考虑设计出初步的审计中间表,此时的主要工作是帮助审计人员选定审计所需的基础性数据,如去掉与审计无关的字段、建立表与表之间的基本连接等。这一阶段创立的中间表称为基础性中间表。在建立分析模型进行具体的数据分析时,还要建立分析性中间表,即按照审计分析模型,对基础性中间表再进行字段选择、连接等处理,以帮助审计人员实现对数据的建模分析。

4. 审计数据分析、建模和可视化

审计数据的分析可分为三个层次:以审计专家经验和常规审计分析技术为基础的审计,以审计分析模型和多维数据分析技术为基础的审计,以数据挖掘技术为基础的审计。

第一个层次表现为用户对数据库中的记录进行访问和查询,可通过SQL等语言来交互式地描述查询要求,或根据查询需求采用开发工具定制查询软件,实现的是查询型分析;第二个层次是用户先提出自己的假设,然后利用各种工具通过反复的、递归的检索查询,以验证或否定自己的假设,从用户的观点来看,他们是在从数据中发现事实,因而实现的是验证型分析;第三个层次是指用户从大量数据中发现数据模式,预测趋势和行为的数据分析模式,它能挖掘数据间潜在的模式,发现用户可能忽略的信息,并为审计人员做出前瞻性的、基于知识的决策提供帮助,因而实现的是发现型分析。

建模分析是在总体分析的基础上,审计人员根据确定的审计重点,利用审计分析模型进行具体的数据分析。审计分析模型是审计人员用于数据分析的技术工具,它是按照审计事项应该具有的时间或空间状态(如趋势、结构、关系等),由审计人员通过设定判断和限制条件建立起来的一系列数学的或逻辑的表达式,并用于验证审计事项实际的时间或空间状态的技术方法。在实际工作中,要根据不同层次的审计需求建立不同层次的审计分析模型。一般而言,有总体分析模型、类别分析模型和个体分析模型。

目前常见的审计分析模型包括根据法律、法规和制度规定的状态和关系来建立;根据业务的逻辑关系来建立;根据不同类型数据之间的对应关系来建立;根据审计人员的符合客观实际的经验来建立;根据审计人员的合理的预测来建立等。

5. 疑点延伸、落实、取证

根据审计分析模型的分析结果,派出重要问题核实组、重大违法违纪违规问题突破组等到被审计单位对疑点进行延伸,对发现的问题线索进一步核查、落实并取证。

如果数据分析的结果能直接发现与核实问题,审计人员可以利用有关电子数据直接取证。这时审计人员应将被审计单位提供的原始数据、分析处理产生的中间表数据以及数据分析和处理的过程的语句代码妥善保存，以便作为审计证据。如果数据分析的结果仅能揭示问题的线索，不能直接发现与核实问题，则应根据线索进行延伸审计，获取审计证据。在编制审计工作底稿时，应对数据分析的过程、方法、使用的数据等情况进行详细记录，同时还应记录审计人员对数据分析结果的判断。

第三章　审计数据采集与预处理

1. 审计数据采集

1.1　概述

如何把被审计单位的电子数据采集过来，是开展面向数据的计算机辅助审计的关键步骤。《中华人民共和国审计法》对审计数据采集做了具体的规定，《审计法》第四章第三十一条：审计机关有权要求被审计单位按照审计机关的规定提供预算或者财务收支计划、预算执行情况、决算、财务会计报告，运用电子计算机存储、处理的财政收支、财务收支电子数据和必要的电子计算机技术文档，在金融机构开立账户的情况，社会审计机构出具的审计报告，以及其他与财政收支或者财务收支有关的资料，被审计单位不得拒绝、拖延、谎报。被审计单位负责人对本单位提供的财务会计资料的真实性和完整性负责。

1.2　审计数据采集理论分析

1.2.1　审计数据采集的原理

简单地讲，审计数据采集就是审计人员为了完成审计任务，在进行计算机辅助审计时，按照审计需求从被审计单位的信息系统或其他来源中获得相关电子数据的过程。

审计数据采集的对象一般是被审计单位信息系统中的电子数据，或数据库中的备份数据，审计人员也可以从其他来源获得被审计单位的审计数据，例如从会计核算中心、税务等部门获得审计数据。

1.2.2　审计数据采集的特点

一般来说，审计数据采集具有以下特点：

（1）选择性

选择性是指审计人员在进行审计数据采集时只采集与审计需求相关的数据。审计人员在进行审计数据采集工作之前，必须认真分析和研究本次审计工作方案中明确的审计范围、审计内容以及审计重点，结合审前调查所提出的数据需求，来确认本次审计数据采集的范围、内容以及重点，特别是在不能完全采集电子数据的情况下，例如，当审计人员面对海关、银行、税务等被审计单位“海量”的电子数据时，审计数据采集必须要做到有的放矢，减少盲目性，提高审计效率，降低审计风险。

（2）目的性

目的性是指审计数据采集是为进行审计数据分析，发现审计线索，获取审计证据做基础数据准备的。如前文所述，为了完成面向电子数据的计算机辅助审计，首先需要采集被审计对象信息系统中的数据，即审计数据采集；然后，根据对这些数据的分析和理解，将其转为满足审计数据分析需要的数据形式，即审计数据预处理；最后，采用通用软件或专门的审计软件对采集到的电子数据进行分析，从而发现审计线索，获得审计线索，即审计数据分析。由此可见，审计数据采集是开展计算机辅助审计的首要步骤，是为进行审计数据分析，发现审计线索，获取审计证据做基础数据准备的，具有一定的目的性。

（3）可操作性

可操作性是指审计人员在进行数据采集时，需根据被审计单位的实际情况选择最合适的审计数据采集方案。实现审计数据采集的技术和方法多种多样，因此，在完成审计数据采集任务时，需要根据被审计单位的具体情况，采取最佳的审计数据采集方案，以降低审计成本和审计风险。

（4）复杂性

信息化环境下，被审计单位的信息化程度差异较大，一些小的单位多采用一些自己开发的应用软件，数据库系统也一般采用单机的 Access、Foxpro 等。而一些重要的单位，如银行等部门，信息化程度高，采用的应用软件和数据库系统层次也较高，数据库系统多数采用 Oracle 数据库。还有的单位使用非正版软件，软件部分功能不能使用，不能备份数据库，从而不能容易地直接采集数据。被审计单位信息化程度的差异性造成了审计人员在审计数据采集过程中不能采用同一种审计数据采集方法，必须根据被审计单位的实际情况，选择合适的审计数据采集方法，从而造成了审计数据采集的复杂性。

1.2.3 审计数据采集的主要步骤

在实际的面向数据的计算机辅助审计过程中，审计数据采集一般可以归纳为以下几个主要步骤。

（1）审前调查

开展计算机辅助审计之前，应在对被审计单位的组织结构进行调查的基础上，掌握被审计单位计算机信息系统在其组织内的分布和应用的总体情况。然后，根据审计的目的和被审计单位计算机信息系统的重要性确认深入调查的子系统，进行全面、详细的了解。通过审前调查，对被审计单位信息系统的相关情况进行了解。

（2）提出审计数据需求

在审前调查的基础上，应该能顺利提出书面的数据需求，指定采集的系统名称（必要时还应指定数据库中具体的表名称）、采集的具体方式、指定数据传递格式、所需数据的时间段、交接方式、数据上报期限和注意事项等内容。关键步骤如下：

①确定所需数据内容。首先，应在审计组内将被审计单位计算机信息系统的相关情况进行通报，将调查所形成的书面材料分发给审计组成员阅读，并由负责具体调查工作的组员对材料进行讲解。审计组全体成员应对所需数据的内容进行讨论，再决定初步的数据需求。进行讨论是必要的，因为：

➢ 通过讨论可以提出尽量全面、完整的数据需求，防止因考虑不周全而多次、零星提出数据需求而延误电子数据的获取；

➢ 通过讨论使审计组成员了解被审计单位计算机信息系统及其数据的概况，为后面的审计数据分析打下基础。

②确定审计数据采集的具体方式。经过审计组讨论，初步确定审计数据需求后，应同被审计单位的计算机管理人员商量，从技术的角度考虑所需要的数据能否采集，以哪种方式采集更好，具体的文件格式、传递介质等问题。如果在发出正式的数据需求前不向被审计单位的计算机技术人员询问，有可能造成审计数据需求不合理，特别是在数据格式、审计数据采集方式等方面不现实或不是最佳方式，不利于工作的开展。

③提出书面数据需求。在做好上述两步工作后，审计组应发出书面的审计数据需求说明书。说明书的主要内容应包括以下几个方面：被采集的系统名称、数据的内容、数据格式、传递方式、时限要求、双方的责任等。在实践中，常用的方式是请被审计单位将指定数据转换为通用的、便于审计组利用的格式；也可以通过 ODBC 等方式连接，直接对数据进行采集；特殊情况下，还可以移植应用系统及数据。无论采取哪种方式，都应该以审计组的名义发出数据需求说明书，明确目的、内容和责任等事项。数据需求说明书可以消除只进行口头说明可能引起的需求不明，它能准确表达审计组的要求，并使被审计单位正确理解数据需求，从而为顺利采集数据打下基础。另外，在审计数据需求说明书中规定安全控制措施、双方责任等事项还可以在一定程度上避免审计风险。

(3)制定审计数据采集方案

制定审计数据采集方案、选择审计数据采集方法工具。

(4)完成审计数据采集

根据审计数据采集方案，获得所需要的审计数据。

(5)审计数据验证

对获得的审计数据进行检查，以保证审计数据采集的真实性和完整性，从而降低审计风险。

需要指出的是，在审计数据采集过程中，由于电子资料比纸质资料更容易被篡改，并且难以发现篡改的痕迹，为了降低开展电子数据审计的风险，必须依据《审计法》建立电子数据承诺制，即被审计单位必须保证所提供电子数据的真实性和完整性。

1.2.4 审计数据采集的方法

在审计数据采集过程中，审计人员常用的审计数据采集方法主要有以下四种：

(1)直接复制

当被审计单位的数据库系统与审计人员使用的数据库系统相同时，只需直接将被审计对象的数据复制到审计人员的计算机中即可，即直接复制的方式。

(2)通过中间文件采集

通过中间文件采集是指被审计单位按照审计要求，将原本不符合审计软件要求的数据转换成审计软件能读取的格式(如 txt 格式、XML 格式等)提供给审计人员。

对于一些比较敏感的系统，审计人员可能不便于直接接触其系统和相关资料。可在审计人员的监督下,由被审计单位技术人员将其数据转换为标准格式数据或审计人员指定格式的数据,交给审计人员。

在数据采集的实际应用中,很多情况下采用文本文件作为约定的格式。这主要是因为大多数数据库管理系统都能导出、导入文本文件,应用范围广泛。审计人员在计算机辅助审计的实践中,经常会通过文本文件导入数据,所以掌握文本文件的导入是十分必要的。

(3)通过 ODBC 接口采集

通过 ODBC 接口采集数据是指审计人员通过 ODBC 数据访问接口直接访问被审计单位信息系统中的数据,并把数据转换成审计所需的格式。

(4)通过专用模板采集

一些审计软件针对不同的被审计信息系统设计了相应的“专用采集模板”,审计人员在进行审计数据采集时,通过选择相应的模板,可以自动实现数据的采集,这种方式称之为专用模板采集。

这种方式的优点是使用简单,自动化程度高,对审计人员的技术水平要求不高;缺点是审计软件必须为每一类被审计对象的应用软件(包括该软件的不同版本)设计一个专用采集模板。由于目前被审计单位所使用的应用软件各种各样,很难为每一类应用软件以及相应的各种版本设计相应的模板,这使得专用模板采集法的成本相对较高。审计人员在实际的工作中,应根据被审计单位的实际情况,有采集模板时用模板采集法,没有采集模板时再用其他数据采集方法。

国内的审计软件 AO(《现场审计实施系统》)就采用了这种模板采集方法。

1.3 审计数据验证

1.3.1 审计数据验证的重要性

在开展面向数据的计算机辅助审计的过程中,审计人员必须不断进行审计数据验证,以保证审计数据采集的真实性和完整性,以及审计数据预处理和审计数据分析的正确性。审计数据验证不仅是确保电子数据真实、正确的重要手段,也是提高审计数据采集、审计数据预处理和审计数据分析质量,降低审计风险的重要保证。其重要性主要体现在以下几个方面:

(1)确认所采集数据的真实性、正确性和完整性

通过审计数据验证,可以确认被审计单位提供的以及审计人员采集的原始电子数据的真实性、正确性和完整性,验证电子数据对被审计单位实际经济业务活动的真实反映程度,排除被审计单位有意识隐瞒部分数据的可能性。

(2)确认审计数据采集过程中数据的完整性

当电子数据从一台计算机迁移到另一台计算机,或从一个信息系统迁移到另一个信息系统的过程中,由于种种原因,可能导致采集的数据发生遗漏。所以,审计人员完成审计数据采集后,必须对被审计数据进行充分的验证,确认数据的完整性。

(3)减少审计数据采集、审计数据预处理和审计数据分析过程中人为造成的失误

审计人员在进行审计数据采集、预处理和分析时，如果编写的程序存在逻辑错误，或对数据的操作不规范，或选择的方法不正确等，都可能产生部分数据遗漏或丢失等问题，导致审计结果发生错误。因此，审计人员在完成每一步数据操作后，必须对被操作的电子数据进行审计数据验证，确保数据的正确性。

1.3.2　审计数据验证的方法

一般来说，审计数据验证的方法主要有以下几种：

（1）利用数据库的完整性约束来进行验证

数据的完整性是指数据库中的数据在逻辑上的一致性和准确性。利用数据库的完整性约束可以实现部分数据验证功能。一般来说，数据完整性包括：

①域完整性。域完整性又称列完整性，指定一个数据集对某一个列是否有效并确定是否允许为空值。

②实体完整性。实体完整性又称为行完整性，要求表中的每一个行有一个唯一的标识符（关键字）。

③参照完整性。参照完整性又称引用完整性。参照完整性保证主表中的数据与从表（被参照表）中数据的一致性。

（2）利用数据总量和主要变量的统计指标进行验证

利用数据总量和主要变量的统计指标进行验证是一种常用的方法，内容如下：

①核对总记录数。审计人员在完成审计数据采集之后，首先要将采集到的电子数据的记录数与被审计单位信息系统中反映的记录数核对（有打印纸质凭证的，还要与纸质凭证数进行核对），以验证其完整性。在完成审计数据预处理和审计数据分析之后，也可以根据需要应用这一方法。

②核对主要变量的统计指标。审计人员在完成审计数据采集、审计数据预处理和审计数据分析之后，可以通过核对主要变量的统计指标，例如核对总金额等方法来验证数据的完整性。

（3）利用业务规则进行验证

业务规则是一个系统正常处理业务活动所必须满足的一系列约束的集合。这些约束有来自系统外部的，例如国家政策和法律法规；有来自系统内部的，例如借贷记账法要求的借贷平衡，账务处理系统中各种账户之间的钩稽关系；有些约束还作为系统的控制手段，例如凭证号的连续性约束。利用这些约束可以对采集到的数据实施一定程度的验证。常用的方法如下：

①检查借贷是否平衡。检查借贷是否平衡是审计人员常用的一种简单有效的审计数据验证方法，它与核对总金额方法相辅相成。

②凭证号断号和重号验证。凭证表（交易文件）是由原始凭证向其他会计账簿、报表传递会计信息的最基础的会计数据表，所以在利用电子数据开展计算机辅助审计的过程中，必须注意保证凭证表数据的完整性。在会计信息系统中，凭证号是典型的顺序码，凭证号每月按凭证类型连续编制，不同的凭证使用不同的凭证号，凭证号中间不能有断号、空号或重号

出现。因此，分析凭证表中凭证号是否连续是验证审计人员所用数据与被审计单位会计数据的一致性的一种重要核对方法。审计人员可以根据实际情况，通过编写 SQL 语句来进行凭证号断号、重号的验证工作，也可以借助一些审计软件的断号、重号分析功能来完成凭证号断号、重号的验证工作。

③钩稽关系。在业务和会计数据中，存在着许多钩稽关系。这些钩稽关系是进行审计数据验证的重要依据。例如在审计人员采集到的被审计单位固定资产数据表中，关于固定资产价值方面的数据一般都包括资产原值、累计折旧、资产净值字段内容，而且这三个字段之间存在的钩稽关系如下：

资产原值－累计折旧＝资产净值

因此，审计人员在使用被审计单位的固定资产数据表之前，有必要对上述钩稽关系进行验证。例如：可以采用以下 SQL 语句进行验证；

```
SELECT *
FROM 固定资产表
WHERE（资产原值－累计折旧）<> 资产净值;
```

（4）利用抽样方法进行验证

审计数据验证的另一类方法就是利用抽样的方法来完成。当数据量巨大或者前文所述的审计数据验证方法无法使用时，可以考虑利用抽样的方法。利用抽样的方法进行验证一般分为以下两种：

①从被审计单位提供的纸质资料中按照抽样的规则抽取一些样本，在采集后的数据中进行匹配和验证。

②从被审计单位的系统中按照抽样的规则抽取一些样本，在采集后的数据中进行匹配和验证。

1.3.3 审计数据采集阶段的审计数据验证

在审计数据采集阶段，审计数据验证主要是检查被审计单位提供的数据的真实性和完整性，保证审计数据采集工作准确、有效地进行，同时对采集到的被审计数据进行确认，排除遗漏和失误。审计数据采集阶段的审计数据验证可分成审计数据采集之前的验证和审计数据采集之后的验证两个阶段进行。

（1）审计数据采集之前的验证

这一阶段审计数据验证的目的主要是确保审计所需数据的真实性、完整性，保证审计数据采集工作的准确有效。在条件许可的情况下，一般进行如下验证：

①验证数据库的创建日期。

②验证总数据量。

③验证数据内容。比如，验证数据的内容以确认是否是审计所需要的数据。

④验证审计数据采集接口的正确性和有效性。比如，所创建的 ODBC 接口是否正确？能否连接成功？

⑤记录审计数据采集前的相关参数。

（2）审计数据采集之后的验证

这一阶段的审计数据验证主要是对采集到的审计数据进行确认，排除遗漏和失误，所采取的方法有两类。

①技术性验证。技术性验证，例如核对总记录数、核对主要变量统计指标等。

②业务性验证。业务性验证，例如检查借贷是否平衡，凭证号断号和重号验证等。另外，还可以从所采集数据的经济含义出发进行业务性验证，例如：

- 与数据采集前记录的参数进行核对；
- 利用已有的统计指标和纸质凭证、报表进行核对分析；
- 检查有无异常数据。

2. 审计数据预处理

2.1　概述

审计数据预处理是面向数据的计算机辅助审计中的重要一环。目前，在审计数据采集过程中常常会遇到以下问题：

①审计不可能采集被审计单位的所有数据。在采集数据时，往往来不及对被审计单位的信息系统做详细的了解与分析，因此并不知道哪些数据重要，哪些数据不重要。通常是确定一个范围后把数据全部采集过来，再根据审计的需要进行整理和筛选。

②考虑到数据的全面和丰富，以及数据采集的风险，在采集数据时一般都宁多勿缺，故采集到的审计数据往往会有许多重复，且数据量巨大。

③采集来的被审计数据存在数据质量问题，在进行数据分析之前需要预处理，比如，有些数据属性的值不确定，在采集数据时，无法得到该数据属性的值，从而造成数据不完整。

一般来说，由于被审计单位数据来源种类繁杂，采集来的数据存在一些数据质量问题，不能满足后面审计数据分析的需要。另外，这些问题的存在将直接影响后续审计工作所得出的审计结论的准确性。因此，完成审计数据采集后，审计人员必须对从被审计单位获得的原始电子数据进行预处理，从而使其满足后面审计数据分析的需要。

2.2　审计数据预处理理论分析

2.2.1　数据质量

（1）数据质量的概念

为了更好地理解审计数据预处理的必要性，本节首先介绍数据质量的相关概念。

目前，数据质量问题已引起广泛的关注。什么是数据质量呢？数据质量问题并不仅仅是指数据错误。有的文献把数据质量定义为数据的一致性（consistency）、正确性（correctness）、完整性（completeness）和最小性（minimality）这4个指标在信息系统中得到满足的程度，有的文献则把“适合使用”作为衡量数据质量的初步标准。

(2)数据质量评价指标

一般说来,评价数据质量最主要的几个指标是:

①准确性(Accuracy)。准确性是指数据源中实际数据值与假定正确数据值的一致程度。

②完整性(Completeness)。完整性是指数据源中需要数值的字段中无值缺失的程度。

③一致性(Consistency)。一致性是指数据源中数据对一组约束的满足程度。

④唯一性(Uniqueness)。唯一性是指数据源中数据记录以及编码是否唯一。

⑤适时性(Timeliness)。适时性是指在所要求的或指定的时间提供一个或多个数据项的程度。

⑥有效性(Validity)。有效性是指维护的数据足够严格,满足分类准则的接受要求。

(3)可能存在的数据质量问题

当建立一个信息系统的时候,即使进行了良好的设计和规划,也不能保证在所有情况下信息系统中数据的质量都能满足用户的要求。用户录入错误、企业合并以及企业环境随着时间的推移而改变,这些都会影响所存放数据的质量。信息系统中可能存在的数据质量问题有很多种,总结起来主要有以下几种;

①重复的数据。重复的数据是指在一个数据源中存在表示现实世界同一个实体的重复信息,或在多个数据源中存在现实世界同一个实体的重复信息。

②不完整的数据。由于录入错误等原因,字段值或记录未被记入数据库,造成信息系统数据源中应该有的字段或记录缺失。

③不正确的数据。由于录入错误,数据源中的数据未及时更新,或不正确的计算等,导致数据源中数据过时,或者一些数据与现实实体中字段的值不相符。

④无法理解的数据值。无法理解的数据值是指由于某些原因,导致数据源中的一些数据难以解释或无法解释,如伪值、多用途域、古怪的格式、密码数据等。

⑤不一致的数据。数据不一致包括了多种问题,例如,从不同数据源获得的数据很容易发生不一致;同一数据源的数据也会因位置、单位以及时间不同产生不一致。

在以上这些问题中,前三种问题在数据源中出现的最多。根据数据质量问题产生的原因,数据质量问题可分成单数据源问题和多数据源问题两个方面。

2.2.2 单数据源数据质量问题

单数据源数据质量问题可以分成模式级和实例级两类问题进行分析。一个数据源的数据质量很大程度上取决于控制这些数据的模式和完整性约束的等级。没有模式的数据源,例如文本文件数据,它对数据的输入和保存没有约束,于是出现错误和不一致的可能性就很大。因此,出现模式相关的数据质量问题是因为缺少合适的特定数据模型和特定的完整性约束,例如差的模式设计,可能因为仅定义了很少一些约束来进行完整性控制。特定实例问题相关错误和不一致,例如拼写错误,不能在模式级预防。另外,不唯一的模式级特定约束不能防止重复的实例,例如关于同一现实实体的记录可能会以不同的字段值输入两次。

无论是模式级问题还是实例级问题，可以分成字段、记录、记录类型和数据源四种不同的问题范围，分别说明如下：

➢ 字段：这类错误仅仅局限于单个字段的值。

➢ 记录：这类错误表现在同一条记录中不同字段值之间出现的不一致。

➢ 记录类型：这类错误表现在同一个数据源中不同记录之间的不一致关系。

➢ 数据源：这类错误表现在数据源中的某些字段值和其他数据源中相关值的不一致关系。

2.2.3　多数据源集成时数据质量问题

当多个数据源集成时，发生在单数据源中的这些问题会更加严重。这是因为每个数据源都是为了特定应用，单独开发、部署和维护的，这就很大程度上导致数据管理系统、数据模型、模式设计和实际数据的不同。每个数据源都可能含有脏数据，多数据源中的数据可能会出现不同表示、重复、冲突等现象。

在模式级，模式设计的主要问题是命名冲突和结构冲突。命名冲突主要表现为不同的对象可能使用同一个命名，而同一对象可能使用不同的命名；结构冲突存在很多种不同的情况，一般是指在不同数据源中同一对象有不同表示，例如不同的组成结构、不同的数据类型、不同的完整性约束等。

除了模式级的冲突，很多冲突仅出现在实例级上，即数据冲突。由于不同数据源中数据的表示可能会不同，单数据源中的所有问题都可能会出现，例如重复的记录、冲突的记录等。此外，在整个数据源中，尽管有时不同的数据源中有相同的字段名和类型，仍可能存在不同的数值表示，例如对性别的描述，一个数据源中可能用“0/1”来描述，另一个数据源中可能会用“F / M”来描述，或者对一些数值的不同表示，例如一个数据源中度量单位制可能用美元，另一个数据源中可能会用欧元。此外，不同数据源中的信息可能表示在不同的聚集级别上，例如一个数据源中信息可能指的是每种产品的销售量，而另一个数据源中信息可能指的是每组产品的销售量。

2.2.4　审计数据预处理的意义

由以上分析可知，正是由于采集来的被审计数据中存在上述数据质量问题，所以需要对采集来的电子数据进行预处理，处理有质量问题的数据，为后续的数据分析打下基础。概括起来，进行审计数据预处理的意义如下：

（1）为下一步的审计数据分析提供准备

采集来的被审计数据不一定能完全满足数据分析的需要，因此，通过对有质量问题的被审计数据进行预处理，从而为后续的审计数据分析做好准备。

（2）帮助发现隐含的审计线索

通过对被审计数据进行预处理，可以有效地发现被审计数据中不符合质量要求的数据。但是，审计人员不能简单地把有质量问题的数据删除掉，因为这些存在质量问题的数据中可能隐藏着审计线索。需要做的是：对发现的审计数据质量问题进行分析，找出造成质量问题的原因，发现隐藏的审计线索。

（3）降低审计风险

有质量问题的被审计数据会影响审计数据分析结果的正确性，造成一定的审计风险。因此，通过对有质量问题的审计数据进行预处理，从而降低审计风险。

（4）通过更改命名方式便于数据分析

通过名称转换这一预处理操作，可以把采集来的数据表以及字段名称转换成直观的名称，便于审计人员的数据分析。

2.2.5 审计数据预处理的内容

根据审计工作的实际，审计数据预处理可简单地分成数据转换和数据清理两部分内容。

（1）数据转换

简单地讲，数据转换就是把具有相同或相近意义的各种不同格式的数据转换成审计人员所需的格式相对统一的数据，或把采集到的原始数据转换成审计人员容易识别的数据格式和容易理解的名称。如名称转换、数据类型转换、代码转换等。

（2）数据清理

数据清理也称数据清洗（data cleaning，data scrubbing）。简单地讲，数据清理就是利用有关技术如数理统计、数据挖掘或预定义的清理规则等，从数据中检测和消除错误数据、不完整数据和重复数据等，从而提高数据的质量。

2.3 审计数据预处理阶段的数据验证

2.3.1 审计数据预处理阶段数据验证的重要性

如前文所述，在开展面向数据的计算机辅助审计的过程中，审计人员必须不断进行数据验证，以保证电子数据的真实性、正确性和完整性。在审计数据预处理过程中，审计人员会将原始电子数据中表名、字段名、记录值代码以及表表关联的经济含义明确标识出来，这需要进行大量的数据查询、数据修改、数据删除、数据添加等操作；另外，要对电子数据进行错误数据处理、空值处理、重复数据处理、不一致数据处理等操作，以提高审计数据质量，为下一步的数据分析做好准备。在审计数据预处理过程中可能存在一些问题，比如：

- 目标数据模式设计不合理；
- 审计数据预处理方法不当；
- 审计数据预处理工具使用不合适；
- 审计数据预处理过程不规范，没有日志记录。

根据以上分析，每一步预处理工作都有可能影响到数据的完整性和正确性，所以在这一阶段进行数据验证也是很必要的。

2.3.2 审计数据预处理阶段数据验证的内容和方法

（1）数据验证的主要内容

在这一阶段，数据验证主要是确认上述审计数据预处理工作没有损害数据整体的完整性，保证数据的正确性。对审计数据预处理过程进行验证主要包含两方面内容：

①确认审计数据预处理的目标实现。为了确认审计数据预处理的目标得以实现，必须

针对转换前存在的数据质量问题和转换要求逐一进行核对。

②确认审计数据预处理工作没有损害数据的完整性和正确性。要确认审计数据预处理工作没有损害数据的完整性和正确性，就必须确认审计数据预处理过程中没有带来新的错误。

(2)数据验证的方法

在审计数据预处理阶段，审计人员可以根据实际情况，采用核对总金额、保持借贷平衡、钩稽关系、审计抽样等数据验证方法来完成审计数据验证。

2.4　其他数据预处理方法简介

面对海量的需要清理的审计数据，一些文献研究了一些高效自动的数据清理方法，本节对此进行简单的介绍，以供进行审计数据预处理操作时参考。

2.4.1　不完整数据清理

在采集数据时，由于无法得到一些数据属性的值，从而造成数据的不完整。为了满足审计数据分析的需要，要对数据源中的不完整数据进行清理。

不完整数据清理的主要步骤说明如下：

(1)不完整数据检测

要清理数据源中的不完整数据，首先要做的就是把数据源中的不完整数据检测出来，以便于下一步的处理，不完整数据检测就是完成这一工作。

(2)数据可用性检测

数据可用性检测是不完整数据清理过程中的一个重要步骤。如果一条记录属性值丢失的太多，或者剩余的属性值中根本就不包含关键信息，就没有必要花费精力去补全该记录。因此，要解决数据的不完整问题，判断记录的可用性非常重要。判断记录的可用性就是根据每一条记录的不完整程度以及其他因素，来决定这些记录是保留还是删除。对于记录的可用性检测，一般采用的方法是：

先评估一条记录的不完整程度，也就是先计算一条数据记录中丢失属性值的字段的百分比，再考虑其他因素，例如数据记录剩余的属性值中关键信息是否存在，然后决定记录的取舍。由于当一条记录某属性取值为默认值时，意味着该属性值已丢失，所以，一般把属性值为默认值的也作为丢失值来处理。

(3)不完整数据处理

不完整数据处理是指在完成数据可用性检测之后，对那些要保留的不完整数据记录，要采取一定的方法来处理该记录中丢失的属性值，一般采取以下几种处理方法：

①人工处理法。对于一些重要数据，或当不完整数据的数据量不大时应该采用这种方法。

②常量替代法。常量替代法就是对所有缺失的属性值用同一个常量来填充，例如用“Unknown”或“MissValue”，这种方法最简单，但是由于所有的缺失值都被当成同一个值，容易导致错误的分析结果。

③平均值替代法。平均值替代法就是使用一个属性的平均值来填充该属性的所有缺失的值。

④最常见值替代法。最常见值替代法就是使用一个属性中出现最多的那个值来填充该属性的所有缺失值。

⑤估算值替代法。估算值替代法是最复杂,也是最科学的一种处理方法,采用这种方法处理缺失属性值的过程为:首先采用相关算法,如回归、判定树归纳等算法预测该属性缺失值的可能值,然后用预测值填充缺失值。

以上给出了常用的几种处理记录中丢失属性值的方法,至于在执行不完整数据的清理过程中采用什么样的处理方法,要根据具体的被审计数据源来确定。

2.4.2 相似重复记录清理

(1)相似重复记录清理的原理

为了减少采集到的电子数据中的冗余信息,相似重复记录清理是一项重要任务。相似重复记录是指那些客观上表示现实世界同一实体,但由于在格式、拼写上有些差异而导致数据库系统不能正确识别的记录。

相似重复记录清理的过程可描述如下:

首先,把数据源中需要清理的数据调入到系统中来;然后,执行数据清理,记录排序模块从算法库中调用排序算法,执行记录之间的排序。在记录已排序的基础上,记录相似检测模块从算法库中调用相似检测算法,做邻近范围内记录间的相似检测,从而计算出记录间的相似度,并根据预定义的重复识别规则,来判定是否为相似重复记录。为了能检测到更多的重复记录,一次排序不够,要采用多轮排序,多轮比较,每轮排序采用不同的键,然后把检测到的所有相似重复记录聚类到一起,从而完成相似重复记录的检测;最后,对所检测出的每一组相似重复记录根据预定义的合并/清除规则,完成相似重复记录的合并处理。

(2)相似重复记录清理的关键步骤

相似重复记录清理的关键步骤可总结为:记录排序→记录相似检测→相似重复记录合并/清除,其作用分别说明如下:

①记录排序。为了能查找到数据源中所有的重复记录,必须比较每一个可能的记录对,如此一来,检测相似重复记录是一个很昂贵的操作。当采集的电子数据的量很大时,这种方案是无效和不可行的。为了减少记录之间的比较次数,提高检测效率,常用的方法是仅比较相互距离在一定范围的记录,即先对数据表中的记录排序,然后对邻近记录进行比较。

②记录相似检测。记录相似检测是相似重复记录清理过程中的一个重要步骤,通过记录相似检测,可以判断两条记录是不是相似重复记录。

③相似重复记录合并/清除。当完成相似重复记录的检测之后,对检测出的重复记录要进行处理。对于一组相似重复记录,一般有两种处理方法:

第一种是把一组相似重复记录中的一条记录看成是正确的,其他记录看成是含有错误信息的重复记录。于是,任务就是删除数据库中的重复记录。在这种情况下,一些常用的处理规则是:

➢ 人工规则是指由人工从一组相似重复记录中选出一条最准确的记录保留，并把其他重复记录从数据库中删除掉，这种方法最简单。

➢ 随机规则是指从一组相似重复记录中随机地选出一条记录保留，并把其他重复记录从数据库中删除掉。

➢ 在很多情况下，最新的记录能更好地代表一组相似重复记录。例如，越接近当前日期的信息准确性可能越高，经常使用账户上的地址要比退休账户上的地址权威一些。基于这种分析，最新规则是指选择每一组相似重复记录中最新的一条记录保留，并把其他重复记录从数据库中删除掉。

➢ 完整规则是指从一组相似重复记录中选择最完整的一条记录保留，并把其他重复记录从数据库中删除掉。

➢ 因为重复率越高的信息可能越准确一些，例如，如果三条记录中两个供应商的电话号码是相同的，那么重复的电话号码可能是正确的。基于这种分析，实用规则是指从一组相似重复记录中选择与其他记录匹配次数最多的一条记录保留，并把其他重复记录从数据库中删除掉。

第二种是把每一条相似重复记录看成是信息源的一部分。于是，目的就是合并一组重复记录，产生一个具有更完整信息的新记录。该方法一般要由人工进行处理。

第四章　审计数据中间表的创建

计算机审计作为信息化环境下一种崭新的审计方式，其主要流程具体如下：

- ➢ 审前调查，获取必要和充分的信息；
- ➢ 采集数据，全面掌握情况；
- ➢ 数据转换、清理和验证；
- ➢ 创建审计中间表；
- ➢ 多维分析，把握总体、锁定重点；
- ➢ 构建个体模型，内外关联、分析数据；
- ➢ 延伸落实，审计取证。

从计算机审计的七步流程可以看出，创建审计中间表是其中不可缺少的关键一步，从数据采集、转换、清理、验证到构建审计分析模型进行数据分析，审计中间表在其中起着承上启下的重要作用。只有在深入了解电子数据的特点和规律的前提下，建立相对完整和规范的审计中间表，才能进一步构建审计分析模型进行有效的数据分析。相对完整和规范的审计中间表是构建审计分析模型的基础。

本章将详细讲解审计中间表的概念、特点、创建规范和具体步骤等内容。

1. 审计中间表概述

1.1　审计中间表的概念

1.1.1　审计中间表的定义

审计中间表是面向审计分析的数据存储模式（或称目标模式），它是将转换、清理、验证后的源数据按照提高审计分析效率、实现审计目的的要求进一步选择、整合而形成的数据集合。

审计中间表与审计人员从被审计单位及其相关部门和单位采集得来的源数据相比，最大的区别在于，审计中间表是在源数据的基础上，按审计目标，为了便于审计分析而进行加工整理形成的，可直接用于审计项目数据分析。审计中间表是审计人员进行数据分析的对象、资源和平台，也就是说，审计人员是在审计中间表而非源数据的基础上构建审计分析模型的。由此可见，审计中间表是构建审计分析模型的基础。

1.1.2　审计中间表的分类

从大类上进行区分，审计中间表可划分为基础性中间表和分析性中间表。

（1）基础性中间表

基础性中间表是审计人员结合被审计单位的业务性质和数据结构，根据不同的分析主题生成的，它是面向审计项目组全体审计人员的。所有基础性中间表的集合就构成了该审计项目的审计数据库，它包括了所有与审计目的相关且为审计人员进行分析所必需的电子数据。基础性中间表既涵盖了被审计单位本身的数据，也涵盖了与该被审计单位相关联的数据。如在进出口贸易审计中，基础性中间表不仅包括海关的征税、加工贸易、减免税等数据，而且包括码头、船舶公司、外汇管理、税收、电子口岸等方面的数据。审计人员根据各自的审计分工和分析需求，可以从审计数据库中找到各自所需的基础性中间表。

（2）分析性中间表

分析性中间表是审计人员在数据分析过程中，在基础性中间表的基础上根据具体的审计目标和分析需求生成的，它是面向审计项目组中特定审计人员的。一个审计项目有其总体目标，而总体目标是由一个个的具体目标组成的，这些具体的目标也可以称为子目标。对子目标的分析，不是面向全体审计中间表，而是其中一部分数据或某些特定的数据，这就需要在基础性中间表中进行查询筛选，或者在基础性中间表的基础上重新组合、关联，生成用于特定分析目的的审计中间表，这就是分析性中间表。可见，创建分析性中间表是审计人员完成具体审计事项、实现具体审计目标的需要。

此外，创建分析性中间表还有另一个用处，那就是提高数据分析效率。在数据分析过程中，审计分析模型在计算机中运算时间的长短与计算机性能及数据量的大小相关。在计算机性能确定的情况下，计算机运算审计分析模型的时间与数据量的大小呈指数级关系，即当数据量增大时，运算所耗费的时间会成倍增加。因此，审计人员可以根据特定的审计内容，在基础性中间表的基础上进一步生成分析性中间表，然后再进行数据分析和运算，从而缩短计算机运算时间，提高数据分析效率。例如，某基础性中间表中包含了被审计单位某项业务 2010 至 2014 年的数据，而某位审计人员现在只想对其中 2014 年的数据进行深入分析，如果直接在该基础性中间表上进行分析，计算机运算将耗费大量时间，这时审计人员就可从基础性中间表中抽取 2014 年的数据生成分析性中间表，再在分析性中间表上进行数据分析。

1.1.3　基础性中间表与分析性中间表的联系和区别

分析性中间表是在基础性中间表的基础上生成的，它与基础性中间表的本质区别在于：基础性中间表是面向审计项目组全体审计人员的，而分析性中间表是面向具有不同分析目的的不同审计人员的。

根据不同审计人员的不同分析需求，分析性中间表的表现形式与基础性中间表相比，可能存在以下不同：①数据结构与基础性中间表保持一致，只是在数据量上有所差别（即从中抽取部分记录）；②数据结构有所改变，需要从基础性中间表中抽取满足特定分析目的所需的部分字段，或将基础性中间表与其他相关数据表进行关联，从中选择相关字段以满足分析的需要。

1.2　创建审计中间表的原因

创建审计中间表是一件复杂、耗时、费力的基础性工作，但又是计算机审计七步流程中不可或缺的一个重要环节。俗话说“磨刀不误砍柴工”，只有建立起相对完整和规范的审计中间表，才能进一步构建审计分析模型进行有效的数据分析，促进审计工作效率的提高，同时保证审计成果的质量和水平。

具体而言，创建审计中间表的原因可归纳为以下四点。

（1）解决因范式分解而造成的信息“分裂”问题

被审计单位在开发其信息系统时，按照数据库设计规范，通常会对数据进行范式分解。范式分解这种规范化过程，常常会将反映某项经济业务信息的数据分解成关系数据库中的多个逻辑表，原本在单个纸质表或文件中同时反映的内容，在电子数据中往往被分别存储在不同的数据库或数据表中。通过建立审计中间表，将反映某项经济业务的主要信息集中到一张表中，审计人员就能够更加清晰地把握被审计单位的各项经济业务类别及其主要信息，数据分析工作也就更容易进行。

（2）解决因数据使用目的不同而造成的“垃圾”数据问题

被审计单位的数据库设计和数据表中的内容安排均是依据其核算、管理的目的和要求进行的，是面向事务的。审计人员是面向分析的。面向事务和面向分析是两种截然不同的要求，在数据库设计中会对数据有不同的处理。审计人员所采集的原始数据一般不可能“天生”就适应审计分析的需求，其中会包含大量与审计目的无关的数据（对审计分析来讲，这些无关的数据就变成了“垃圾”数据）。所以，要利用被审计单位数据库中的数据来实现审计分析，必须对清理、转换、验证后的原始数据按审计目的进行“再加工”，从原始数据中选择出所需要的数据，构成适用于审计分析的审计中间表。

（3）解决因数据结构变化而造成的审计分析模型难以复用的问题

不同的被审计单位有不同的经营特点，其使用的信息系统和数据结构通常存在较大差异，即便是同类的被审计单位，尽管其经营业务类似，但表达经济业务信息的数据表和数据结构也往往不尽相同，甚至是同一被审计单位在不同的历史时期，或是同一被审计单位的不同分支机构之间，也可能存在类似的情况。而审计分析模型是在数据的基础上运行的，数据结构一旦发生变化，就需要对其进行适当修改才能保证正常运行。通过创建审计中间表，有效规范数据结构，这样对不同的被审计单位、不同的历史时期，只要经济业务相同，其审计中间表的数据结构也就相同，审计分析模型的可复用性也就大大提高。

（4）解决因利用外部关联数据而带来的信息整合问题

在大数据环境下的审计实践中，越来越多的审计项目需要审计人员在采集被审计单位电子数据的同时，还要尽可能地采集其他相关部门、单位的电子数据，以便在拥有充足信息资源的基础上，充分利用内部数据与外部数据间的关联关系来进行分析验证，确定审计重点和查找问题线索。由于这些可以相互补充、验证的信息分散在不同来源、不同格式、不同类型的数据库或数据表中，要将其成功应用于审计分析，就需要将被审计单位的内部数据与其他部门、单位的外部数据相结合，通过反复的转换、验证、清理工作，从中选择所需要的信息并进行整合，最终构成符合审计人员分析需要的审计中间表。

1.3　审计中间表的特点

审计中间表具有以下四个特点。

（1）体现业务特征

审计中间表的创建是为审计人员下一步开展数据分析工作服务的，也就是说，它是与审计业务密切相关的。在对源数据进行选择、整合形成审计中间表的过程中，被审计单位的业务性质、业务类别是其创建的重要依据，因此，审计中间表体现着很强的业务特征。

（2）面向分析主题

审计中间表的创建总是针对具体的审计项目进行的，同样的数据库，如果审计的目的不同，创建的中间表也就不同。在创建的过程中，审计人员应该依据审计方案既定的审计目标，进行数据的选择、整合，创建面向主题，即能满足具体审计项目审计目标要求的数据集合——审计中间表。

（3）保持相对稳定

审计中间表是在具体的审计项目实施过程中，对采集到的源数据进行转换、清理、验证，并进一步根据审计目标进行选择、整合等操作后创建的数据集合，通常具有较为固定的结构。这里有两种情况：如果是对被审计单位的历史数据进行处理，中间表不仅具有较为固定的结构，其内容也就是数据的值也是固定的，所以在这样的基础上形成的审计中间表一般是不进行更新的；如果是对被审计单位进行实时审计，需要对被审计单位的数据进行在线分析，在被审计单位实时数据上形成的中间表的结构也是相对稳定的，变化的只是数据的值。

（4）随着审计分析的深入而变化

从本质上讲审计中间表是为了审计分析的目的而产生的，不同的审计目的要创建不同的审计中间表；即便是同一个审计目的，分析问题的角度不同，也要创建不同的审计中间表；而且随着分析的深入，可能又需要新的数据，要在原有审计中间表的基础上再创建新的审计中间表。从这些意义上讲，审计中间表的创建，尤其是分析性中间表的创建是一个动态过程，审计目的没达到，这个过程就不会终结，所以审计中间表要随着审计分析的深入而不断变化，产生新的审计中间表。

2. 创建审计中间表的准备工作

2.1　了解与分析采集到的基础数据

2.1.1　了解被审计单位信息系统

要识别与分析被审计单位的数据，审计人员首先必须充分了解被审计单位信息系统的详细情况，这样才能知道自己需要怎样的数据文件以及它们的特征。审计人员还需要理解系统存储交易记录的具体结构，因为在下一步的审查中需要对记录进行描述。任何不正确的猜测和假设只会在实施审计检查时浪费大量的时间，投入适当的时间来研究被审计单位的系统并掌握一些实际情况才是明智的选择。要利用各种有助于深入了解系统的工具，充分了解和掌握被审计系统的数据模式和业务处理特点。

2.1.2 分析表间关系

（1）范式分解形成的表间关系

由于在设计数据库时，出于对数据的规范化要求，实体间的依赖关系被分解，原本在同一单个纸质账、表中反映的内容，往往被分别设计存放在不同的数据库或数据表中，数据表之间往往通过相互包含同一关键字段形成关联关系。通过阅读数据字典、询问系统管理员等方式可以掌握范式分解形成的表间关系。

（2）业务处理流程和实现内部控制形成的表间关系

实际工作中，被审计单位特定业务往往是通过多个不同的流程和不同的岗位进行的，为了清楚反映业务的处理逻辑关系和实现一定的内部控制，在进行数据库设计时，通常会按照业务流程设计多个数据表，业务处理流程的关系便体现为表间关系。

（3）财会数据和业务数据形成的表间关系

一个单位的信息系统，一般都是由若干个子系统构成的，对于审计而言，关系密切的系统是其中的财会子系统和业务子系统。财会子系统所需的数据又往往来源于业务子系统，这样一来，各子系统的数据间便存在了关联关系。为了在审计中分析财会数据，必须充分掌握和利用两者之间的关系。

（4）不同数据来源的数据表间的关系

在可能的情况下，审计还要对不同部门、不同系统之间的数据进行整合利用，如在对财政进行审计时，可能会将财政、税务、海关、银行等系统之间的数据进行综合利用、分析。这些不同系统的数据之间，在大数据发展和应用日益普及的今天，随着国民经济信息化的整体推进，在物理上、逻辑上都存在关联关系。在审计中，应当从审计业务的角度分析各系统数据间的关系，在具体的审计分析主题下把握、利用各系统数据间的关联关系。

2.1.3 认识数据经济含义

在审计分析的过程中，审计人员需要综合应用数据字典和数据库设计说明等技术文档对数据的定义和描述，以及对经济业务、业务流程的把握等方面的认知情况，对数据产生全面、深入的认识。审计人员要力求全面、深入掌握表间体现的业务逻辑关系，各表包含的经济含义，数据行描述的经济事项，关键数据项取值的含义，字段中哪些是为达成数据库技术目的而设计的，哪些是体现业务内容的，具体的业务经济含义等方面的内容。

2.2 确立分析主题

审计方案（包括审计工作方案和审计实施方案）对整个审计工作具有至关重要的意义，是指导具体审计项目的纲领性文件。根据审计工作方案、审计实施方案中对审计工作目标、审计范围、审计对象、审计内容和重点等的规定，确定审计数据分析的主题，即分析的具体问题，是创建审计中间表的前提。只有以审计方案中对审计目标、内容和重点的规定为依据，确定计算机审计数据分析的主题，才能创建合理、正确的审计中间表，进行数据分析，满足审计工作的需要，完成审计任务。

在确定分析主题的过程中，应根据电子数据本身的内容及其特点和规律，并结合方案要求、被审计单位的报表等资料进行审计需求综合分析，回答通过数据分析可以核查哪些内容、适合核查的内容、核查重点和方式等问题，确定分析主题，理清创建审计中间表的思路。

3. 创建审计中间表的步骤

3.1　备份原始数据

在创建审计中间表的过程中会对数据进行删除等操作，如果出现操作失误，有时难以恢复数据。如果事先不做好备份工作，容易因操作失误而造成难以挽回的影响，延误数据处理的进程，影响审计的开展。在创建审计中间表前，应对原始数据进行备份。

3.2　设计审计中间表

在具体审计项目中，审计人员通常需要结合被审计单位的经济业务，创建多张审计中间表。由于审计中间表需要准确地表达出所代表的经济业务类别的信息，因此其设计和区分的标准就是经济业务性质和数据表结构。一张审计中间表中所包含的经济业务数据既要具有相同的经济业务性质，又要具有相同的数据表结构；而不同的审计中间表中所包含的经济业务数据，要么其经济业务性质不同，要么具有不同的数据表结构。

审计中间表的具体构成可按以下步骤进行设计：

➢ 全面了解被审计单位的业务，根据业务性质划分业务类别。

➢ 分析数据字典，根据数据表结构是否相同，对上一步骤中所划分业务类别进行细分。

➢ 根据不同的业务类别，分别从源数据中选择反映该类别经济业务主要信息的字段，参照数据字典中的规则，重新组织这些字段，设计出主表。

➢ 分析主表中各字段的内容，如果某一字段所包含的内容需要有一些附加信息对其加以说明，则找出反映这些附加信息的字段重新进行组织，设计出附表。

➢ 分析主表中各字段的内容，如果某一字段所包含的内容是代码，则需要结合代码的含义及其层次结构，设计出代码表。

➢ 如果还有一些反映某项经济业务信息的数据表，虽与主表中的字段并无直接关联，但也是审计所需要的，则可以设计为补充表。

3.3　生成审计中间表

在生成审计中间表的过程中，需要注意以下三个环节。

3.3.1　分析源数据的表间关联关系

（1）利用工具分析

如果审计人员可以将计算机连接到被审计单位的数据库服务器上，或已经取得被审计单位的数据库备份，则可以利用 PowerDesigner（数据建模软件）等工具，直接得到被审计单位信息系统中要审计的数据库的物理数据模型（PDM）。利用这个工具提供的“逆向工程”

功能，审计人员可以方便地生成不同数据库管理系统中的数据库的结构。同时，在可能的情况下，可以开发审计专用的自动生成被审计单位数据库系统概要统计信息的工具，以及自动ER模型生成工具。此节介绍的内容，有兴趣的读者可以参考《计算机审计质量控制模型（第2版）》（刘汝焯，清华大学出版社）一书。

（2）阅读技术文档进行分析

如果获取了数据库设计说明书或数据字典等数据库开发过程中形成的技术文档，审计人员可以通过阅读技术文档获取表间关系的信息。对于复杂的数据库，最简便的途径就是阅读有关技术文档。在这些技术文档中，有数据库总体结构、数据库分类、数据库中表间关系的说明，表结构的描述，以及建立数据库、数据表等的SQL语句等。在建立基础数据表的语句中，有对主码、外码的定义。审计人员可以通过仔细阅读这些技术文档中的图例、文字说明获取对表间关系的认识。

3.3.2 整合数据

满足审计需求的数据通常分散在不同的数据库或数据表中，我们需要对数据进行整合，将与审计相关的数据进行有机的关联。具体操作中，就可以根据表间关系进行数据的连接，并将满足分析主题的数据形成数据集市（或数据仓库），即达到整合的目的。

常见的连接如下。

（1）将因范式分解而分割的数据进行关联

分为以下两种情况。

一是将代码类的表与记录具体业务的表进行连接。如用“科目代码”字段将科目代码表与明细账关联，将科目名称和明细账的内容连接生成便于审计人员浏览的明细账。

二是将反映业务流程的表进行连接。某些业务可能被划分为几个流程或包括几个方面的内容，一个流程或一个方面的内容对应一张数据表。为了掌握业务的全貌，可以将反映相关业务流程的表进行关联。如一项贷款的发放业务涉及贷款人申请、银行审查、银行发放和贷款保证等环节，为了清晰地反映贷款发放的全部处理流程，有必要对反映上述业务流程的数据表通过表间关系连接进行整合。

（2）将记录不同时间段的相同结构的数据追加形成某一时期完整的数据

如在常见的用友财务软件中，一个会计年度的账套对应着一个SQL Server数据库，为了对被审计单位多年的财务数据进行分析，就有必要将牵涉到的年份的数据从独立的数据库中导出，追加到一个数据库中。

（3）将财务数据与业务数据进行整合

一般而言，财务数据来源于业务数据，通过审计业务数据，尤其是把握业务数据与财务数据之间的关联关系，可以对财务数据的完整性和真实性进行验证、核查。如果被审计单位有ERP、SAP等系统，在审计的过程中应充分利用系统中集成的信息，拓展审计的范围，挖掘审计的深度。

（4）将来源于不同系统的数据进行整合

不同系统间的数据整合，要以系统间数据的物理、逻辑连接关系为基础，按照审计分析主题进行整合，体现系统间数据的内在联系。如在财政审计中，可将财政的税收类决算收入数据和商业银行代征代收数据、人民银行国库数据、税务局税费征收管理数据进行整合。

3.3.3 选择字段

选择字段的标准是，剔除与审计分析无关的字段，保留审计所需的相关字段。进行选择时，我们依据的是对字段在数据表中的作用、字段的经济业务含义等方面的理解。字段的选择应由审计项目组充分讨论，并对结果进行书面记录。如果漏选审计所需要的字段，再进行处理，势必影响审计效果；如果不加区分地选取所有字段，则会造成电子数据内容烦琐，难以把握重点，最终影响数据分析的效率。此阶段的字段选择，是在数据清理的基础上侧重依据审计实施方案规定的审计范围、内容、重点和目标进行选择。

完成上述三个环节的工作之后，就可以通过编写 SQL 语句将所需要的数据表进行关联，选取所需字段并设置有关条件，生成符合审计需要的审计中间表。审计人员编写的 SQL 语句主要通过使用 SELECT 语句选取字段，根据情况使用 LEFT JOIN、RIGHT JOIN 或 JOIN 子句将相关数据表进行关联，并利用 INTO 子句保存结果，最终生成审计中间表。

3.4 整理审计中间表

在生成审计中间表后，还需要通过为其设置主键，设定表中记录唯一性的标识，以检验在生成审计中间表的过程中是否由于表间连接造成存在重复记录的情况。

此外，我们还可以建立相关表与相关表之间的关系图，主要是主表与附表、代码表之间的关系图。这样，既可以验证数据之间的约束关系，又便于审计人员了解数据之间的关联关系，更好地使用数据。

3.5 验证审计中间表数据

创建审计中间表阶段的数据验证工作主要有以下几项。

➢ 检查在字段选择工作中，有无因操作失误将确定应保留的字段删除，或是仍保留了应删除的字段。

➢ 对数据整合工作中的数据关联操作进行重点关注，检查有无因关联条件出现逻辑错误，或通过关联形成了改变原来经济含义的不正确的数据。

➢ 在处理过程中有无由于突然断电、电磁干扰和病毒感染出现数据完整性受影响的情况。

3.6 撰写审计中间表说明书

3.6.1 分块进行说明

由于在审前调查和电子数据的处理过程中是按具体任务分工分别进行的，数据使用说明书的撰写应由原数据采集、处理的具体操作人员分别承担，然后统一汇总。

说明书中应包括：①被审计单位信息系统建设的概况、系统的构成、与审计相关的系统的主要功能和数据库管理系统的基本情况；②数据采集、转换、清理、验证建立审计中间表的人员和重要操作；③用以进行审计分析的数据来源、数据之间关系的类型和具体关联关系；

④数据处理人员对数据分析和使用的建议。

在编写说明书时，应该按照系统的逻辑构成关系，如按系统——子系统——系统内功能模块——具体数据的顺序进行逐步细化说明，另外要注意数据间的关联关系应尽量图示化。

3.6.2 说明的复核和组内分发

审计项目组主审或组长应指定电子数据处理负责人员或有关人员将分块说明进行汇总，并进行复核。主审应再对数据分析和使用的建议进行复核，检查是否符合审计实施方案对审计内容、重点的要求。完成上述工作并确认正确后，分发给组内审计人员。

第五章　审计分析建模

随着信息化技术的迅猛发展，计算机技术在国民经济和社会生活各个领域的应用日益广泛，并深刻影响着审计环境、审计模式等诸方面，数字化审计模式正是这一条件下的必然产物。审计专家李金华曾在2005年指出“要从系统论、信息论的高度来研究计算机审计，运用系统论的观点，把孤立判断变成系统把握，系统论最终要体现在数字化建设上，审计的最终出路在于数字化”，审计专家刘家义曾在2016年底召开的全国审计工作会议上指出要积极探索数字化审计工作模式，从一定意义上讲，中国审计的出路关键在于信息化，信息化的关键在于数字化。数字化审计的核心是采集、转换、整理和分析数据，数字化审计模式包括审计管理、审计实施、质量控制、数据共享等全方位的数字化。其中，数据是信息的载体，是审计的基础对象，是对一定系统环境下法律法规、财务制度、业务流程的量化。由于数据的虚拟化和无形化特点，如何将数据与审计对象结合起来，将数据间的关系转换和映射为审计对象间的实体关系，从而使数据还原到其所体现的业务本质上来，就成为实施数字化审计的关键点，而这一过程就是构建审计分析模型的过程。模型构建完成后，审计人员就能利用计算机技术方法，通过对数据处理与分析，确定审计重点和疑点，实现审计目标。然而，纵观国内外相关研究极少，而且仅探讨了审计分析模型的涵义，类型和算法，基于数据流图的审计分析模型构造方法等，尚未发现有十分详细、源自国家审计具体实践总结的研究出现，也未发现对审计分析模型优化的文献出现，因此，本书的研究无论对审计实践的进一步深化，还是对相关理论的推进都具有重要的意义。

1. 构建、优化审计分析模型的一般步骤

审计分析模型是审计人员根据获取的数据，按照审计对象应该具有的性质、数量、时间或空间状态（趋势、结构、关系等），通过设定计算、判断和限制条件建立起来的数学或逻辑的表达式，用于对审计对象实际的性质、数量、时间或空间状态进行验证，从而对被审计单位经济活动的真实性、合法性及效益情况作出科学判断。它是一种审计人员能够理解并建立，可以用计算机进行描述和处理的算法。审计分析模型优化是指结合实际情况从多种审计分析模型中选择最有效率、效果最好的方法，包括构建模型、模型的具体应用方法等。根据多年的国家审计经验，现结合职业介绍补贴资金审计的一个实例对模型分析方法的一般步骤进行介绍。

1.1　了解和掌握审计对象信息，提出审计需求

主要通过学习相关法规文件和经济业务流程，结合审计目标和已有电子数据，进行审计需求分析，找出符合审计目的并且能利用现有电子数据实现的分析方向或拟分析的具

体问题。在职业介绍补贴资金审计中，审计人员的审计目标是审查职业介绍申报人员的真实性。职业介绍补贴是国家为促进就业再就业工作的一项重要扶持政策，规定职业介绍机构在为求职者提供免费职业介绍服务后，可以申报职业介绍补贴每人 100 元，申报时需要提供求职者的身份证复印件、劳动合同和申报名册等资料。由于职业介绍机构的工作性质，其能够掌握大量的求职者信息，取得上述资料并不困难，成本也较低，弄虚作假的空间较大，加之申报的求职者人数较多，就业主管部门也难以逐一进行核实。因此，实现申报真实性审计目标的一个重要审计需求，就是核实有无重复、虚假申报被介绍人员的问题。

1.2 建立审计分析模型

根据审计需求，结合对相关的政策法律法规的把握，对被审计业务的认知，以及积累的审计经验，对将要分析的问题做出概括、抽象的表达，建立可通过审计软件或计算机语言实现的检索、计算、统计等条件，建立多个分析模型，再从中选择最优的分析模型。本例中，通过对职业介绍补贴法规的学习，审计人员了解到同一名求职者一年内只能享受一次免费职业介绍服务。审计人员可以据此设定最优的分析模型，利用职业介绍补贴申报信息，查找出申报次数大于 1 的求职者，即为重复申报的情况。

1.3 分析被审计单位数据

主要是指根据建立的分析模型，借助数据字典、数据库说明等技术资料和对被审计单位业务流程的理解、认知情况，选择待用的基础表，确定为实现分析模型所需要的具体数据，并对具体数据进行研究，掌握被审计数据的特点，确定各字段、代码和业务数据具体内容代表的含义等。本例中，要实现审计分析模型，需要获得求职者姓名、性别、身份证号、职业介绍机构名称、用人单位等信息，被审计单位提供了求职人员登记表和职业介绍补贴申报表，两表中的身份证号码字段是确定唯一求职者的标识，数据能够满足审计需求。在实践中，能否根据实际情况建立分析模型是实现分析的前提，但分析模型只是分析的初步表达，在实现的过程中，如果数据不能满足分析模型的运行条件，往往还要根据数据的具体情况对分析模型进行修正。

1.4 建立审计分析中间表

由于在设计数据库时对数据进行了规范式分解，并且数据库的设计和表中内容的设定均是依据被审计单位核算、管理的目的和要求进行的，一般来说不符合审计人员的需求。所以利用被审计单位数据库中的数据来实现审计分析，必然要对被审计单位的原始数据按审计目的进行“再加工”，从原始数据中选择出所需要的数据，生成能完成审计分析的“中间表”。创建审计分析中间表要充分掌握数据表与表之间的关系，结合审计目标，对数据进行选择、整合，加工形成符合审计需求的数据集合，一般通过对选定的原始表进行投影、连接、关联、筛选等操作来实现。本例中，将求职人员登记表和职业介绍补贴申报表以身份证号码字段进行关联，建立连接，生成满足审计分析需要的中间表。

1.5 完成分析

按照分析模型，利用软件工具或SQL数据库语言，运用经济学、统计学等方法，对数据进行核对、检查、复算、判断等操作，得出结果。本例中，在生成的审计分析中间表中对求职者身份证号码进行分组统计，查找出身份证号码出现次数大于1的求职者，就是重复申报的审计疑点，审计分析模型为：count（身份证号码）>1 group by 身份证号码，类SQL语句为：select 求职者姓名，身份证号码 from 职业介绍补贴申报表 group by 身份证号码 having count（身份证号码）>1。

2. 构建审计分析模型

审计分析模型是一个数学公式或者逻辑的表达式，其有多种表现形态：在查询分析中，表现为一个或一组查询条件；在多维分析中，表现为切片、切块、旋转、钻取、创建计算成员、创建计算单元等；在挖掘分析中，表现为设定挖掘条件等。按照在审计中的功能，可以把审计分析模型划分为系统分析模型、类别分析模型和个体分析模型三大类型。

系统分析模型主要用于对被审计单位的数据进行整体层次上全面、系统的分析，发现趋势、异常，帮助审计人员把握被审计单位的总体情况；类别分析模型主要按业务类别对审计数据进行分析，指引审计人员发现和锁定重点审计的内容、范围；体分析模型主要用于核查问题，筛选线索，为延伸取证提供明确具体的目标。

2.1 系统分析模型

在大多数情况下，当审计计划任务下达至审计项目组时，审计人员对于被审计单位的情况基本上是一无所知的。即使通过报纸、电视、互联网等媒体了解到一些基本情况，也只是一种比较肤浅和感性的认识。随着审前调查的开展，我们将通过各种渠道逐步了解被审计单位的历史沿革、组织机构、业务开展、经营状况等较为详细的情况。接下来要做的就是根据审计目标和审计工作方案的要求，从整体、系统的层次上对被审计单位进行总体经营状况或财政财务收支状况的分析和评估，从而达到把握其总体情况的目的，与此同时还可根据系统分析的情况初步确定审计重点范围。在这一环节所构建的审计分析模型就是系统分析模型，换句话说，构建系统模型的目的是从总体上全面把握被审计单位的情况。

在系统分析阶段常用到的方法有结构分析法、趋势分析法和比率分析法等。在审计实践中，审计人员应结合审计项目的具体情况，综合运用上述方法来构建系统分析模型。

系统分析模型的构建可以分为两大部分：一是对被审计单位资产、负债、损益、现金流情况的分析；二是对有关财政财务、业务指标的计算分析。

在计算分析主要财务、业务指标的过程中常常用到的方法是比率分析法。

比率是两个相关联的经济数据的相对比较，主要用除法，它体现的是各要素之间的内在联系。比率分析法是指审计人员利用被审计单位的财务数据和业务数据，通过选取、计算相关的比率并加以比较分析的方法。通过此法可以了解被审计单位的总体财务状况，发现财务数据与非财务数据之间的矛盾。

比率分析法的优点在于:①比率计算简单,非常直观,便于审计人员进行判断;②比率采用相对数,避免了被审计单位生产经营规模对审计人员判断的影响;③比率的可比性较强,不同国家、不同地区、不同行业、不同规模的被审计单位,都可以使用比率进行分析和比较。

与此同时,比率分析法也具有明显的弱点:对比率的诠释和说明是相当复杂和困难的,往往容易误导审计人员。尤其对经验不足的审计人员来说,很容易将计算出来的比率和所谓的标准值进行简单比较,不再对有关数据进行综合分析。因此,运用比率分析法除了要求审计人员选择适当的分析指标外,还要求他们对选用的指标运用科学、合理、结合实际的分析方法进行诠释和说明,这样才能对被审计单位的总体情况做出比较客观、公正的评价。

对被审计单位进行主要指标的计算分析有两个基本步骤:一是选择适当的分析指标;二是运用适当的分析方法诠释和说明分析指标的计算结果。

2.1.1 选择分析指标

财务指标或业务指标涉及被审计单位经营管理的各个方面,数量很多,到底计算分析哪些指标才能满足需要,是一个非常重要的问题。审计人员需要结合具体审计项目,选择恰当适用的分析指标。

在选择分析指标时要注意以下四点。

(1)不同行业的被审计单位有其各自不同的经营特点和规律,适用不同的分析指标

如国内生产总值税率、税收结构比率适用于地区性财政部门,人均费用比率适用于事业单位,应收账款周转率、存货周转率、销售利润率、长期资产适合率适用于企业和实行企业化管理的事业单位,流动比率、速动比率、现金比率、总资产报酬率、权益报酬率、资产负债率、已获利息倍数适用于企业、实行企业化管理的事业单位和金融机构,中长期贷款比率、存贷款比率、不良贷款率适用于银行等等。

(2)针对不同的审计分析目的,选取的分析指标有所不同

根据不同的审计分析目的,通过选择不同的分析指标,可以对被审计单位不同方面的经营状况和财务状况进行分析,如营利能力分析、偿债能力分析、发展能力分析等。

对企业而言,利润是其生产经营的成果,是其生存发展的基础,追逐利润是企业经营的根本动力,而营利能力正是指企业赚取利润的能力。因此,在对企业、营利性金融机构等被审计单位进行系统分析的过程中,对其进行营利能力的分析具有特别重要的意义。

用于衡量营利能力的分析指标主要建立在利润表基础上,分两种情况:

①根据利润表内相关项目数据计算得出的比率指标,常用的有销售净利润率和销售毛利润率等。

②根据利润表项目与其他会计报表相关项目计算得出的比率指标,常用的有总资产报酬率、权益报酬率、营业周期、流动资产周转率和总资产周转率等。

(3)针对不同的审计目标,选取的分析指标有所不同

在选择分析指标时要注意分析指标的内容。如果是真实性、合法性审计,应重点设定分析真实性、合法性的指标;如果是效益性审计、在分析真实性、合法性的基础上,还应特别关

注衡量效益性的分析指标。

(4)应选择能够揭示问题实质、满足分析需求的分析指标

在选择分析指标时要注意分析指标的合理性,以能够揭示问题实质、满足分析需求为准绳,分析指标的数量无须过多。在分析指标的设定上,可以吸收国内外著名指标体系的内容,也可以及时将财会方面的研究成果纳入指标设定,从而使审计时设定的分析指标更完善、科学、合理。

2.1.2 诠释分析指标

选定分析指标之后,很重要的一项工作就是如何运用适当的分析方法对分析指标的计算结果进行诠释和说明。

常用的分析方法有以下三种。

(1)对比分析

对比分析是指审计人员将被审计单位有关分析指标的计算结果与标准值进行比较,通过分析实际值与标准值的差异,或将造成差异的因素作为进一步分析的对象,对被审计单位经营状况做出分析判断的方法。

差异有绝对差异和相对差异。绝对差异即实际值 - 标准值,用于分析差异的规模。相对差异即(实际值 - 标准值)/ 标准值,用于分析差异的程度。

根据标准值来源的不同,对比分析还可分为以下两类。

①与同类企业对比。即与行业平均水平或竞争对手比较,也称横向比较。分析结果可反映被审计单位在行业内的相对经营状况。

②与计划预算对比。即实际执行结果与计划、预算指标比较,也称差异分析。分析结果可反映被审计单位的经营管理能力。

当然,在分析被审计单位的营利能力时,不能只简单进行有关分析指标的对比分析,还要注意分析营利的质量。常用方法有以下三种。

①识别信号法。某些项目发生异常变化常常是营利能力脆弱的表现,常见的有以下几种。

➢ 无形资产、递延资产、待摊费用、待处理流动资产损失和待处理固定资产损失等项目非正常上升。这种不正常上升,有可能是企业当前发生费用及损失无能力消化而暂放入这些项内,将实亏转化为潜亏。

➢ 一次性的收入突升,如利用资产重组、非货币资产置换、股权投资转移、资产评估、非生产性资产与企业建筑性销售所得调节盈余,企业可以用这些手段调节企业利润。

➢ 期间费用中广告费用或占销售收入额的比率相对下降,这样可以提高当期利润,但从长期看对企业不利。

➢ 对未来准备金提取不足或不提,折旧计提改变或提取不足,从而提高当期利润。

➢ 归入税收费用的递延税款增加,没有资金支持的应付工资、应付福利的上升,暗示公司支付工资能力降低,现金流向可能存在问题。

➢ 毛利率下降可能有三个原因:一是市场竞争激烈,企业产品价格降低;二是成本失去

控制，有上升趋势；三是企业产品组合发生变化，对企业利润产生了影响。

➢ 存货周转率变低，可能是企业销售能力差、产品有问题、库存产品材料有问题或生产存在问题。

➢ 会计政策、会计估计在一个比较自由的问题上运用方式发生了变化，它可能是企业经营状况发生变化的一个信号，或者仅仅是为了创造更高的利润。

➢ 应收账款增长与过去经验不相一致，可能是为了实现销售目标，运用信贷销售（如赊销等）创造销售量和利润，将本应以后实现的销售提前了，或者商业性应付账款展期等，这些信号都反映了利润的质量情况。

②剔除评价法。剔除影响利润质量的个别因素后，再来分析评价企业实现利润的质量。常用的以下几种。

➢ 不良资产剔除法。这里的“不良资产”是指待摊费用、待处理流动资产及固定资产损失、开办费、递延资产等虚拟资产和高龄应收账款、存货跌价和积压损失、投资损失、固定资产损失等可能产生潜亏的资产项目。如果不良资产的总额接近或超过净资产，或者不良资产的增加额（增加幅度）超过净利润的增加额（增加幅度），说明企业当期利润有“水分”。

➢ 关联交易剔除法。将来自关联企业的营业收入和利润予以剔除，分析企业的营利能力在多大程度上依赖于关联企业。如果主要依赖于关联企业，就应特别关注关联交易的定价政策，分析企业是否以不等价交换的方式与关联企业进行交易以调节盈余。当然有的集团总公司只管生产，而子公司专门从事销售，这也是一种情况，分析时要区别情况，不能一概而论。

➢ 异常利润剔除法。将其他业务利润、投资收益、补贴收入、营业外收入从企业利润总额中扣除，以分析评价企业利润来源主要渠道及其稳定性。分析中特别要注意投资收益、营业外收入等一次性的偶然收入。

③现金流量分析法。将经营活动产生的现金流量、现金净流量分别与主营业务利润、投资收益和净利润进行比较分析，以判断企业的营利质量。一般而言，没有现金净流量的利润，其营利质量是不可靠的。如“经营活动现金净流量 / 利润总额”指标等于 0 或负值，说明其利润不是来自经营活动，而是来自其他渠道。

（2）异动趋势分析

在诠释分析指标的计算结果时，需要特别注意有关指标的异动趋势分析，即将比率分析法与趋势分析法结合应用。

如果一家企业的经营活动处于持续健康发展的状态，其主要指标应当呈现出持续稳定发展的趋势；如果主要指标的发展变化出现异动（突然大幅度上下波动），或者主要指标之间出现严重背离，或者出现急剧优化、恶化的趋势，都意味着企业在某些方面发生了重大变化，这也是审计需要重点关注的方面。

（3）综合分析模型

不同的分析指标可以反映被审计单位不同方面的经营状况，但不能反映被审计单位各方面经营状况之间的关系。例如，销售利润率反映了企业营利能力，而资金周转率反映了企业营运能力，流动比率反映了企业偿债能力，但它们之间是什么关系，相互之间产生什么影响，不能系统、综合地反映出来。因此，在对被审计单位主要指标进行分析时，应用最广的是财务导向的综合分析模型，其基本依据是对财务比率的综合分析。

下面介绍其中三种较有影响的综合分析模型。

①杜邦模型。杜邦模型是利用几项主要的财务比率之间的关系综合分析企业财务状况的方法。它是美国杜邦公司首先采用的，故称杜邦模型。

杜邦模型把企业财务状况作为一个系统，内部各种因素是相互依存、相互作用的，通过对系统相互联系的综合分析，能比较全面地、系统地反映企业财务状况全貌及其相互间各因素的影响关系。

杜邦模型通过几种主要财务比率之间的关系，直观地反映企业的财务状况，从而方便审计人员对企业的财务状况进行综合分析，从杜邦模型可以了解以下财务信息。

➢ 权益报酬率是一个综合性极强、最有代表性的财务比率，它是杜邦模型的核心。企业经营的一个重要目标就是使所有者财富最大化，权益报酬率正是反映了所有者投入资金的获利能力。因此，这一比率可以反映企业筹资、投资、生产等各种经营活动的效率。权益报酬率主要取决于总资产报酬率与权益乘数。总资产报酬率反映了企业生产经营活动的效率；权益乘数反映了企业的筹资情况，即企业资金来源结构。

➢ 总资产报酬率是销售净利润率与总资产周转率的乘积。因此，可以从销售与资产管理两个方面来分析。销售净利润率实际上反映了企业的净利润与销售收入的关系：销售收入增加，企业的净利润也自然增加；但是，要想提高销售净利润率，必须一方面提高销售收入，另一方面降低各种成本费用。而且，提高销售收入具有特殊的重要意义，因为它不仅可以使企业净利润增长，也会提高总资产周转率，这样自然会使总资产报酬率升高。

➢ 分析企业成本费用的结构是否合理。这样有利于进行成本费用分析，加强成本控制。尤其应该分析企业净利润与三项费用中的财务费用，如果企业所承担的财务费用太多，就应该考虑企业的权益乘数或负债比率是否合理，不合理的筹资结构当然会影响企业所有者的权益。

➢ 分析流动资产与非流动资产的结构是否合理。资产的流动性体现了企业的偿债能力，但它又关系到企业的获利能力。如果流动资产中货币资金占的比重过大，就应该分析企业是否有现金闲置现象、现金持有量是否合理，因为过量的现金会影响企业的获利能力；如果流动资产中存货或应收款项过多，就应该分析企业的存货周转率与应收账款周转率如何。

➢ 企业的获利能力涉及企业经营活动的方方面面，如权益报酬率与资金结构、筹资结构、成本控制、费用支出，税金税率、资产管理等密切相关。这些因素构成一个系统，只有协调好系统内每个因素之间的关系，才能使权益报酬率达到最大，从而实现企业价值的最大化。

应该注意的是，杜邦模型是一种分解财务比率的分析方法，而不是建立一套新的财务比率。而且财务比率的分解有不同的方式，我们需要掌握的是这样的一种思路，而不是固定的某几个比率或指标。如何对权益报酬率进行分解，具体分解成哪些指标，完全取决于审计分析的需要。

②沃尔比重综合评分模型。单纯从某个指标的高低去判断企业的财务状况是否稳定是不全面的，也是不科学的，因而应采用多指标的综合评价方法。早在1928年亚历山大•沃尔选择了7项基准比率，创立了一种比重综合评分法模式，综合评价企业财务稳定性，被称为沃尔比重综合评分模型，至今仍在美国乃至国际企业界广泛应用。7项基准比率分别是流动比率、净资产对负债比率、净资产对固定资产比率、存货周转率、应收账款周转率、固定资产周转率、净资产周转率。沃尔根据各比率的重要程度分别确定其比重，总和为100分。然后确定标准比率，并与实际比率相比较，评出每项指标的得分，最后求出总评分，以此表示企业财务状况的稳定性。

③现代综合评价模型。现代社会与沃尔时代相比已有很大变化。因此，在沃尔模型基础上，结合杜邦模型的一些综合财务指标，发展衍生出符合现代社会需要的现代综合评价模型。

在当前社会中一般认为，企业评价的内容主要是营利能力、偿债能力和发展能力，它们之间大致可按5∶3∶2来分配比重。营利能力的3个主要指标是总资产报酬率、销售净利润率和权益报酬率。虽然权益报酬率最为重要，但前两个指标已经分别使用了总资产和净利润，为了减少重复影响，3个指标可按2∶2∶1安排。偿债能力有4个主要指标，发展能力有3个主要指标（都是本年增量与上年实际的比值），总评分仍然是100分。标准比率以行业平均数为基础，适当地进行修正。在给每个指标评分时，规定了上限和下限，以减少个别指标异常给总分造成不合理的影响。上限（最高评分值）可定为标准评分值的1.5倍，下限（最低评分值）定为标准评分值的0.5倍。此外，评分时不采用“乘”的关系，而采用“加”或“减”的关系来处理。

2.2 类别分析模型

系统分析模型和类别分析模型均属总体分析模型的范畴。我们介绍过系统分析的常用方法及构建系统分析模型的具体过程。系统分析模型是从整体层次上分析、评估、把握被审计单位的总体情况。在对被审计单位进行系统分析的基础上，还需要构建类别分析模型。类别分析模型是从业务类别的层次对被审计单位的主要业务类别进行分析，从而锁定审计重点，为下一步构建个体分析模型核查问题、筛选线索提供依据。我们介绍过，结构分析和趋势分析是系统分析的常用方法，而在类别分析模型的构建中，这两种方法也广为运用。不过，结构分析和趋势分析在类别分析中的应用与其在系统分析中的应用是有所差别的。

（1）结构分析

结构分析在系统分析模型中的应用主要在于，通过计算资产、负债、损益、现金流各构成项目在总体中的占比来揭示总体的结构关系和各构成项目的相对重要程度。

在类别分析模型的构建中，结构分析主要用于确定某业务类别的结构分布情况，如在不同地区间的分布情况、在不同业务品种间的分布情况等。

（2）趋势分析

趋势分析在系统分析模型中的应用主要在于，通过对被审计单位若干年度数据的比较分析，把握其资产、负债、损益、现金流的总体发展趋势和其中的异常变动趋势。

在类别分析模型的构建中，趋势分析主要用于比较某业务类别在审计期间各个月份的分布情况和增减变动情况，从中发现存在的异常变动趋势，进而确定重点月份进行重点审计。

由于类别分析模型是针对被审计单位的主要业务类别分别构建的，不同的业务类别体现了不同的业务内容和业务特征，彼此之间存在很大的差别，这就决定了类别分析模型的多样性和构建类别分析模型的灵活性。在构建类别分析模型的过程中，审计人员应结合各业务类别的业务内容和业务特征，灵活地、综合地运用各种分析方法。

2.2.1　设计类别分析模型框架

系统分析模型从系统的层次对整个被审计单位进行总体分析，对于一个具体审计项目而言，系统分析模型只有一个类型，也就是对总体的分析。而类别分析模型从业务类别的层次对被审计单位进行分析，是针对被审计单位的主要业务类别分别构建的，可见，对于一个审计项目而言，类别分析模型可以有多个类型。因此，在构建类别分析模型时，首先需要确定被审计单位有哪些主要业务类别，并根据所确定的主要业务类别来设计整个审计项目的类别分析模型框架。

被审计单位主要业务类别的确定可按以下两个步骤进行。

（1）根据被审计单位的经营特点和经营状况确定主要业务类别

不同行业的被审计单位有各自不同的经营特点，其业务类别的划分有很大区别；即便是有着相同业务类别划分的同类被审计单位，由于各自经营状况的不同，各业务类别的重要性也是有差异的；因此，审计人员在构建类别分析模型时，可以结合对被审计单位所属行业的认知和通过构建系统分析模型进行系统分析的结果，根据被审计单位的经营特点和经营状况来确定其主要业务类别。

以 B 银行为例，作为一家商业银行、传统的主营业务类别包括存款业务和贷款业务。通过对其构建系统分析模型进行总体经营状况的分析把握之后，我们可以看出，2012—2014年存、贷款这两项传统业务类别在该行得到了持续发展，尤其是存款业务增长迅猛。此外，中间业务也持续大幅增长。因此，可把存款、贷款和中间业务确定为该行的主要业务类别。当然，这里所说的业务类别是从业务大类层次进行的划分和定位。

（2）根据被审计单位经济业务的性质和相关数据的结构，在细化主要业务大类的基础上确定主要业务类别

根据第一步骤确定主要业务类别（指大类）之后，由于某些被审计单位经济业务的复杂性，某一业务大类中的业务细类的业务性质及其特点有可能不同，或是业务性质虽然相同，但有关业务细类的数据结构有可能不同。在对这样的被审计单位构建类别分析模型时，还有必要根据被审计单位经济业务的性质和相关数据的结构，来确定是否进行主要业务大类的进一步细化，然后作为主要业务类别（指细类）并分别构建类别分析

模型。

以B银行为例，关于存款业务，从类别上还可以细分为对公存款业务和储蓄存款业务，由于这两种业务细类的业务特点有所不同，在审计时采用的技术和方法也有差别。审计对公存款业务时，可以对某些存款大户采取函证或延伸调查等方式，核实账户金额的真实性，以审核该项业务的合规性；而根据《商业银行法》的规定，商业银行办理个人储蓄存款业务时，应当遵循为存款人保密的原则，因此在审计储蓄存款业务时，通常不采取函证或延伸调查的方式。这样，在构建类别分析模型时，即可对存款业务大类进行细化，针对业务细类分别构建对公存款类别分析模型和储蓄存款类别分析模型。

关于贷款业务，从类别上也可以进行细分，如法人贷款业务和自然人贷款业务。虽然这两种业务细类的业务性质基本相同，其主要信息均存放于“主表_借款凭证表”中，但有关借款人的附加信息却根据借款人性质的不同，分别存放于“附表_法人基本情况表”和“附表_自然人基本情况表”中。由于这两张附表的数据结构是不同的，在构建类别分析模型时，也可以对贷款业务大类进行细化，针对业务细类分别构建法人贷款类别分析模型和自然人贷款类别分析模型。

关于中间业务，由于各业务细类的业务性质和数据结构都相同，在确定主要业务类别时，就可以不对业务大类进行细化，直接针对业务大类构建中间业务类别分析模型。根据以上分析，可将对公存款业务、储蓄存款业务、法人贷款业务、自然人贷款业务和中间业务确定为银行的主要业务类别。

在具体审计项目中，审计人员根据被审计单位的具体特点和设计分析的需要，可以从业务大类的层次来确定主要业务类别。也可以从业务细类的层次来确定主要业务类别。针对所确定的主要业务类别，分别构建相应的类别分析模型进行分析，从而锁定审计重点，为个体分析模型的构建提供依据。

对银行审计项目而言，审计人员可以针对所确定的五个主要业务类别，相应构建五个类别分析模型。

2.2.2 确定类别分析模型构建思路

类别分析模型的构建，目的在于锁定审计重点。审计重点的锁定，需要在把握被审计单位经营特点的基础上，结合被审计单位的具体业务，从多个分析角度进行。这里所说的分析角度，实际上也就是对被审计单位构建类别分析模型、进行类别分析的审计思路。

就商业银行审计而言，经营规模庞大和高风险是商业银行的两大经营特点，不仅业务品种繁多，拥有众多的分支机构，而且面临流动性风险、信用风险、市场风险、操作风险等多种风险。审计人员需要结合商业银行的具体业务，从各业务品种的重要度、异常度和风险度等多个角度进行分析，在众多的业务品种中锁定重点业务品种；还需要通过各业务品种在各个地区和分支机构的分布情况分析，并结合各个地区的经济发展水平、各分支机构的经营状况等环境因素进行分析，在众多的分支机构中锁定重点地区和机构，逐步缩小范围，确定审计重点。

而要达到这个目的，审计人员需要综合运用前文介绍过的各种方法。例如，各业务品种的重要度通常可通过结构分析、从各业务品种在整个业务类别中的比重来确定，异常度通常可通过趋势分析、观察各业务品种的发展变动趋势来确定，风险度则需要通过运用审计经验、结合各业务品种的业务性质和业务特征来评估；重点地区和机构的确定相对要简单些，通常可通过结构分析，并结合环境因素等其他相关因素来分析考虑。

上述审计思路和各种方法的应用可以通过不同的技术实现，既可直接编写 SQL 语句对数据进行查询分析，也可运用多维分析技术进行多角度的数据分析。

2.3　个体分析模型

通过构建系统分析模型和类别分析模型，对被审计单位电子数据进行整体层次和业务类别层次的总体分析，把握总体情况、锁定审计重点之后，应进一步利用对相关法律、法规的把握，对数据间钩稽关系的认识，对被审计单位业务处理逻辑的认知，对外部数据与内部数据间关联关系的分析以及审计实践中不断积累的审计经验，建立不同的个体分析模型，对总体分析模型锁定的审计重点进行进一步的深入分析，以达到核查问题或筛选线索的目的，从而为延伸取证提供明确具体的目标。

构建个体分析模型通常可按照以下四个步骤进行。

（1）审计需求分析

明确该模型需要解决的问题，也就是审计人员需要达到的审计目的。

（2）确定建模思路，掌握相关知识

审计人员需要根据审计项目的具体情况，结合不同的审计需求，确定不同的建模思路。我们从多年的审计实践中总结出以下五种建模思路，不同的建模思路要求审计人员分别掌握不同的相关知识，作为构建个体分析模型的基础：

①利用法律、法规建模，需要掌握法律、法规对被审计单位相关业务的具体规定。

②利用数据钩稽关系建模，需要掌握被审计单位数据之间的各种钩稽关系。

③利用业务处理逻辑建模，需要掌握被审计单位有关业务的处理逻辑关系。

④利用外部数据关联关系建模，需要掌握被审计单位外部数据与内部数据之间的关联关系。

⑤利用审计经验建模，需要掌握并明确拟用的审计经验。

（3）分析数据，创建审计中间表

可参照“审计中间表的创建”的内容来完成。

（4）构建模型，核查问题或筛选线索

结合不同的建模思路和相关知识，就如何进行重点内容的审计形成审计思路，并将审计思路具体化为可以用计算机处理或实现的语言（即个体分析模型），然后运行该模型，对运行结果进行分析，从中查找出被审计单存在的问题或审计线索，作为下一步延伸调查落实取证的依据。因此，这一步骤又具体包括四个部分的内容：审计思路；具体模型（实现审计思路的审计软件操作或 SQL 语句编写）；运行结果；分析。

3. 优化审计分析模型的基本方法

上一节介绍了系统分析模型、类别分析模型以及个体分析模型的主要用途，下面主要介绍实践中最常用的针对具体环节的最优模型，也就是直接分析具体问题的审计分析模型基本构建方法，以期对系统分析模型、类别分析模型、个体分析模型起到补充优化的作用，具体构建方法包括如下五种：

3.1 根据法律法规构建、优化审计分析模型

在审计工作中，一方面需要通过法律法规条文对发现的违法违规问题定性和处理。另一方面，这些法律法规条文也为审计人员提供了发现违法违规问题的界定标准。对于特定业务而言，相关法律法规一般都规定得非常具体，在定性、定量方面均有具体界定，因此，建立分析模型时，可以依据具体的条文，将法律法规中定性、定量的具体规定直接转化为分析模型中的查询、筛选、分组、统计等条件，对反映具体业务内容的字段设定判断、限制等条件建立起多个分析模型，并经过反复比较，选择最有效率、效果最好的分析模型。常用的思路有：

（1）值域分析

法规中明确规定财务、业务数据的数量、比例等应在一定的值域范围内，通常用“不大于、不小于、不得超过”等限制语来表述，查找出超出值域范围的数据记录，即为异常数据。如在医院审计中，根据《xx 市医疗服务价格（试行）》等文件，卫生材料的收费是按材料购进价格分段选择加一定的百分比计费，具体为：

购进价	<=1 000	加收 10%
收费单价	1 000< 购进价 <=10 000	加收 5%
购进价	>10 000	加收 500 元

医院会不会超加价率向患者收费呢？判断方法是将卫生耗材按购进单价加上规定加价率计算出应收费价格，与实际收费价格进行对比，小于实际收费价格的部分则为多收费单价，然后根据收费数量和多收费单价即可计算出多收费金额。其分析模型为：

多收费单价 = 实际收费价格 -IIF（购进价 <=1 000，购进价 *1.1， IIF（购进价 >=1 001 and 购进价 <=10 000，购进价 *1.05，购进价 +500））。

（2）时间期限分析

很多法规中都对财务、业务活动规定了时间期限，因此通过对时间期限的分析计算，也可以构建分析模型。如税法中规定缓税的期限不得超过 3 个月，据此建立分析模型，筛选出缓税期限超过 3 个月的记录，即为审计疑点，审计分析模型为：dated iff（day，税款所属期限止，缓税止期）>92。又如医疗保险管理规定，参保缴费后的前 6 个月为统筹基金支付的“等待期”，从第 7 个月开始才能享受由统筹基金支付的医疗保险待遇，“等待期”内发生的医疗费用由个人自付。据此建立模型，筛选出“等待期”内由统筹基金支付医疗费用的记录，即为违规支付待遇的问题。

（3）频次分析

一些法规中对同一经济业务活动的发生次数作出了要求，因此可以利用这些规定来构建分析模型。如上面关于职业介绍补贴资金审计的例子中，同一名求职者一年内只能享受一次免费职业介绍服务，反映到数据上则为同一身份证号码出现的频次不能大于1。又如根据缴存职工没有还清贷款前不得再次申请住房公积金贷款的住房公积金管理规定，以个人公积金ID号码和身份证号码重复出现为条件查询多次贷款的人员，就可能发现一人多贷的问题。这种分析模型通常是通过count（*）函数和group by语句进行分组计数来实现。

（4）存在性验证

一些经济业务对行为人的主体资格设定了条件，行为人必须具备一定的主体资格，即在一定的范围、条件下存在，才能进行相关的经济活动或享受相应的权利。因此，将实施了相应经济活动的行为人放在确定的范围、条件中进行验证，可以审查是否存在超越行为人主体资格限制的线索。如住房公积金管理法规规定，缴存住房公积金的职工方可申请贷款，在审计中我们就可以据此将贷款记录与缴存记录进行关联，筛选出有贷款记录但没有缴存记录的人员，即验证贷款人员是否在缴存记录中存在缴存公积金的信息。这种分析模型一般是通过表与表之间外连接来实现。

3.2 根据业务处理逻辑关系构建、优化审计分析模型

被审计单位的经济活动不仅具有连续性，而且总是在一定的外部经济环境和内部技术条件下进行的，其反映经济技术条件的指标等也是相对稳定的，如一定的单位成本、折旧计提、应纳税金等。因此，审计人员可以根据被审计单位的具体特点，深入分析和挖掘，利用、寻找业务处理逻辑关系，由此建立一个以上的审计分析模型，并在实践中进行反复比较，选择最能发现与业务逻辑关系不相吻合的事项，以及不吻合事项最多的模型，从而达到审计发现、核查问题的目的。常用的分析思路主要有以下几种：

（1）主从关系

指某一事物的存在是以另一事物的存在为前提，不能独立存在，即如果存在甲事物，则必然会出现乙事物。否则，甲事物不存在，乙事物也不存在。对此，可以建立分析模型，查找出事物的存在性是否符合这一业务逻辑。如在税收审计中，教育费附加、城建税是营业税的附加，有营业税就必然有这两个附加，如果只有营业税而没有附加税费的记录，则可能存在错弊的情况，对此三者间的关系可以建立分析模型进行验证。再如房屋出租、土地出租等必然要有缴纳房产税和土地使用税的记录，如果没有，则存在漏缴税金的问题。

（2）数量关系

业务逻辑关系往往是具体业务之间存在数量关系的直接反应，如汇总关系、比例关系等，通过这些数量关系也可以建立分析模型。如在医疗服务收费中，卫生材料大部分是一次性的，医院会不会多计耗材用量、重复使用一次性耗材向患者收费呢？通过对材料入库数量、出库数量与计费数量的对比，特别是审查材料出库数量与计费数量的差异（正常情况下，计费数量应小于或等于出库数量），并结合库存盘点，可以发现医院是否存在多计耗材用量的问题。该思路可以通过物资系统数据与收费数据进行关联，建立分析模型来实现。

又如，在五项社会保险基金审计中，同一职工同一时间段五项社会保险的缴费基数应该相同，通过关联对比分析，即可发现是否存在缴费基数不一致，少缴社会保险费等问题。

（3）反向思维

先提出违反常理的假设情况，再验证假设是否成立，如果成立则为异常现象。该思路需要通过建立反向思维的分析模型来实现。如在医疗保险基金报销管理中存在冒名住院、"一卡多用"的现象，提出反向思维，是否存在男性参保患者做女性生理特征治疗的项目或女性参保患者做男性生理特征治疗项目呢？一个人是否能在同一时间在不同医院和科室住院呢？医疗保险基金中是否能够列支生育费用呢？然后建立分析模型，筛选符合上述特征的记录，如果存在，就是审计疑点。

（4）异常数量值

在数据分析中一些数量值存在明显不符合常规的情况，如不应该十分精确的数据却十分精确，不该为小数的数据出现小数等，对此应建立审计分析模型进行查找，可以快速发现审计疑点。如在医疗收费审计中，医疗服务收费项目和标准由医院物价部门录入，临床科室无法修改，只能录入费用数量，而部分患者手术、检查费用数量为小数或倍数，临床科室会不会重复、虚计数量收费？通过查询住院收费明细表中收费数量为小数的医疗服务项目，根据项目收费单位，判断收费数量为小数的合理性，如阑尾切除术、心电图检查收费数量就不应为小数，我们在审计中就发现医院以急诊为名，在计费单价无法改变的情况下，通过多计数量，多收取患者费用的问题。查找收费数量为小数的分析模型为：where（fix（数量）-round（数量，1）<>0）

3.3 根据数据的钩稽关系构建、优化审计分析模型

被审计单位的财务和业务数据都有一定的经济含义，并且数据间往往存在着某种明确而固定的对应关系，遵循一定的原理和规则，这些对应关系便是钩稽关系。如资产负债表的资产合计应等于负债与所有者权益之和，会计数据的借贷平衡关系，固定资产数据中资产原值减累计折旧等于资产净值等。在建立各种审计模型时可以充分利用有关数据之间存在的这种可以据以进行相互查考、核对的关系，方便、快捷地建立分析模型进行复算、核对，验证钩稽关系的正确性，达到分析问题、发现线索的目的。常用的思路有：

（1）比例核对

利用财务、业务数据之间固定的比例关系构建分析模型。如增值税与教育费附加、城建税之间存在固定的比例关系，教育费附加为增值税的 3%，城建税为增值税的 7%，对税收入库数据进行复算，验证三者是否符合这一比例关系，就可以发现审计线索。

（2）对比分析

通过财务、业务数据的对比、复算，核实数据的准确、完整性。如税收审计中，城镇土地使用税的计税依据是土地面积，通过与国土部门办理土地权属登记面积的对比分析，就可以发现是否存在少报土地面积从而达到少缴税的问题。

（3）序列分析

数据的排列或生成遵循一定的规律，如在顺序码中，不能有重号、空号或断号出现，凭证

号就是典型的顺序码，可以利用这些规律构建分析模型。如在非税收入收缴系统中，缴款书编码应是连续的，如果不连续，则可能存在人为修改数据的情况。

3.4　根据审计人员自身经验构建、优化审计分析模型

审计人员在长期对某类问题或某个行业的反复审计过程中，往往能摸索、总结出此类问题或此行业的特征，利用这种经验，将问题的表征转化为特定的数据特征，建立审计分析模型，查询出可疑的数据，并深入核实、排查来判断、发现问题。如对医疗保险基金审计中，如果发现某个人经常看病或购药量异常，就应特别关注，是否存在过度购药看病的问题，可以将病人治疗病种、间隔期限或治疗地点等进行分析，确定分析的重点方向。

常用的思路有：

（1）关键特征法

如对凭证库中的摘要进行某些关键字词的搜索，如医院审计中，通过查询凭证摘要中包含“介绍费”“业务费”“联系费”“分红”“提成”等词语的账目，就可能发现医院违规支付介绍病人、介绍检查费用、开单提成等问题。又如查询出银行存款存在一借一贷的分录，就可能存在出借账户的问题等。

（2）比较分析

是指将被审计单位电子数据与既定标准或常规数据之间进行比较，如果偏离合理值较大，就应特别关注，以获取有关审计线索。如在税收审计中，分析税收入库金额，如果年初或年末出现异常增长，就可以作为审查预征税款或延压税款问题的线索。

（3）趋势分析

是指审计人员将被审计单位若干期财务或业务数据进行比较和分析，从中找出规律或发现异常变动的方法，从中看出被审计事物发展的总体趋势，并结合审计经验来判断被审计单位某些财务数据或业务数据存在错弊的可能性。如在税收审计中，房产税、城镇土地使用税的计税依据相对较为固定，一般与被审计单位的业绩优劣关系不大，如果出现异常减收，就可能存在错弊情况。

（4）分层分析

选取一个数值类型的字段作为分层字段，将这一字段划分为若干个相等或不等的区间，通过观察对应的其他字段在分层字段的各个区间的分布情况来确定需要重点考察的范围。它是通过数据分布来发现异常的一种常用方法。分层结果反映了被统计字段在分层字段各个区间上的分布情况，审计人员可以根据这些线索来发现异常或确定审计重点，结果集显著的区间，就应引起审计人员的注意。如在医院审计中，将病人发生的日均住院费用按500元以下、500~1000元、1000~1500元、1500元以上四个区间进行分层，按年度统计出病人数量和费用金额，就可以了解病人住院费用的总体变化趋势情况。

（5）分类分析

根据数据的属性以某一项或几项属性作为标准，对数据进行划分，使得具有相同属性的数据聚合在一起。对划分出来的分组进行计数、求和、平均值、最大值和最小值等运算，一般

通过 SQL 中的 COUNT()、SUM()、AVG()、MAX()和 MIN()等函数来实现。通过观察其他对应字段在分类字段各个取值点上的分布情况来确定需要重点考察的对象或发现异常情况，确定审计线索。如在税收审计中，按纳税人、税种、税目、地址等对入库数据进行分类，就可以迅速掌握总体情况。

3.5 利用被审计单位数据与其他单位外部数据关联构建、优化审计分析模型

每个单位的经济活动都不是孤立进行的，总要和其他单位或部门发生财务、业务的往来。这就要求我们用系统论的思维，用全局、联系的观点来构建分析模型，不能仅仅把眼光局限在被审计单位，而应该拓宽思路，把被审计单位以及与之相关的其他单位看成是一个整体，将被审计单位的电子数据与其他单位的数据进行比较分析，通常是建立关联数据交叉分析模型进行比对，分析数据间是否存在交集、空集。常用的思路有以下四种：

（1）总体分析

根据审计目的总体掌握被审计单位财政财务收支及经济业务的有关情况。从不同层次、不同角度对被审计单位的数据和外部数据进行汇总、核对和分析，建立指标或指标体系，从总体上把握情况，确定审计的重点，避免片面性和盲目性。如在税收审计中，将工商部门企业登记数据与税收部门办理税务登记数据进行对比，就可以从总体上掌握税务机关漏征漏管纳税户的情况。

（2）排斥分析

有的内部数据与外部数据的条件是相互排斥的，不能同时存在。如失业保险基金中，享受了养老保险退休待遇的职工不能再领取失业金，通过将失业保险发放数据与退休金发放数据进行对比，查找出同时领取失业金和退休金的人员，就应确定为审计疑点。

（3）外部否定

将外部数据作为内部数据反映的主体是否具备一定资格的否定条件，如果外部条件成立，将直接否定内部数据的合法性。如在最低生活保障资金审计中，是否符合领取低保金的主要条件是家庭经济状况，而房屋管理部门的住房登记信息、交管部门的车辆登记信息和税务部门的纳税信息看似与此无关，但却是直接证明家庭经济状况的外部信息，将领取低保金的人员与房管部门、交管部门、税务部门的数据进行关联，如果享受低保待遇的人员拥有多套住房或机动车、有个人所得税纳税记录，就不应具备申请低保金的资格，以外部条件能够对其合法性直接进行否定，也就发现了需要关注的疑点线索。

（4）复算对比

一些内部数据与外部数据的关联对比，虽然不能直接得出审计结论，但能起到发现审计线索的作用。如在房地产开发企业纳税情况对比分析中，先分组汇总各房地产开发企业的税金入库数据，然后利用房地产交易所的成交金额计算出开发企业应缴纳的税金，虽然不能据此得出十分准确的应纳税金数额，但通过与实际缴纳入库的税金进行对比，可以发现应缴税金与入库税金之间的差额，选择差额较大的企业作为重点延伸审计对象。

第六章　审计数据分析方法与可视化

1. 审计数据分析方法与 SPSS 实践

1.1　SPSS 基础

统计要与大量的数据打交道,涉及繁杂的计算和图表绘制。现代的数据分析工作如果离开统计软件几乎是无法正常开展。在准确理解和掌握了各种统计方法原理之后,再来掌握几种统计分析软件的实际操作,是十分必要的。

常见的统计软件有 SAS, SPSS, MINITAB, EXCEL 等。这些统计软件的功能和作用大同小异,各自有所侧重。其中的 SAS 和 SPSS 是目前在大型企业、各类院校以及科研机构中较为流行的两种统计软件。特别是 SPSS,其界面友好、功能强大、易学、易用,包含了几乎全部尖端的统计分析方法,具备完善的数据定义、操作管理和开放的数据接口以及灵活而美观的统计图表制作。SPSS 在各类院校以及科研机构中更为流行。

SPSS(Statistical Product and Service Solutions)意为统计产品与服务解决方案。自 20 世纪 60 年代 SPSS 诞生以来,为适应各种操作系统平台的要求经历了多次版本更新,各种版本的 SPSS for Windows 大同小异,在本书中选择 PASW Statistics 18.0 作为统计分析应用试验活动的工具。

(1)SPSS 的运行模式

SPSS 主要有三种运行模式:

①批处理模式。这种模式把已编写好的程序(语句程序)存为一个文件,提交给 [开始] 菜单上 [SPSS for Windows] → [Production Mode Facility] 程序运行。

②完全窗口菜单运行模式。这种模式通过选择窗口菜单和对话框完成各种操作。用户无须学会编程,简单易用。

③程序运行模式。这种模式是在语句(syntax)窗口中直接运行编写好的程序或者在脚本(script)窗口中运行脚本程序的一种运行方式。这种模式要求掌握 SPSS 的语句或脚本语言。

本书采用"完全窗口菜单运行模式"。

(2)SPSS 的启动与退出

在 Windows[开始] → [程序] → [PASW],在它的次级菜单中单击"IBM SPSS Statistics"即可启动 SPSS 软件,进入 SPSS for Windows 对话框。

SPSS 软件的退出方法与其他 Windows 应用程序相同,有两种常用的退出方法:

第一种是按 File → Exit 的顺序使用菜单命令退出程序。

另一种是直接单击 SPSS 窗口右上角的“关闭”按钮，回答系统提出的是否存盘的问题之后即可安全退出程序。

（3）SPSS 的主要窗口介绍

SPSS 软件运行过程中会出现多个界面，各个界面用处不同。其中，最主要的界面有两个：数据编辑窗口、结果输出窗口。

①数据编辑窗口。启动 SPSS 后看到的第一个窗口便是数据编辑窗口。在数据编辑窗口中可以进行数据的录入、编辑以及变量属性的定义和编辑，是 SPSS 的基本界面。主要由以下几部分构成：标题栏、菜单栏、工具栏、编辑栏、变量名栏、观测序号、窗口切换标签、状态栏。

标题栏：显示正在编辑的数据文件名。

菜单栏：通过对这些菜单的选择，用户可以进行几乎所有的 SPSS 操作。关于菜单的详细的操作步骤将在后续内容中分别介绍。

为了方便用户操作，SPSS 软件把菜单项中常用的命令放到了工具栏里。当鼠标停留在某个工具栏按钮上时，会自动跳出一个文本框，提示当前按钮的功能。另外，如果用户对系统预设的工具栏设置不满意，也可以用 [视图] → [工具栏] → [设定] 命令对工具栏按钮进行定义。

编辑栏：可以输入数据，以使它显示在内容区指定的方格里。

变量名栏：列出了数据文件中所包含变量的变量名。

观测序号：列出了数据文件中的所有观测值。观测的个数通常与样本容量的大小一致。

窗口切换标签：用于“数据视图”和“变量视图”的切换。即数据浏览窗口与变量浏览窗口。数据浏览窗口用于样本数据的查看、录入和修改。变量浏览窗口用于变量属性定义的输入和修改。

状态栏：用于说明显示 SPSS 当前的运行状态。SPSS 被打开时，将会显示“PASW Statistics Processor”的提示信息。

②结果输出窗口。在 SPSS 中大多数统计分析结果都将以表和图的形式在结果观察窗口中显示。窗口右边部分显示统计分析结果，左边是导航窗口，用来显示输出结果的目录，可以通过单击目录来展开右边窗口中的统计分析结果。当用户对数据进行某项统计分析，结果输出窗口将被自动调出。当然，用户也可以通过双击后缀名为 .spo 的 SPSS 输出结果文件来打开该窗口。

(4)SPSS 的主要菜单介绍

①数据

图 6-1-1-1

排序个案:对数据视图中的某个个案进行排序,具体排序规则可以点进去选择。

排列变量:对变量视图中某个变量进行排序,具体规则可以点进去选择。

转置:行列互转。

合并文件:有两种文件的合并,添加个案可以实现两个文件的纵向合并,添加变量可以实现两个文件的横向合并。

重组(重构):实现把一个表格的若干个变量变为同一个变量等进行表格的合适转换。

分类汇总:对数据按照类别进行汇总,比如三个班级的学生成绩表格,可以按照班级把学生成绩的平均值等等汇总到另外一个表格,该表格就会按班级显示各个班级的成绩平均值等。

拆分文件:实现输出图形表格的合理拆分,比如一个公司有 8 个部门,现要求分男女比较各个部门的人员工资情况,理论上我们用选择个案,逐个选择男女与部门需要操作 2*8 次,由此画出 2*8 张图表。利用拆分文件,这个时候可以选择比较组或者按组来组织输出,然后分组依据就是部门与性别,在利用下面会讲到的数据描述就可以实现预期效果。

选择个案:实现选择表格中符合条件的个案然后对其进行相应操作,点击进去后会有各种选择方式，比如如果满足什么条件才选择，随机选择百分之多少等等。

②转换

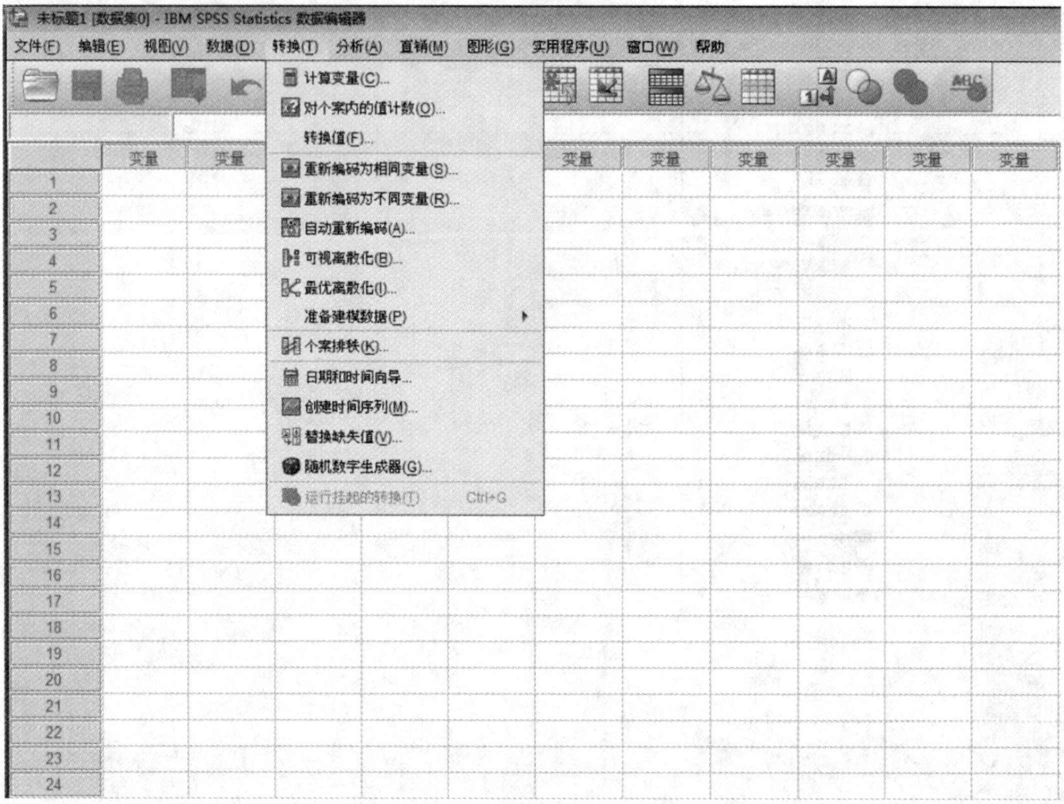

图 6-1-1-2

重新编码为不同变量：可以把原来的变量或者变量的范围重新定义为新的变量，比如现有一个班级的学生成绩，要求区分 50~70 分、70~90 分、90~100 分的同学所占比例、平均值等，现在就可以利用重新编码为不同变量，把上述范围重新编码为新的变量（名字可以自己任意选取），具体操作点击进去之后比较清楚。

计算变量：实现对原来变量的重新计算从而产生新的变量，比如对原来变量进行乘以 10 操作产生新的变量等等，产生的变量名都是可以自己选择的。

③分析

描述统计：实现对表格中变量的各种类型的描述统计，如图 6-1-1-3。

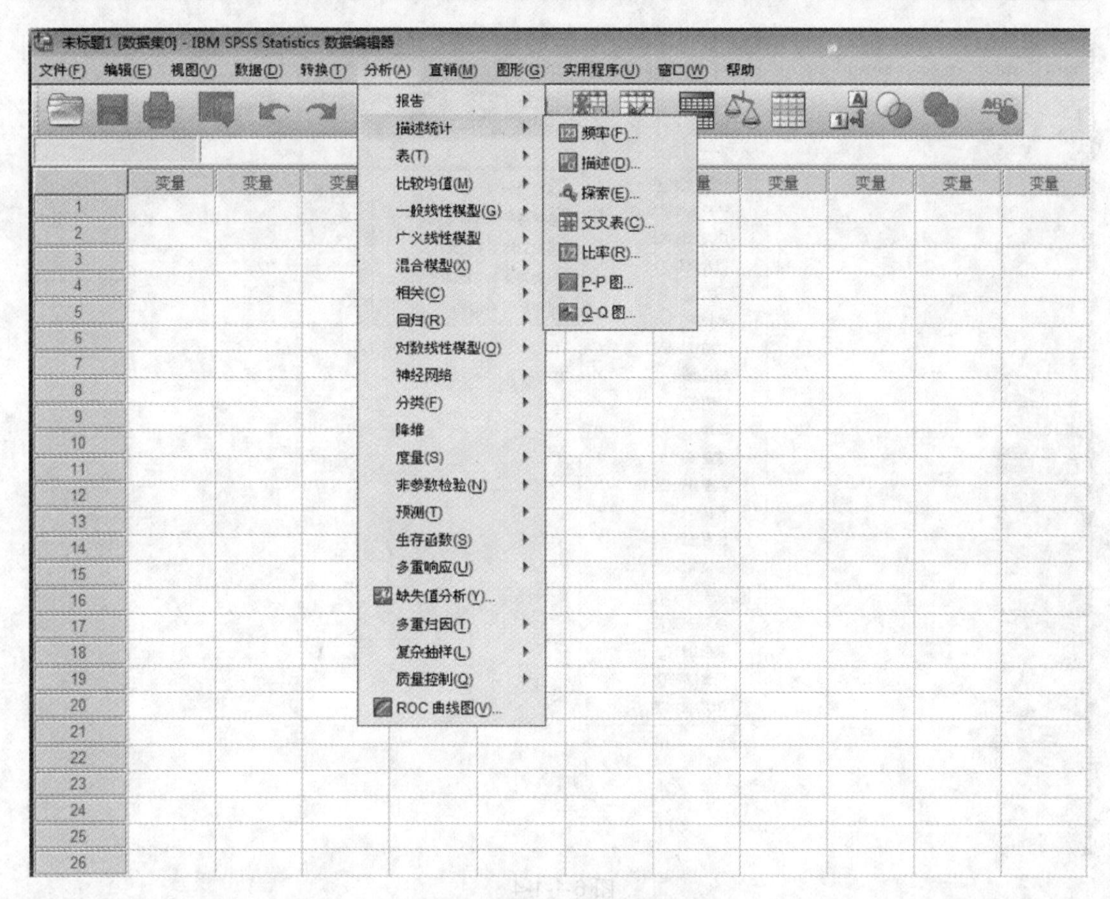

图 6-1-1-3

频率：实现某一变量的频率统计，统计显示可以显示其平均值等等，可以选择用条形图或者其他图形进行描述，比如对于各个部门的工资可以进行分部门描述其平均值或者所占整体比率。

描述：实现某一变量的具体描述，比如具体描述某一变量的平均值、峰值、中位数等等，对于上述的频率则是注重于该变量某属性所占份额即频率的描述。

探索：实现分因子列表对因变量列表的描述，例如可以实现分部门（此时部门为因子列表中元素），对各个部门的工资进行画直方图、茎叶图或者进行相关数据的统计操作，且一次操作可以达到显示所有部门的效果。

比较均值：对变量平均值进行参数检验，如图 6-1-1-4。

单样本 T 检验：实现某一已知数据与另外的给定数据进行检验判断有没有显著性差异，比如给出 2010 年的全国人平均消费，现在给出 2011 年各个地区的人均消费，利用单样本 T 检验就可以比较这两年的人均消费是否有显著差异（在进行该检验时，最后会自动计算出 2011 年的全国人平均消费）。

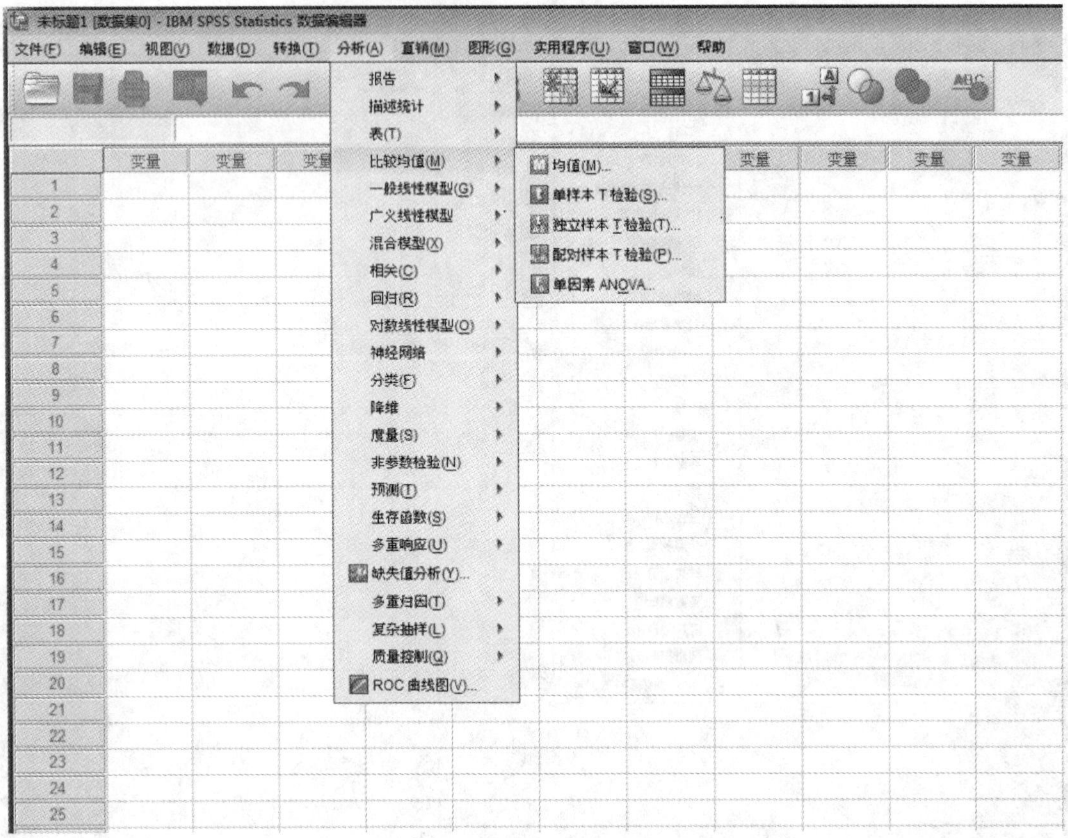

图 6-1-1-4

独立样本 T 检验：实现相互独立的样本（两组样本个案数目可以不同，个案顺序可以随意调整）的均值显著性差异检验，比如给出投资类型有两种，需要比较它们对应的投资是否有显著性差异，检验变量为投资额度，分组变量为投资类型。

成对样本 T 检验：实现配对的两个样本（两组样本的样本数必须相同，两组样本观测值的先后顺序是一一对应的，不能随意改变）之间均值的显著性差异。比如对于两份调查问卷，给相同的一些人填写，每份调查问卷对应填写得到的相应的分数，现比较这两份所得分数均值是否有差异，即把这两组选为相应的配对组即可。

比较独立样本与成对样本检验，注意上述说明的适用条件，如果都可以适用，还需根据已知数据的形式进行选择，其实感觉这两种实现效果都是差不多的。

单因素 ANOVA 检验：实现多个因子都可以决定某一变量时，它们对变量的影响有无显著性差异，比如投资类型有两种以上，现在需要比较投资类型对应的投资有无显著性差异，此时，运用该检验方法时，因变量列表为投资额度，因子为投资类型。

感觉独立样本检验与单因素检验差不多，只不过独立样本检验的分组变量为两组，而单因素检验的因子至少两个。

④相关

相关:对变量进行相关性检验,如图 6-1-1-5。

图 6-1-1-5

双变量:检验两个变量是否相关,比如检验身高与体重的相关性,这个时候也可以先画一个散点图,点进去之后具体的检验函数什么的都可以自由选择。

偏相关:由于其他变量的影响,所以在检验两个变量是否相关的时候,通过相关系数难以得出具体准确的结果,这个时候就需要剔除该变量的影响。比如检验商业投资与地区经济增长相关性时,游客增长会对此产生影响。所以利用偏相关检验时,变量为商业投资与地区经济增长,控制变量为游客增长,这样便可以消除游客增长对于检验的影响。

1.2 回归分析

回归分析是处理变量 x 与 y 之间的关系的一种统计方法和技术。

这里所研究的变量之间的关系就是上述的统计关系。即当给定 x 的值,y 的值不能确定,只能通过一定的概率分布来描述。

于是,我们称给定 x 时 y 的条件数学期望 f(x)=E(y/x)为随机变量 y 对 x 的回归函数,或称为随机变量 y 对 x 的均值回归函数。

在实际问题中，如果要由 x 预测 y，就是要利用 x，y 的观察值来建立一个公式，当给定 x 值后，就代入此公式中算出一个 y 值，这个值就称为 y 的预测值。

1.2.1 线性回归分析的 SPSS 操作

在 SPSS 数据编辑器窗口中进行线性回归分析的操作步骤如下。

（1）在菜单栏中选择“分析”|“回归”|“线性”命令，打开如图 6-1-2-4 所示的“线性回归”对话框。

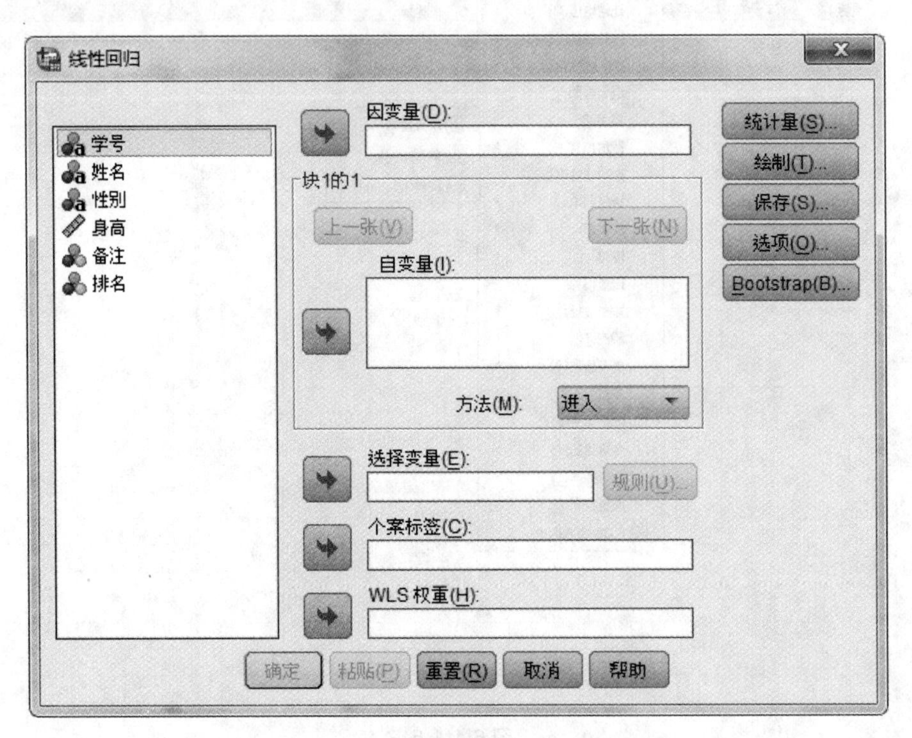

图 6-1-2-4

（2）变量设置

从源变量列表中选择需要进行线性回归分析的被解释变量，然后单击转入按钮将选中的变量选入“因变量”列表中；从源变量列表中选择需要进行线性回归分析的解释变量，单击转入按钮将选中的变量选入“自变量”列表中。

①因变量。该文本框中的变量为线性回归模型中的被解释变量，数据类型为数值型。如果被解释变量为分类变量，则可以用二元或者多元 logistic 模型等进行建模分析。

②自变量。该列表框中的变量为线性回归模型的解释变量或者控制变量，数据类型一般为数值型。如果解释变量为分类变量或定性变量，可以用虚拟变量（哑变量）表示。如果选择多个自变量，则可以将自变量分组成块，通过“上一张”和“下一张”按钮对不同的变量子集指定不同的输入方法。如可以使用“逐步”式选择将一个变量块输入到回归模型中，而使用“向前”式选择输入第二个变量块。要将第二个变量块添加到回归模型，请单击“下一个”。

③方法。该下拉列表框用于选择线性回归中变量的输入和剔除方法，来建立多个回归

模型,包括:

● 输入,选中该方法表示所有的自变量列表中的变量都输入回归模型。

● 逐步,选中该方法表示不在方程中的具有F统计量的概率最小的自变量被进入,对于在回归方程中的变量,如果它们的F统计量的概率变得足够大,则移去这些变量如果不再有变量符合包含或移去的条件,则该方法终止。

● 删除,选中该方法表示建立回归模型前定制一定条件,然后根据条件删除自变量。

● 后退,选中该方法表示首先将所有变量选入到模型中,然后按顺序移去,最先删除与因变量之间的部分相关性最小的变量第一个,移去第一个变量之后,会考虑将下一个方程的剩余变量中具有最小的部分相关性的变量移去,直到方程中没有满足消除条件的变量,过程才结束。

● 前进,该方法与“后退”恰好相反,是将自变量按顺序选入到回归模型中,首先选入到方程中的变量是与因变量之间具有最大相关性的变量,同时必须满足选入条件时才将它选入到方程中,然后再考虑下一个变量,直到没有满足条件的变量为止。

④选择变量　该文本框主要用于指定分析个案的选择规则,当回归分析中包含由选择规则定义的个案时,可以将选择变量选入“选择变量”列表框中,然后单击“规则”按钮,弹出如图6-1-2-5所示的“线性回归:设置规则”对话框。

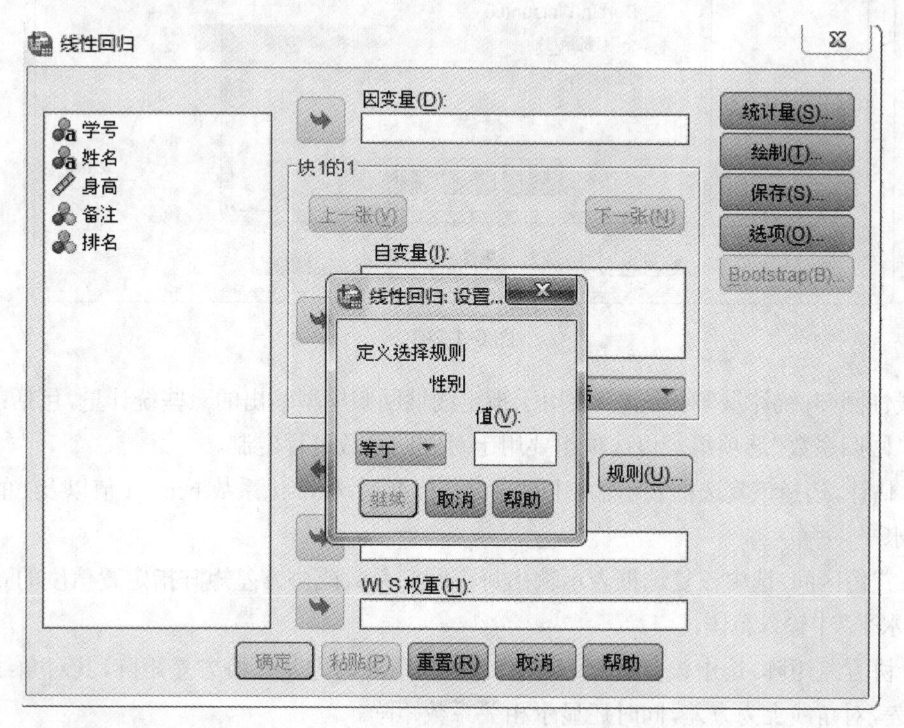

图6-1-2-5

“线性回归:设置规则”对话框中的下拉列表框用于选择关系,可用的关系有“等于”“不等于”“小于”“小于等于”“大于”以及“大于等于”,对于字符串变量,可用关系为

“等于”。“值”文本框用于输入选择按个案的具体数值或字符串。如：选择“不等于”，并在“值”中输入“100”，则只有那些选定变量值不等于 100 的个案才会包含在回归分析中。

⑤个案标签。该文本框主要用于指定个案标签的变量。

⑥ WLS 权重　该文本框表示加权最小二乘法，当判断回归模型的残差存在异方差时，才选用加权最小二乘法，指定加权变量。

（3）“统计量”按钮

单击“统计量”按钮，弹出如图 6-1-2-6 所示的“线性回归：统计量”对话框。

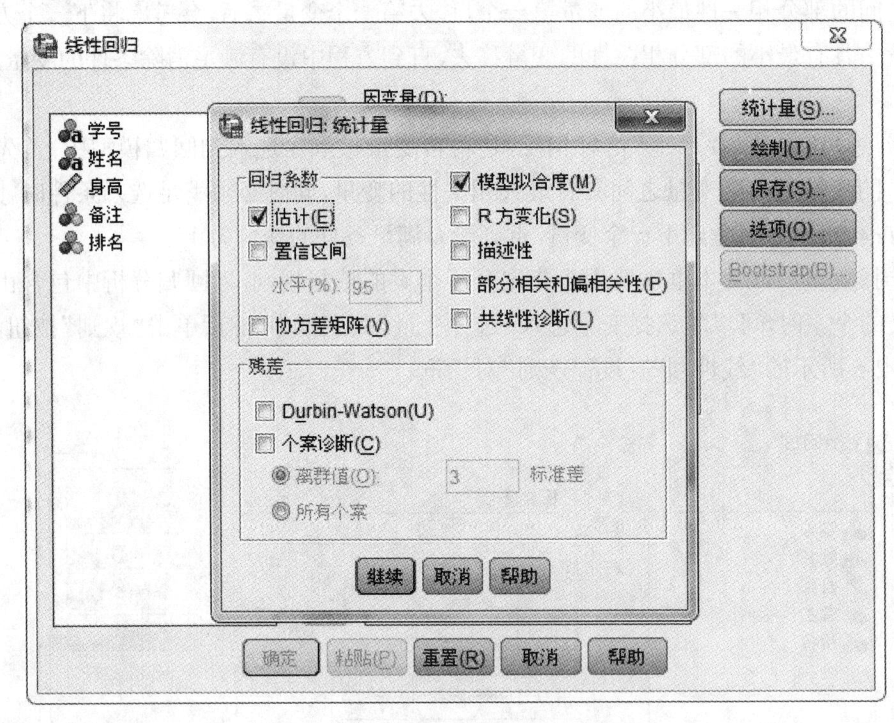

图 6-1-2-6

“线性回归：统计量”对话框主要用于指定线性回归模型输出的一些统计量，包括：

①“回归系数”选项组。该选项组要用于对回归系数进行定制。

- 估计，选择该复选框表示输出回归系数、标准误，标准化系数 beta、t 值以及 t 的双尾显著性水平。
- 置信区间，选中该复选框表示输出每个回归系数或协方差矩阵指定置信度的置信区间，在“水平”中输入范围。
- 协方差矩阵，选中该复选框表示输出回归系数的方差－协方差矩阵，其对角线以外为协方差，对角线上为方差，同时还显示相关系数矩阵。

②“残差”选项组。该选项组用于指定对回归残差进行检验的方法。

- Durbin-Watson，该复选框表示输出用于检验残差序列自相关的 D-W 检验统计量。
- 个案诊断，该复选框表示对个案进行诊断，输出个案，其中

➢ “离群值”表示输出满足条件的个案离群值；

➢ “所有个案”指可以输出所有个案的残差。

③“模型拟合度”复选框。该复选框表示显示输入模型的变量和从模型删去的变量，并显示以下拟合优度统计量：复相关系数、R^2 和调整 R^2、估计的标准误以及方差分析表等。

④“R 方变化”复选框。该复选框表示输出由于添加或删除自变量而产生的 R^2 统计量的更改。如果与某个变量相关联的 R^2 变化很大，则意味着该变量是因变量的一个良好的预测变量。

⑤“描述性”复选框。该复选框表示输出回归分析中的有效个案数、均值以及每个变量的标准差，同时输出具有单尾显著性水平的相关矩阵以及每个相关系数的个案数。

⑥“部分相关和偏相关性”复选框。该复选框表示输出部分相关和偏相关统计量。其中；

● “部分相关”指对于因变量与某个自变量，当已移去模型中的其他自变量对该自变量的线性效应之后，因变量与该自变量之间的相关性。当变量添加到方程时，它与 R^2 的更改有关。

● “偏相关”指的是对于两个变量，在移去由于它们与其他变量之间的相互关联引起的相关之后，这两个变量之间剩余的相关性。对于因变量与某个自变量，当已移去模型中的其他自变量对上述两者的线性效应之后，这两者之间的相关性。

⑦共线性诊断 若选择该选项则将对模型进行共线性诊断。

(4)“绘制”按钮

单击“绘制”按钮，弹出如图 6-1-2-7 所示的“线性回归：图”对话框：

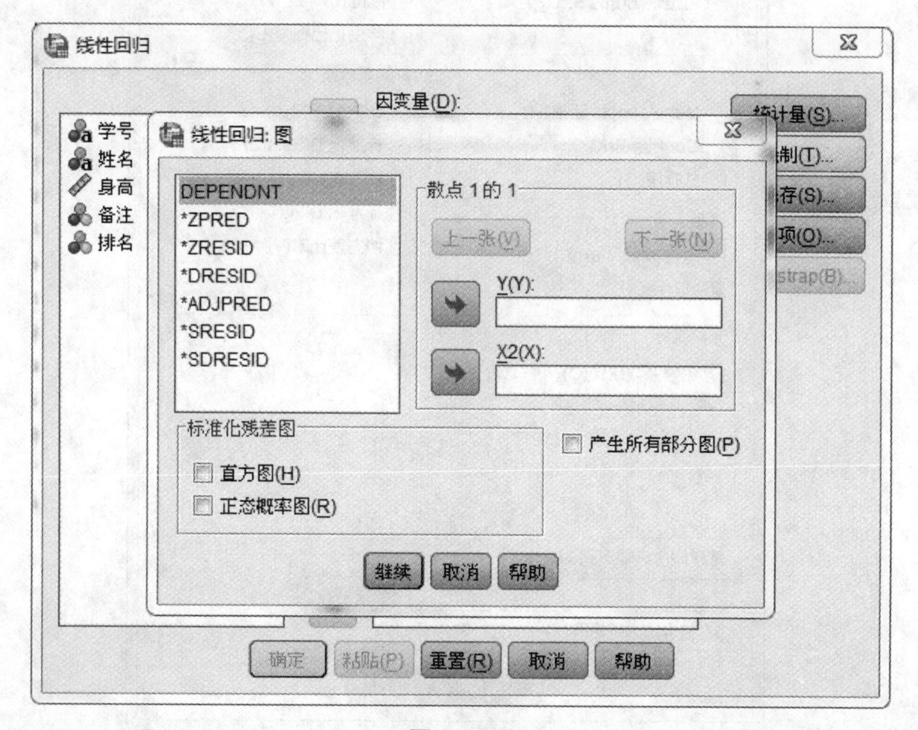

图 6-1-2-7

“线性回归:图”对话框主要用于帮助验证正态性、线性和方差相等的假设,还可以测离群值、异常观察值和有影响的个案。在源变量列表中列出了因变量 DEPENDNT 及以下预测变量和残差变量:标准化预测值(*ZPRED)、标准化残差(*ZRESID)、剔除残差(*DRESID)、调整的预测值(*ADJPRED)、学生化的残差(*SRESID)以及学生化的删除残差(*SDRESID)。

①散点 1 的 1。该选项组可以利用源变量列表中的任意两个来绘制散点图,在“Y”中选入 Y 轴的变量,“X”中选入 X 轴的变量。单击“下一张”可以再绘制下一张图,单击“上一张”可以回到刚刚定制的上一张图进行修改。另外,针对标准化预测值绘制标准化残差,可以检查线性关系和等方差性。

②标准化残差图。该选项组用于绘制标准化残差图,主要可以指定两种图:“直方图”和“正态概率图”,将标准化残差的分布与正态分布进行比较。

③产生所有部分图。该复选框表示当根据其余自变量分别对两个变量进行回归时,显示每个自变量残差和因变量残差的散点图。但是要求方程中必须至少有两个自变量。

(5)“保存”按钮

单击“保存”按钮,弹出如图 6-1-2-8 所示的“线性回归:保存”对话框。

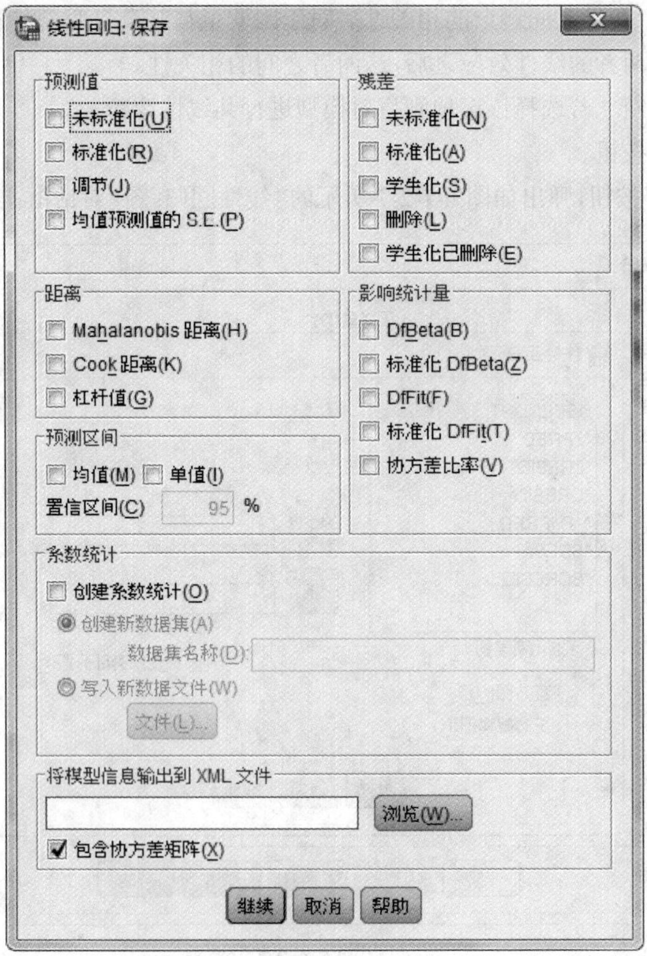

图 6-1-2-8

“线性回归:保存”对话框主要用于在活动数据文件中保存预测值、残差和其他对于诊断有用的统计量,包括;

①“预测值”选项组。该选项组用于保存回归模型对每个个案预测的值。

- 未标准化,选中该复选框表示保存回归模型对因变量的预测值。
- 标准化,选中该复选框表示保存标准化后的预测值。
- 调节,选中该复选框表示保存当某个案从回归系数的计算中排除时个案的预测值。
- 平均值预测值的 S.E.,选中该复选框表示保存预测值的标准误。

②残差选项组。该选项组用于保存回归模型的残差。

- 未标准化,选中该复选框表示保存观察值与模型预测值之间的原始残差。
- 标准化,选中该复选框表示保存标准化后的残差,即 Pearson 残差。
- 学生化,选中该复选框表示保存学生化的残差,即残差除以其随个差的估计,这取决于每个个案的自变量值与自变量均值之间的距离。
- 删除,选中该复选框表示保存当某个案从回归系数的计算中排除时该个案的残差,它是因变量量的值和调整预测值之间的差。
- 学生化已删除,选中该复选框表示保存学生化的删除残差,即个案的剔除残差除以其标准误。

③“距离”选项组。该选项组用于标识自变量的值具有异常组合的个案以及可能对回归模型产生很大影响的个案的测量。

- Mahalanobis 距离,表示自变量上个案的值与所有个案的平均值相异程度的测量。大的 Mahalanobis 距离表示个案在一个或多个自变量上具有极值。
- Cook 距离,选中该复选框表示保存 Cook 距离值,较大的 Cook 距离表明从回由统计量的计算中排除个案之后,系数会发生很大变化。
- 杠杆值,选择该复选框即表示保存杠杆值,杠杆值是度量某个点对回归拟合的影响,范围从 0 到(N-I)/N,其中 0 表示对回归拟合无影响。

④“影响统计量”选项组。该选项组用于测度由于排除了特定个案而导致的回归系数(DfBeta)和预测值(DfFit)的变化。

- DfBeta,即计算 beta 值的差分,表示由于排除了某个特定个案而导致的回归系数的改变。
- 标准化 DfBeta,表示计算 beta 值的标准化差分。
- DfFit,表示计算拟合值的差分,即由于排除了某个特定的个案而产生的预测变量更改。
- 标准化 DfFit,表示计算拟合值的标准化差分。
- 协方差比率,该复选框表示从回归系数计算中排除特定个案的协方差矩阵的行列式与包含所有个案的协方差矩阵的行列式比率。如果比率接近 1,则说明被排除的个案不能显著改变协方差矩阵。

⑤“预测区间”组。该选项组用于设置均值和个别预测区间的上界和下界。

- 均值，该复选框表示保存平均预测响应的预测区间的下限和上限。
- 单值，该复选框表示保存单个个案的因变量预测区间的下限和上限。
- 置信区间，该文本框用于指定预测区间的范围，取值为 1 到 99.99。

（6）“选项”按钮

单击“选项”按钮，弹出如图 6-1-2-9 所示的“线性回归：选项”对话框。

“线性回归：选项”对话框主要用于对步进回归方法和缺失值进行设置，各选项含义如下。

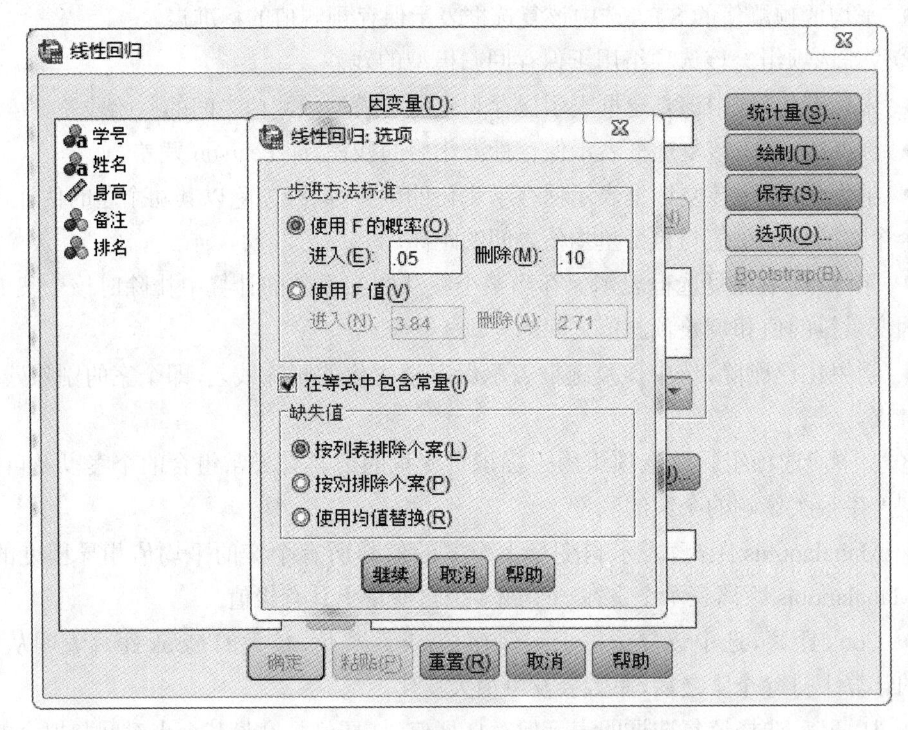

图 6-1-2-9

①“步进方法标准”选项组。该选项组在已指定向前、向后或逐步式变量选择法的情况下适用。变量可以输入到模型中，或者从模型中移去，这取决于 F 值的显著性（概率）或者 F 值本身。

- 使用 F 的概率，表示如果变量的 F 值的“进入”值，则将该变量从模型中移去。选入到模型中，如果该显著性水平大于其中，“进入”值必须小于“删除”值，使用 F 值，表示如果变量的 F 值大于“进入”。
- 使用 F 值，表示如果变量的 F 值大于“进入”值，则该变量输入模型，如果 F 值小于删除值，则该变量从模型中移去。“进入”值必须大于“删除”值，且两者均必须为正数。要将更多的变量选入到模型中，请降低“进入”值。要将更多的变量从模型中移去，请增大“删除”值。

②“在等式中包含常量”复选框。该复选框表示回归模型中包含常数项。取消选择此选项可强制使回归模型通过原点，但是某些通过原点的回归结果无法与包含常数的回归结果相比较。如：不能以通常的方式解释 R^2。

③“缺失值”选项组。选项组用于对回归中缺失值的定制，有 3 个可选项。

● 按列表排除个案，选中该单选按钮表示只有所有变量均取有效值的个案才包含在分析中。

● 按对排除个案，选中该单选按钮表示使用正被相关的变量对具有完整数据的个案来计算回归分析所基于的相关系数。

● 使用均值替换，选中该单选按钮表示用变量的均值来替换缺省值。

设置完毕后，可以单击“继续”按钮，就可以返回到“线性回归”对话框；如果只进行系统默认设置，可以单击“取消”按钮，也可以返回到“线性回归”对话框，进行其他设置。

1.2.2 分析结果输出

在“线性”对话框中设置完毕后，单击“确定”按钮，就可以在 SPSS Statistics 查看器窗口得到线性回归分析的结果。

1.3 聚类分析

聚类分析是根据研究对象的特征按照一定标准对研究对象进行分类的一种分析方法，它使组内的数据对象具有最高的相似度，而组间具有较大的差异性。聚类分析可以在没有先验分类的情况下通过观察对数据进行分类，在科学研究和实际的生产实践中都具有广泛的应用，SPSS 的分类过程可以使用户方便地实现聚类分析，本章将对聚类分析的 SPSS 实现过程进行介绍。

聚类分析是根据对象的特征，按照定的标准对研究对象进行分类，分析方法的不同，聚类分析也分为不同的种类。按照研究对象的不同，聚类分析一般分为样本聚类和变量聚类。

（1）样本聚类

样本聚类又称 Q 型聚类，它针对观测量进行分类，将特征相近的观测量分为一类，特征差异较大的观察量分在不同的类。

（2）变量聚类

变量聚类又称 R 型聚类，它针对变量分类，将性质相近的变量分为一类，将性质差异较大的变量分在不同的类。

按照分析方法的不同，聚类分析的方法主要有两种：一种是“快速聚类分析方法”（K-Means Cluster Analysis），又称 K 均值聚类，它将数据看做维空间上的点，以距离为标准进行聚类分析，将样本分为指定的 K 类。另一种是“分层聚类分析方法”（Hierarchical Cluster Analysis），也称系统聚类。其对相近程度最高的两类进行合并，组成一个新类并不断重复此过程，直到所有的个体都归为一类。如果观察值的个数多或文件非常庞大（通常观察值在 200 个以上），则宜采用快速聚类分析方法。因为观察值数目巨大，层次聚类分析的两种判别图形会过于分散，不易解释。

1.3.1 聚类分析的基本原理

（1）快速聚类

快速聚类是在聚类个数已知的情况下，快速将个体分配到各类的一种聚类方法。

快速聚类又称 K 均值聚类，它将数据看做 K 维空间上的点，以距离为标准进行聚类分析。快速聚类只能产生指定个数的分类,它以牺牲多个解为代价以获得较高的执行效率。SPSS 的快速聚类过程适用于对大样本进行快速聚类,尤其是对形成的类的特征(各变量值范围)有了一定认识时,快速聚类不失为一种优良的方法。快速聚类的思想是,首先选择 K 个观测量作为初始的聚类中心点,根据距离最小的原则将各个观测量分配到这 K 个类中;然后,将每一个类中的观测量计算变量均值,这 K 个均值又形成新的 K 个聚类中心点。依次类推,不断进行迭代,直到收敛或达到分析者的要求为止。

(2)分层聚类

分层聚类是应用最为广泛的一种聚类方式,其聚类过程是按照一定的层次进行的。

分层聚类也称系统聚类。其主要思想是,首先将每一个个体看做一类,然后将相近程度最高的两类进行合并组成一个新类,再将该新类与相似度最高的类进行合并。不断重复此过程,直到所有的个体都归为一类。正如样品之间的距离可以有不同的定义方法一样,类与类之间的距离也有各种定义。类与类之间用不同的方法定义距离,就产生了不同的系统聚类方法。本节介绍常用的八种系统聚类方法,即最短距离法、最长距离法、中间距离法、重心法、类平均法、可变类平均法、可变法、离差平方和法。

1.3.2 快速聚类的 SPSS 操作

建立或打开相应数据文件后,可以在 SPSS Statistics 数据编辑器窗口进行快速聚类分析。

(1)打开对话框

在菜单栏中依次选择“分析”|“分类”|“K 均值聚类”命令,如图 6-1-3-12,单击打开如图 6-1-3-13 所示的“K 均值聚类分析”对话框。

(2)选择变量

从源变量列表中选择参与聚类分析的目标变量,选入“变量”列表中;从源变量列表中选择属类变量,选入“个案标记依据”列表中,如图 6-1-3-14 所示。

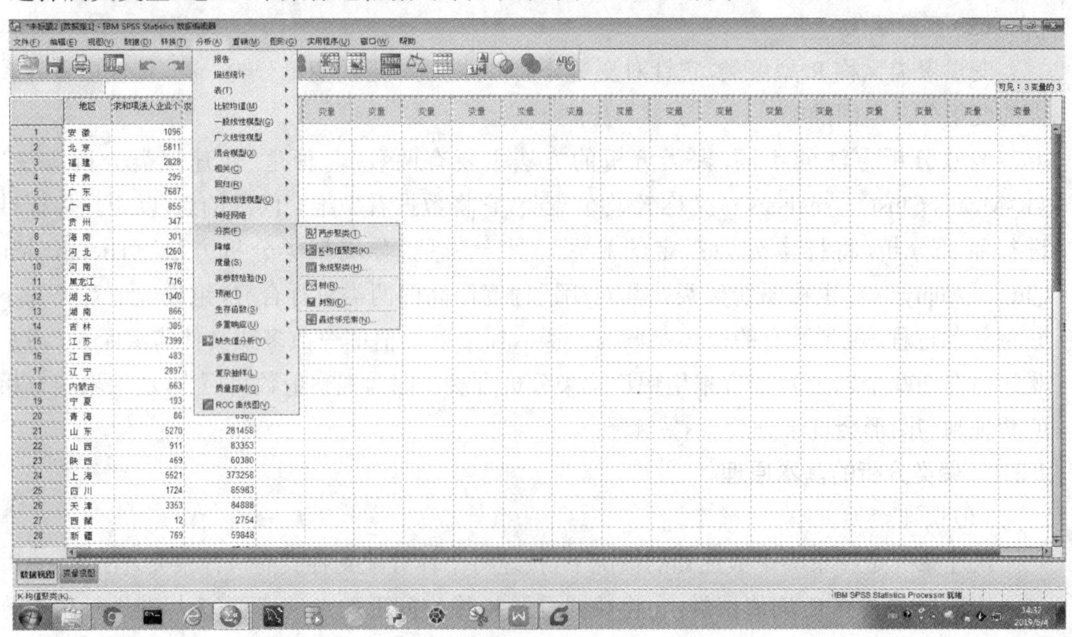

图 6-1-3-12

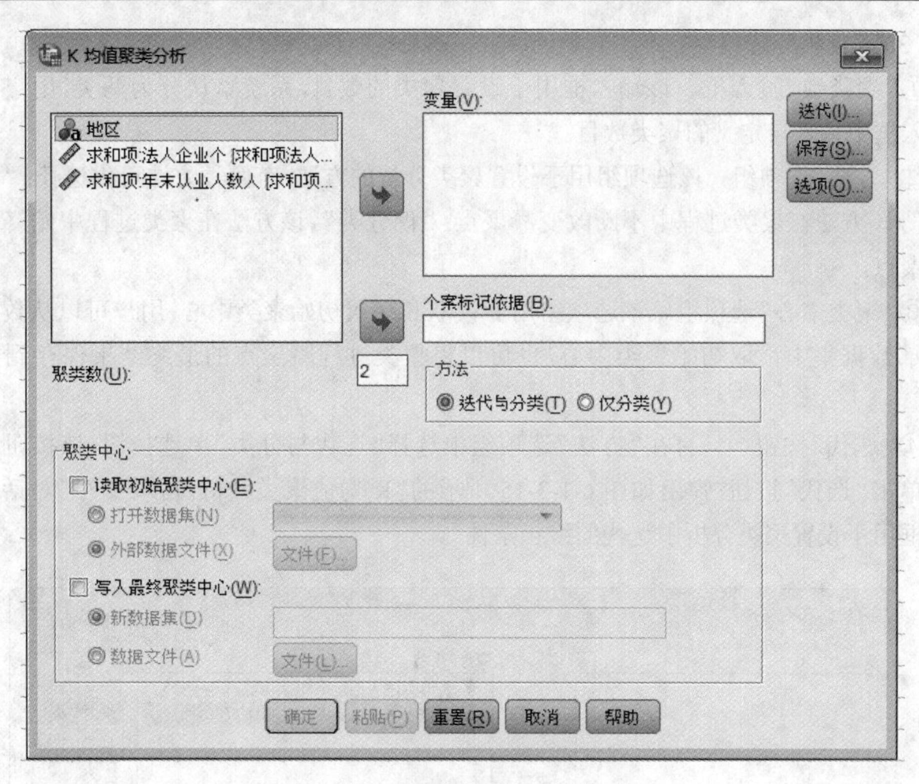

图 6-1-3-13

图 6-1-3-14

(3)设置相应选项

①"聚类数"输入框。该输入框用于设置聚类的数目,系统默认分为两类,用户可以在该输入框中输入自定义的聚类数目。

②"方法"选项组。该选项组用于设置聚类分析的方法,有两种方法可供选择:"迭代与分类",该方法在聚类过程中不断改变凝聚点;"仅分类",该方法在聚类过程中始终使用初始凝聚点。

③"聚类中心"选项组。该选项组用 F 读取和写入初始聚类中心,用户可以从数据文件或外部数据集中读取初始聚类中心,也可以将聚类过程凝聚点的最终结果保存到数据文件中。

④"迭代"按钮。只有在"方法"选项组中选择"迭代与分类"单选按钮,该按钮才被激活。单击"迭代"按钮,弹出如图 6-1-3-15 所示的"K 均值聚类分析:写入文件"对话框。该对话框用于设置聚类分析中迭代的终止条件。

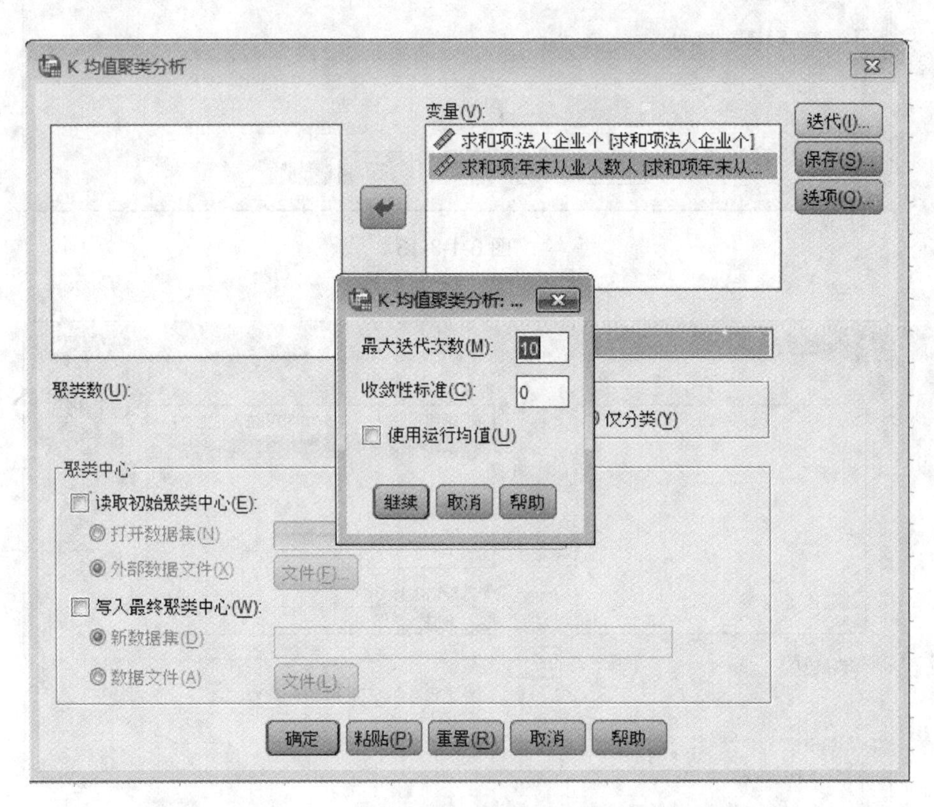

图 6-1-3-15

● "最大迭代次数"输入框中的数据表示迭代达到或超过该数值时,停止迭代过程;

● "收敛性标准"输入框中的数字表示凝聚点改变的最大距离小于初始聚心距离的比例,当距离小于该数值时,停止迭代。

● 如勾选"使用运行均值"复选框,则表示每分配一个观测后,立刻计算新的凝聚点。

⑤"保存"按钮。单击"保存"按钮,弹出如图 6-1-3-16 所示的"K-Means 聚类:保存新变

量”对话框。

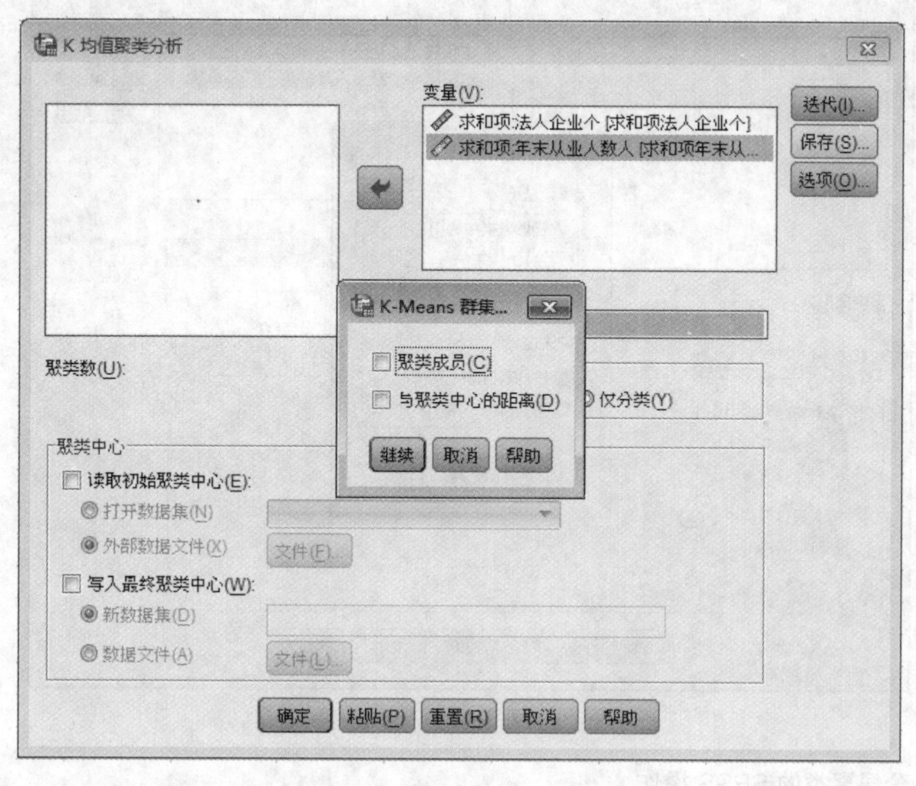

图 6-1-3-16

该对话框用于设置保存形式。如勾选“聚类成员”复选框，系统将保存观测的分类结果；如勾选“与聚类中心的距离”，系统会将各观测与所属类的聚类中心的欧式距离作为一个新变量进行保存。

⑥“选项”按钮。单击“选项”按钮，弹出如图 6-1-3-17 所示“K 均值聚类分析：选项”对话框。

● 统计量：该选项组用于设置输出的统计量，其包含“初始聚类中心”“ANOVA 表”和“每个个案的聚类信息”3 个复选框，分别用于输出初始聚类中心、方差分析表和各观测的聚类信息。

● 缺失值：该选项组用于设置缺失值的处理方式，其包含两个单选项：“按列表排除个案”，表示从所有分析中排除任何变量具有缺失值的个案；“按对排除个案”，表示从分析中排除变量对中有一个或两个缺失值的个案。

（4）分析结果输出

设置完毕后，单击“确定”按钮，就可以在 SPSS Statistics 结果窗口得到快速聚类分析的结果。

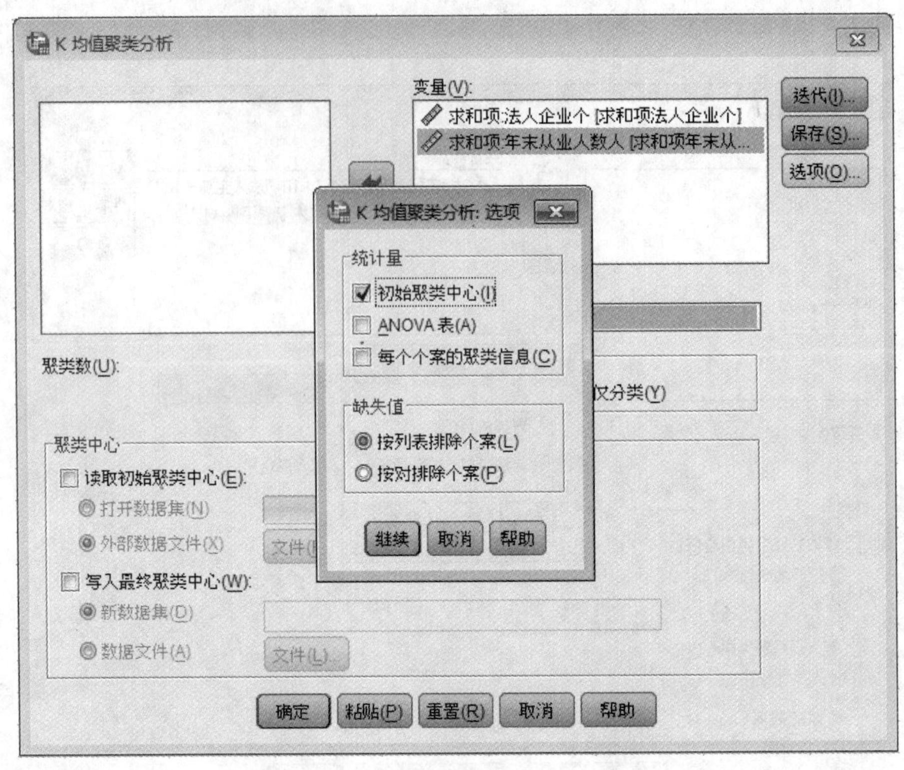

图 6-1-3-17

1.3.3 分层聚类的 SPSS 操作

建立或打开相应数据文件后，可以在 SPSS Statistics 数据编辑器窗口中进行分层聚类分析。

（1）打开对话框

在菜单栏中依次选择“分析”|“分类”|“系统聚类”命令，打开如图 6-1-3-18 所示的“系统聚类分析”对话框。

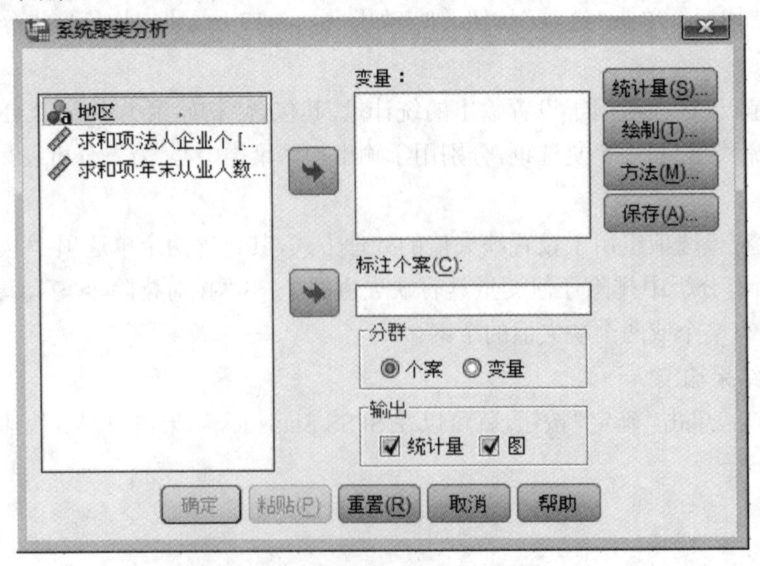

图 6-1-3-18

（2）选择变量

从源变量列表中选择参与聚类分析的目标变量，将选中的变量选入“变量”列表中，从源变量列表中选择属类变量，将选中的变最选入“标注个案”列表中，如图 6-1-3-19 所示。

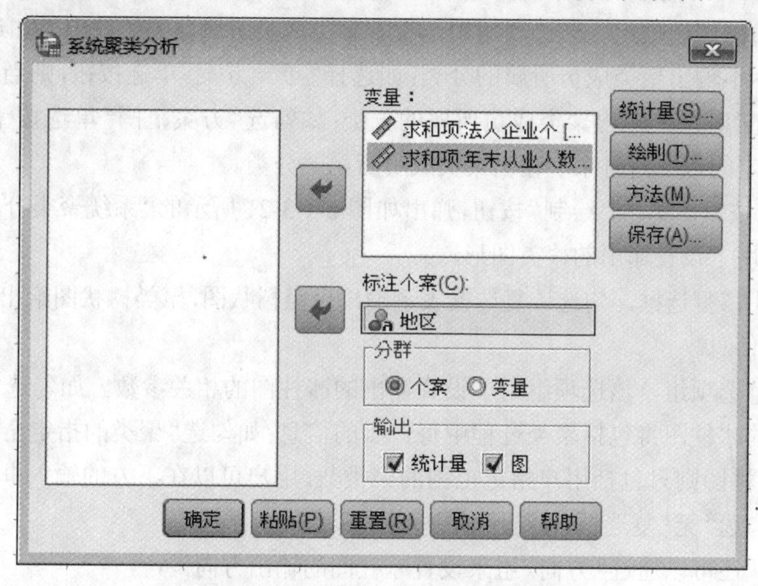

图 6-1-3-19

（3）设置相应选项

①“分群”选项组。该选项组用于设置分层聚类的方法。如选择“个案”，则进行 Q 型聚类；如选择“变量”，则进行 R 型聚类。

②“输出”选项组。该选项组用于设置输出的内容。如果勾选“统计量”复选框，系统将输出相关的统计量：如果勾选“图”复选框，系统将输出聚类图形。

③“统计量”按钮。单击“统计量”按钮，弹出如图 6-1-3-20 所示的“系统聚类分析：统计量”对话框。

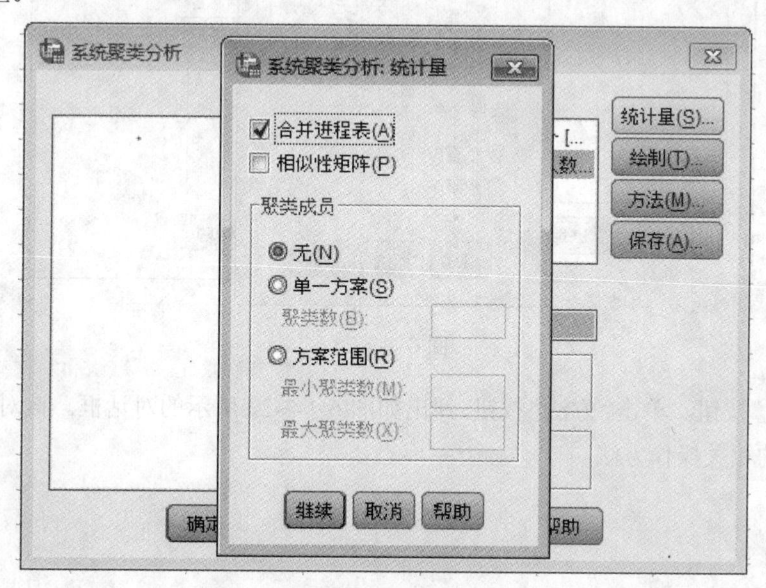

图 6-1-3-20

● “合并进程表”复选框。勾选该复选框表示输出每一步聚类过程中被合并的类及类间距离。

● “相似性矩阵”复选框。勾选该复选框表示输出聚类中不同观测之间的距离矩阵。

● “聚类成员”选项组。该选项组用于设置聚类成员所属分类的输出。如选择“无”单选按钮,则表示不输出聚类成员所属的分类;如选择“单一方案”单选按钮,则当聚类数等于用户指定的数量时系统输出聚类成员所属的分类;如勾选“方案范围”单选按钮,则当聚类数位于用户指定的范围内时系统输出聚类成员所属的分类。

④“绘制”按钮。单击“绘制”按钮,弹出如图 6-1-3-21 所示的“系统聚类分析:图”对话框。该对话框用于设置输出的聚类图形。

● “树状图”复选框。勾选该复选框表示输出聚类树状图,聚类树状图给出了类的合并与距离的相关信息。

● “冰柱”选项组。该选项组用于设置输出的冰柱图的相关参数。如勾选“所有聚类”复选框,输出的冰柱图将包括聚类过程中每一步的信息;如勾选“聚类的指定全距”复选框,系统输出的冰柱图则只包括用户指定范围的聚类数,用户可以在下方的输入框中输入聚类数的范围;如勾选“无”复选框,系统不输出冰柱图。

此外,用户还可以通过“方向”组来设置冰柱图的输出方向。

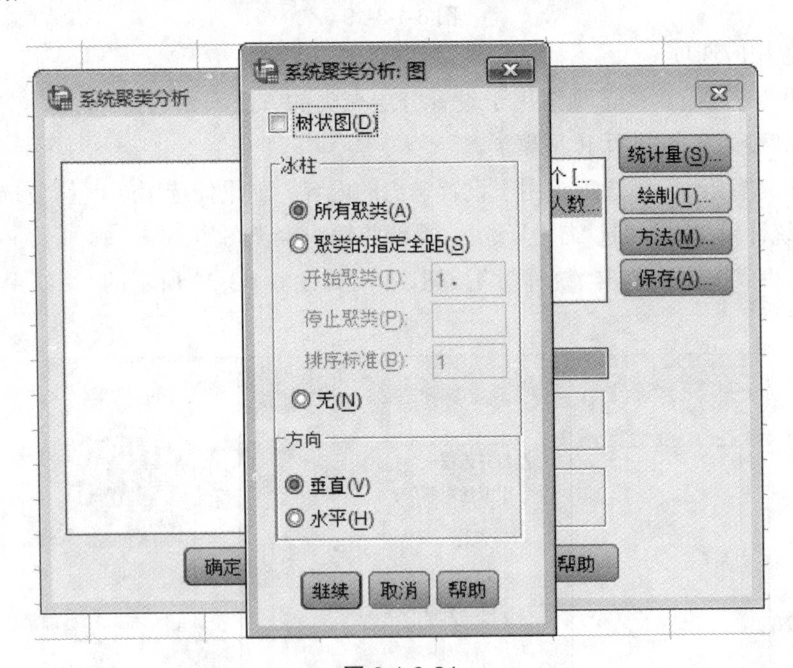

图 6-1-3-21

⑤“方法”按钮。单击“方法”按钮,弹出如图 6-1-3-22 所示的对话框。该对话框用于设置聚类分析的相关操作方法。

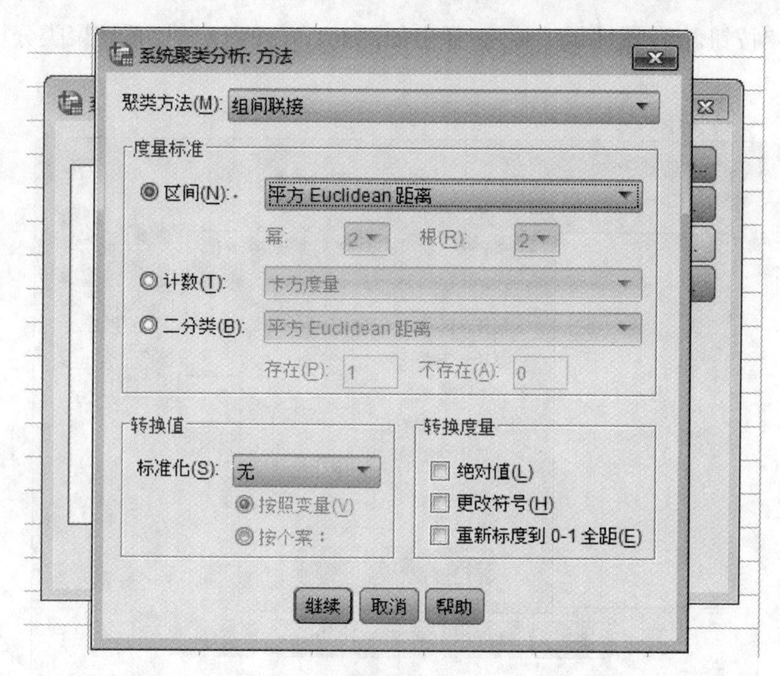

图 6-1-3-22

● “聚类方法”下拉列表框。该下拉列表框中给出了聚类分析的不同方法，包括组之间的连接，组内的连接，离差平方和法（Wad 法）最近邻元素、最远邻元素、质心聚类和中位数聚类七种方法，用户可以根据数据的特征选择相应的方法。

● “度量标准”选项组。该选项组用于设置聚类分析中距离的计算方法，用户可以根据数据的类型选择相应的单选按钮。

➢ “区间”单选按钮。用于一般的等间隔测量变量，其后的下拉列表中提供了 7 种距离选项：欧式距离、欧式距离平方和、夹角余弦、切贝谢夫距离、明考斯基距离、绝对距离和皮尔逊相关性度量，除此之外，用户还可以利用“幂”和“根”输入框自定义距离。

➢ “计数”单选按钮。用于计数变量，其后的下拉列表中给出了两种度量距离方法的选项：卡方度量和 Phi 方度量。

➢ “二分类”单选按钮。用于二值变量，用户可以在“存在”和“不存在”输入框中输入二值变量的参数特征，并在下拉列表中选择相应的距离。

● “转换值”选项组。该选项组用于设置对数据进行标准化的方法，用户可以在“标准化”下拉列表中选择相应的标准化方法。此外用户还要根据进行的聚类类型选择“按个案”和“按照变量”单选按钮，“按个案”单选按钮用于 R 型聚类，“按照变量”按钮用于 Q 型聚类。

● “转换度量”选项组。该选项组用于设置将计算得到的距离进行转换的方法，如勾选“绝对值”复选框则表示取距离的绝对值，如勾选“更改符号”复选框则表示交换当前的距离大小排序，如勾选“重新标度到 0-1 全距”复选框则表示将距离差按比例缩放到 0-1 的范围内。

⑥“保存”按钮。单击“保存”按钮，弹出如图 6-1-3-23 所示的“系统聚类分析：保存”对话框。

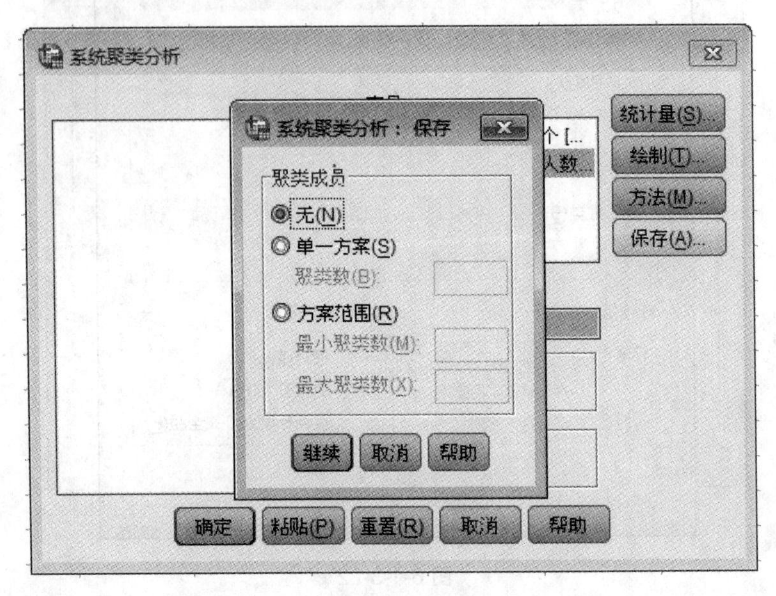

图 6-1-3-23

该对话框主要用于聚类信息的保存设置。选择“无”，表示不保存聚类结果信息；选择“单一方案”，表示将某一步的聚类结果信息保存到新变量；选择“方案范围”则表示将一定聚类步数范围内的聚类结果信息保存到新变量。

（4）分析结果输出

设置完毕后，单击“确定”按钮，就可以在 SPSS Statistics 结果窗口得到分层聚类分析的结果。

1.4 因子分析

因子分析是将现实生活中众多相关、重叠的信息进行合并和综合，将原始的多个变量和指标变成较少的几个综合变量和综合指标，以利于分析判定。

1.4.1 因子分析的分析步骤

因子分析（Factor Analysis）是一种数据简化的技术。它通过研究众多变量之间的内部依赖关系，探求观测数据中的基本结构，并用少数几个独立的不可观测变量来表示其基本的数据结构。这几个假想变量能够反映原来众多变量的主要信息。原始的变量是可观测的显式变量，而假想变量是不可观测的潜在变量，称为因子。

（1）对数据进行标准化分析

（2）估计因子载荷矩阵

（3）因子旋转

建立因子分析数学模型的目的不仅要找出公共因子并对变量进行分组，更重要的是要知道每个公共因子的意义，以便对实际问题作出科学分析。当因子载荷矩阵 A 的结构不便对主因子进行解释时,可用一个正交阵右乘 A(即对 A 实施一个正交变换)。由线性代数知识,对 A 施行一个正交变换,对应坐标系就有一次旋转,便于对因子的意义进行解释。

(4)估计因子得分

以公共因子表示原因变量的线性组合,而得到因子得分函数。我们可以通过因子得分函数计算观测记录在各个公共因子上的得分,从而解决公共因子不可观测的问题。

1.4.2　因子分析的 SPSS 操作

打开相应的数据文件或者建立一个数据文件后,在 SPSS Statistics 数据编辑器窗口中就可以进行因子分析。

(1)打开对话框

在菜单栏中依次选择“分析”|“降维”|“因子分析”命令,如图 6-1-4-3,打开如图 6-1-4-4 所示的“因子分析”对话框。

(2)选择变量

从源变量列表中选择需要进行因子分析的变量,然后单击箭头按钮将选中的变量选入“变量”列表中。如果不使用全部样本分析,可以从源变量列表中选择因子变量,然后单击箭头按钮将选中的变量选入“选择变量”列表中。其中:

- “变量”列表。该列表框中的变量为要进行因子分析的目标变量,变量在区间或比率级别应该是定量变量。分类数据(例如性别等)不适合因子分析。另外,可计算 Pearson 相关系数的数据应该适合于因子分析。

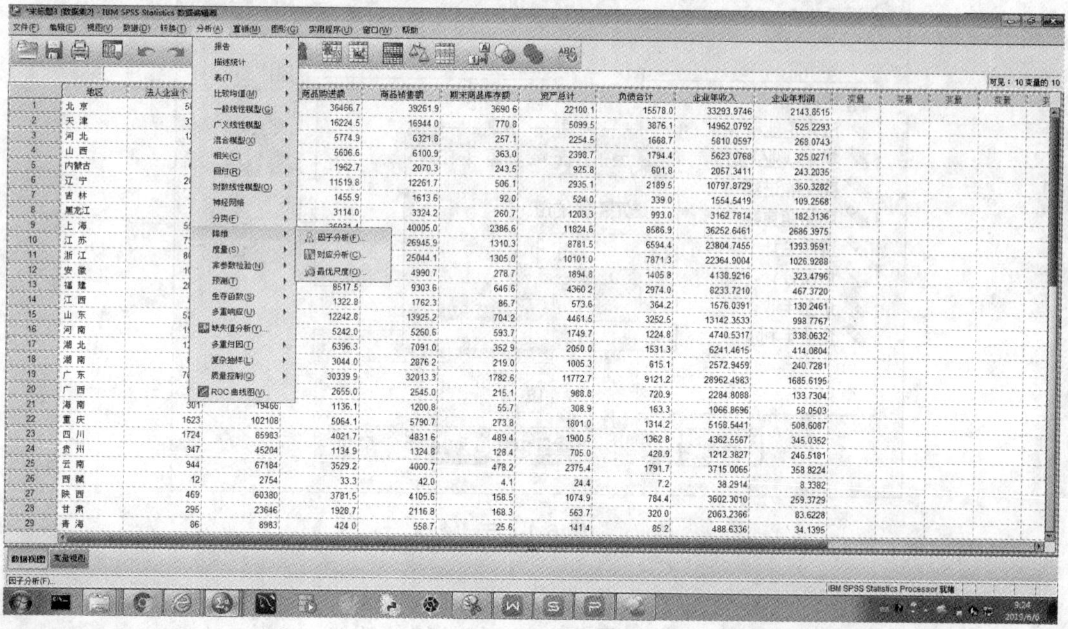

	地区	法人企业个		商品购进额	商品销售额	期末商品库存额	资产总计	负债合计	企业年收入	企业年利润
1	北 京	[illegible]	[illegible]	36466.7	39261.9	3690.6	22100.1	15578.0	33293.9746	2143.8515
2	天 津	[illegible]	[illegible]	16224.5	16944.0	770.8	5099.5	3876.1	14962.0792	525.2293
3	河 北	[illegible]	[illegible]	5774.9	6321.8	257.1	2254.5	1668.7	5810.0597	268.0743
4	山 西	[illegible]	[illegible]	5606.6	6100.9	363.0	2398.7	1794.4	5623.0768	325.0271
5	内蒙古	[illegible]	[illegible]	1962.7	2070.3	243.5	925.8	601.8	2057.3411	243.2035
6	辽 宁	[illegible]	[illegible]	11519.8	12261.7	506.1	2935.1	2189.5	10797.8729	360.3282
7	吉 林	[illegible]	[illegible]	1455.9	1613.6	92.0	524.0	339.0	1554.5419	109.2568
8	黑龙江	[illegible]	[illegible]	3114.0	3324.2	260.7	1203.3	993.0	3162.7814	182.3136
9	上 海	[illegible]	[illegible]	[illegible]	40005.0	2386.6	11824.6	8586.9	36252.6461	2686.3975
10	江 苏	[illegible]	[illegible]	[illegible]	26945.9	1310.3	8781.5	6594.4	23804.7455	1393.9591
11	浙 江	[illegible]	[illegible]	[illegible]	25044.1	1305.0	10101.0	7871.3	22364.9004	1026.9288
12	安 徽	[illegible]	[illegible]	[illegible]	4990.7	278.7	1894.8	1405.8	4138.9216	323.4796
13	福 建	[illegible]	[illegible]	8517.5	9303.6	646.6	4360.2	2974.0	8233.7210	467.3720
14	江 西	[illegible]	[illegible]	1322.8	1762.3	86.7	573.6	364.2	1576.0391	130.2461
15	山 东	[illegible]	[illegible]	12242.8	13925.2	704.2	4461.5	3252.5	13142.3533	998.7767
16	河 南	[illegible]	[illegible]	5242.0	5260.6	593.7	1749.7	1224.8	4740.5317	338.0632
17	湖 北	[illegible]	[illegible]	6396.3	7091.0	352.9	2050.0	1531.3	6241.4615	414.0804
18	湖 南	[illegible]	[illegible]	3044.0	2876.2	219.0	1005.3	615.1	2572.9459	240.7281
19	广 东	[illegible]	[illegible]	30339.9	32013.3	1782.6	11772.7	9121.2	28962.4983	1685.6195
20	广 西	[illegible]	[illegible]	2655.0	2545.0	215.1	988.8	720.9	2284.8088	133.7304
21	海 南	301	19466	1136.1	1200.8	55.7	308.9	163.3	1066.8696	58.0503
22	重 庆	1623	102108	5064.1	5790.7	273.8	1801.0	1314.2	5158.5441	508.6087
23	四 川	1724	85983	4021.7	4831.6	489.4	1900.5	1362.8	4362.5567	345.0352
24	贵 州	347	45204	1134.9	1324.8	128.4	705.0	428.9	1212.3827	246.5181
25	云 南	944	67184	3529.2	4000.7	478.2	2375.4	1791.7	3715.0066	358.8224
26	西 藏	12	2754	33.3	42.0	4.1	24.4	7.2	38.2914	8.3382
27	陕 西	469	60380	3781.5	4105.6	158.5	1074.9	784.4	3602.3010	259.3729
28	甘 肃	295	23646	1928.7	2116.8	168.3	563.7	320.0	2063.2366	83.6228
29	青 海	86	8983	424.0	558.7	25.6	141.4	85.2	488.6336	34.1395

图 6-1-4-3

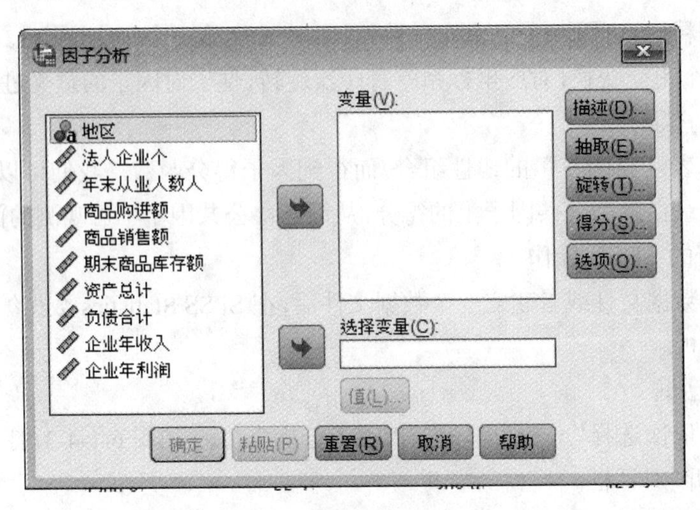

图 6-1-4-4

● “选择变量”列表　该列表中的变量用来限定仅对含有指定个案的变量集进行因子分析。当用户决定对满足某个条件的变量进行分析时，可以在此指定选择变量，此时“值”按钮就会被激活。单击“值”按钮就会弹出如图 6-1-4-5 所示的对话框，在“选定变量的值”输入框中输入指定的整数值，然后单击“继续”，则因子分析中仅使用具有该选择变量值的个案。

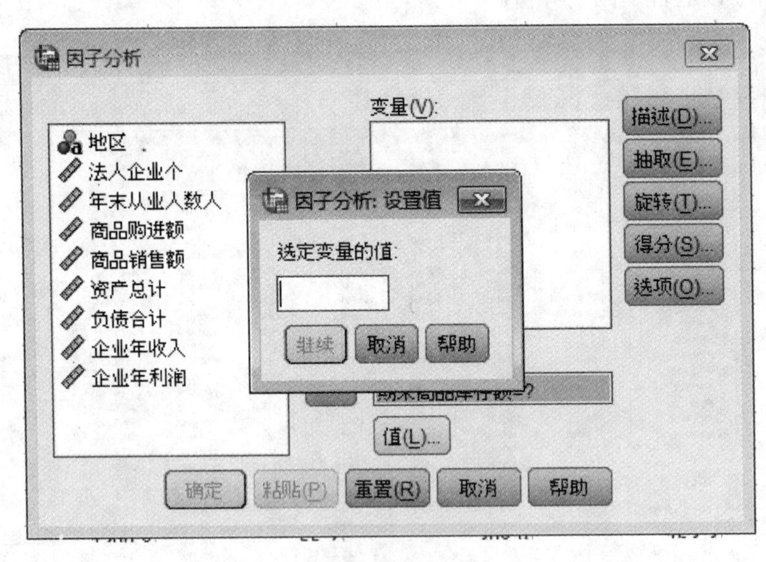

图 6-1-4-5

(3)设置相应选项

依次介绍“描述”“抽取”“旋转”“得分”“选项”按钮的功能。

①“描述”按钮。单击“描述”按钮，弹出如图 6-1-4-6 所示的“因子分析：描述统计”对话框。

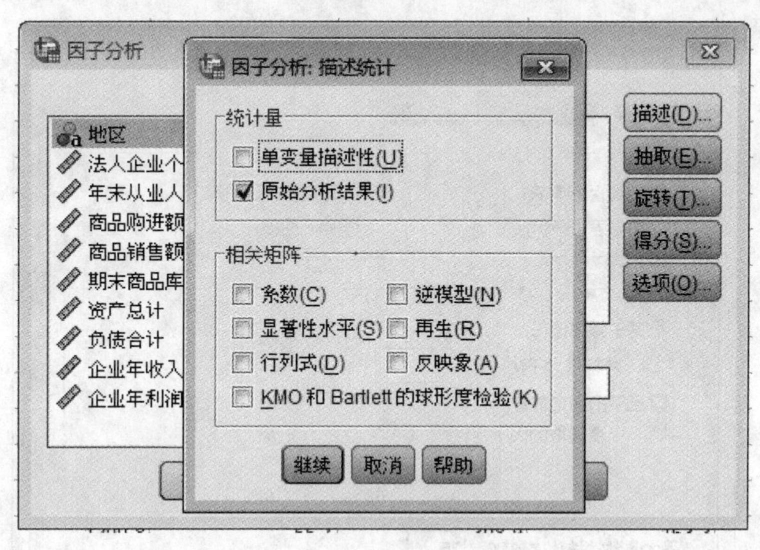

图 6-1-4-6

“因子分析:描述统计”对话框主要用于设定对原始变量的基本描述并对原始变量进行相关性分析。

● “统计量”选项组。该选项组主要用于设定原始变量的基本描述和原始分析,包括:

➢ “单变量描述性”复选框,选中表示输出每个变量的均值、标准偏差和有效个案数;

➢ “原始分析结果”复选框,选中表示输出初始公因子方差、特征值(即协方差矩主对角线上的元素)和已解释方差的百分比。

● “相关矩阵”选项组。

该选项组主要用于对输出的相关矩阵进行必要的设置,各复选框功能如下表所示;

复选框名称	复选框功能
系数	选中表示输出原始变量之间的相关系数矩阵,如果相关系数矩阵中的大部分系数都小于 0.3,即变量之间大多为弱相关,原则上不适合进行因子分析
显著性水平	选中表示输出相关系数矩阵中相关系数的单尾假设检验的概率值,相应的原假设是相关系数为 0
行列式	选中表示输出相关系数矩阵的行列式
逆模型	选中表示输出相关系数矩阵的逆矩阵
再生	选中表示输出从因子解估计的相关矩阵,还显示残差(估计相关性和观察相关性之间的差分)
反映象	选中表示输出反映像相关矩阵,反映像相关矩阵包含偏相关系数的相反数,而反映像协方差矩阵包含偏协方差的相反数,在一个好的因子模型中,对角线上的元素值比较接近 1,而大部分非对角线的元素将会很小,其中反映像相关矩阵的对角线上的元素又称为变量的取样充分性度量(MSA)
KMO 与 Bartlett 的球形度检验	其中 KMO 统计量用于比较变量间简单相关系数矩阵和偏相关系数的指标,KMO 值越接近 1 表示越适合做因子分析,而 Bartlett 球形度检验的原假设为相关系数矩阵为单位阵,如果 Sig 值拒绝原假设表示变量之间存在相关关系,因此适合做因子分析

②“抽取”按钮。单击“抽取”按钮,弹出如图 6-1-4-7 所示的“因子分析:抽取”对话框。

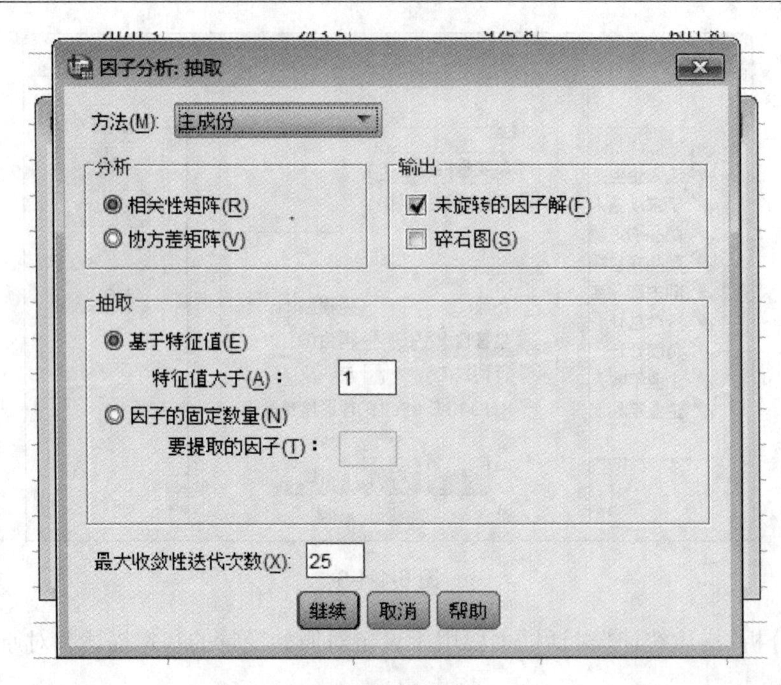

图 6-1-4-7

“因子分析：抽取”对话框主要用于设定提取公共因子的方法和公共因子的个数。

● “方法”下拉列表框。该列表框主要用于设定提取公共因子的方法，各方法及其功能如下表所示；

方法名称	方法内容与功能
主成分方法	该方法用于形成原始变量的不相关的线性组合，其中第一个成分具有最大的方差，后面的成分对方差的解释的比例逐渐变小，它们相互之间均不相关，主成分分析用来获取最初因子解并且它可以在相关矩阵是奇异矩阵时使用
未加权最小平方法	该方法可以使观察的相关系数矩阵和再生的相关系数矩阵之间的差的平方值之和最小
极大似然法	在样本来自多变量正态分布的情况下，它生成的参数估计最有可能生成观察到的相关矩阵，将变量单值的倒数作为权重对相关性进行加权，并使用迭代算法
主轴因子分解法	在初始相关系数矩阵中，多元相关系数的平方放置于对角线上作为公因子方差的初始估计值，然后这些因子载荷用来估计替换对角线中的旧公因子方差和估计值的新的公因子方差，继续迭代，直到某次迭代和下次迭代之间公因子方差的改变幅度能满足抽取的收敛条件
Alpha 法	该方法将分析中的变量视为来自潜在变量全体的一个样本，是因子的 alpha 可靠性最大
映像因子分解法	该方法将变量的公共部分（称为偏映像）定义为其对剩余变量的线性回归，而非假设因子的函数，实际上是使用多元回归的方法提取因子

● “分析”选项组。该选项组用于指定相关矩阵或协方差矩阵，包括：

➢ “相关性矩阵”单选按钮，选中表示以相关性矩阵作为提取公共因子的依据，当分析中使用不同的尺度测量变量时比较适合；

➢ “协方差矩阵”单选按钮，选中表示以协方差矩阵作为提取公共因子的依据，当因子分析应用于每个变量具有不同方差的多个组时比较适用。

● “输出”选项组。该选项组用于指定输出的因子解和特征值的碎石图，包括：

➢ “未旋转的因子解”复选框，选中表示输出未旋转的因子载荷（因子模式矩阵）、公因子方差和因子解的特征值；

➢ “碎石图”复选框，选中表示输出与每个因子相关联的特征值的图，该图用于确定应保持的因子个数，通常该图显示大因子的陡峭斜率和剩余因子平缓的尾部之间明显的中断（碎石）。

● “抽取”选项组。该选项组用于指定抽取因子的数目。包括：

➢ “基于特征值”，表示抽取特征值超过指定值的所有因子，在“特征值大于”输入框中指定值，一般为 1；

➢ “因子的固定数量”，表示保留特定数量的因子，在“要提取的因子”输入框中输入要保留因子的数目。

● “最大收敛性迭代次数”输入框：该输入框用于指定算法执行旋转所采取的最大步骤数。系统默认为 25 次。

③“旋转”按钮。

单击右侧“旋转”按钮，弹出如图 6-1-4-8 所示的“因子分析：旋转”对话框。

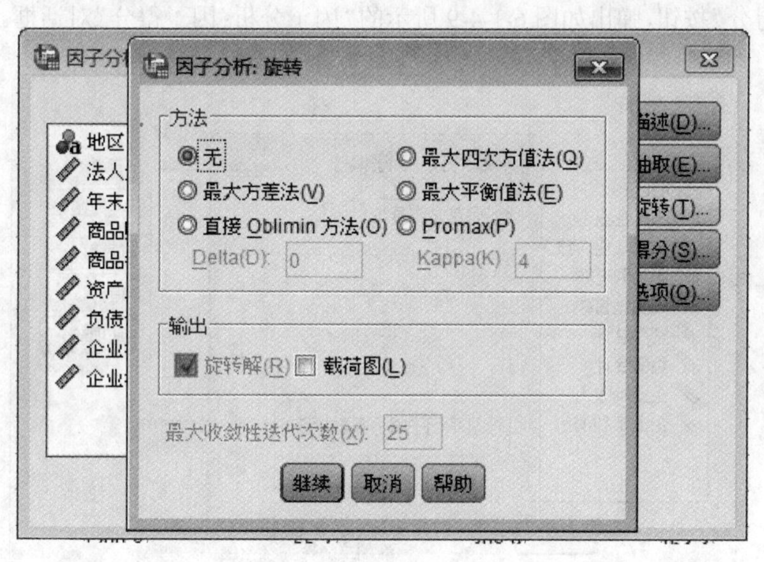

图 6-1-4-8

“因子分析：旋转”对话框主要用于设定因子旋转的方法，进而可以命名因子。

● “方法”选项组。该选项组主要用于设定因子旋转的方法，包括：

➢ 无：表示不进行任何因子旋转。

➢ 最大方差法：这是一种正交旋转方法，它使得对每个因子有高负载的变量的数目达到最小，并简化了因子的解释。

➢ 直接 Oblimin 方法：这是一种斜交旋转方法，当 Delta 等于 0 时，解是最斜交的，当

Delta 负得越厉害，因子的斜交度越低，其中要覆盖缺省的 Delta 值 0，可以在下方“Delta”输入框中输入小于等于 0.8 的数。

➢ 最大四次方值法：又称为最大正交旋转法，该方法使得每个变量中需要解释的因子数目最少，可以简化对变量的解释。

➢ 最大平衡值法：该方法是最大方差法与最大四次方值法的结合，可以使高度依赖因子的变量的个数以及解释变量所需的因子的个数最少。

➢ Promax：又称为最优斜交法，该方法可使因子相关联，可比直接最小斜交旋转更快地计算出来，因此适用于大型数据集。

● “输出”选项组。该选项组主要用于指定是否输出旋转解和载荷图。

➢ 旋转解：该复选框只有在选择了旋转方法后才能选择，对于正交旋转会显示已旋转的模式矩阵和因子变换矩阵，对于斜交旋转会显示模式、结构和因子相关矩阵。

➢ 载荷图：表示输出前三个因子的三维因子载荷图，而对于双因子解，则显示二维图，如果只抽取了一个因子，则不显示图。

● “最大收敛性迭代次数”输入框：该输入框用于指定算法执行旋转所采取的最大步骤数。系统默认为 25 次。

④“得分”按钮。

单击“得分”按钮，弹出如图 6-1-4-9 所示的“因子分析：因子得分”对话框。

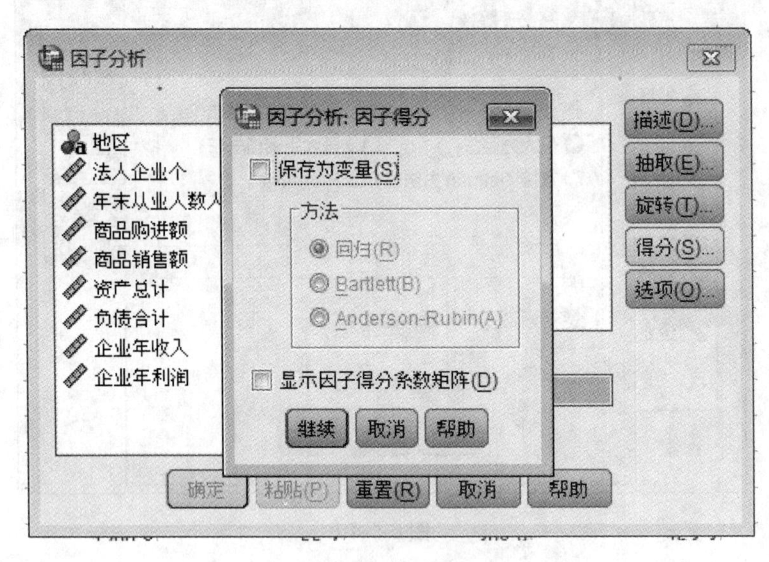

图 6-1-4-9

“因子分析：因子得分”对话框主要用于计算因子得分，包括：

● “方法”选项组。该选项组主要用于计算因子得分的方法，包括：

➢ 回归：该方法得到的因子得分的均值为 0，方差等于估计的因子分数和真正的因子值之间的平方多相关性，其中即使因子是正交的，分数也可能相关；

➢ Bartlett：该方法尽管所产生因子得分的均值为 0，但使整个变量范围中所有唯一因子的平方和达到最小；

➢ Anderson-Rubin：即修正的 Bartlett 方法，该方法确保被估计的因子的正交性所产生因子得分的均值为 0，标准偏差为 1，且不相关。

● “保存为变量”复选框。该复选框用于对每个因子得分创建一个新变量，且只有选中该复选框才能进行“方法”的设定。

● “显示因子得分系数矩阵”复选框。该复选框主要用于输出因子得分的得分之间的相关性矩阵。

⑤“选项”按钮。

单击右侧“选项”按钮，弹出如图 6-1-4-10 所示的“因子分析：选项”对话框。

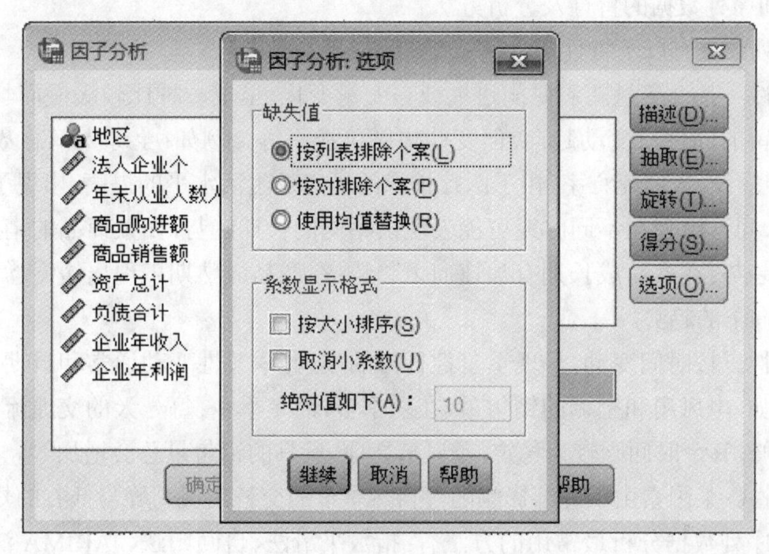

图 6-1-4-10

“因子分析：选项”对话框主要用于设定对变量缺失值的处理和系数显示的格式。

● “缺失值”选项组。该选项组主要用于指定如何处理缺失值，包括；

➢ 按列表排除个案：选中表示排除在任何分析中所用的任何变量有缺失值的个案；

➢ 按对排除个案：选中表示从分析中排除变量对中有一个或两个缺失值的个案；

➢ 使用平均值替换：选中表示将缺失值用变量均值代替。

● “系数显示格式”选项组。该选项组主要用于指定系数矩阵的显示格式：

➢ 按大小排序：选中表示按大小对系数矩阵进行排序；

➢ 取消小系数：选中表示只显示绝对值大于指定值的符合系数，可以在“绝对值如下”输入框中输入指定值，系统默认为 0.10。

（4）分析结果输出

设置完毕后，单击“确定”按钮，就可以在 SPSS Statistics 查看器窗口得到因子分析结果。

1.5 时间序列分析

1.5.1 时间序列概述

时间序列是系统中某一变量的观测值按时间顺序(时间间隔相同)排列成一个数值序列,以展示研究对象在一定时期内的变动过程。通过处理预测目标本身的时间序列数据,获得事物随时间过程的演变特性与规律,进而预测事物的未来发展。时间序列分析就是从中寻找和分析事物的变化特征、发展趋势和规律,它是系统中某一变量受其他各种因素影响的总结果。时间序列数据区别于普通资料的本质特征是相邻观测值之间的依赖性,或称自相关性。本节将对时间序列的分析方法做详细的介绍。

(1)时间序列数据的特性及分析方法

时间序列数据有以下特性:

①趋势性。某个变量随着时间进展或自变量变化,呈现一种比较缓慢而长期的持续上升、下降、停留的同性质变动趋向,但变动幅度可能不等。例如:全球人口总数随着时间推移,正在逐步增长;人口死亡率,由于医疗技术的进步及生活水平的提高,出现了长期向下的趋势。另外,同一序列在不同时期可能表现出不同的长期趋势,如某商品的销量,在产品初期具有向上趋势;在产品成长期有加速向上趋势;在产品成熟期表现出缓慢增长的趋势;在产品末期皇向下的趋势。

②季节性。按时间变动,呈现重复性行为的序列,季节性变动通常和日期、气候或年周期有关。例如,电风扇和空调的销售量,在夏季多,而冬季少;每一天的交通流量,在上下班时间出现高峰,其余时间则较为稳定;圣诞节之前,玩具的销售量总会增加等。

③周期性。某因素由于外部影响随着自然季节的交替出现高峰与低谷的规律。

对时间序列数据分析最常用的方法有:指数平滑法、自回归法、ARIMA 法及季节分解法等。

(2)SPSS 时间序列分析功能

SPSS 时间序列分析的"分析"主模块为分析选项中的"时间序列建模器",提供了指数平滑模型、自回归模型、ARIMA 模型及季节分解模型。时间序列的定义是由"数据"菜单下的"定义日期"完成。"转换"菜单下的"创建时间序列"提供对时间变量的运算功能,如产生差分序列、移动平均序列、滞后序列等,"替换缺失值"提供了缺失值的填补功能。在"图表"选项卡主要用于设定输出模型拟合统计量、自相关函数以及序列值(包括预测值)的图。

1.5.2 时间序列数据的预处理

时间序列数据和普通数据不同,它有严格的顺序,并且需要定义时间变量让程序读懂其时间顺序,特别对于季节性模型,必须使用 SPSS 软件内部的时间变量。根据时间序列的顺序特点,可以产生移动平均序列、滞后或提前序列。这些都属于时间序列的预处理工作。

时间序列预处理的目的:使序列的特征体现得更加明显,利于分析模型的选择;其次,使数据满足于某些特定模型的要求。如时间序列的平滑处理目的是为了消除序列中随机波动性影响。

时间序列预处理的主要方法:对缺失数据的处理和对数据的变换处理。主要包括序列的平稳化处理和序列的平滑处理等。SPSS 提供了 8 种平稳处理的方法:差分、季节差分、中心移动平均、先前移动平均、运行中位数、累计求和、滞后、提前。

(1)自定义日期变量

操作步骤:单击"数据"|"定义日期"命令,弹出如图 6-1-5-1 所示的对话框。在"定义日期"对话框的"个案为"列表中选择要定义的时间格式,然后在"第一个个案为"中定义数据开始的具体时间,如年、季度、周、小时等。

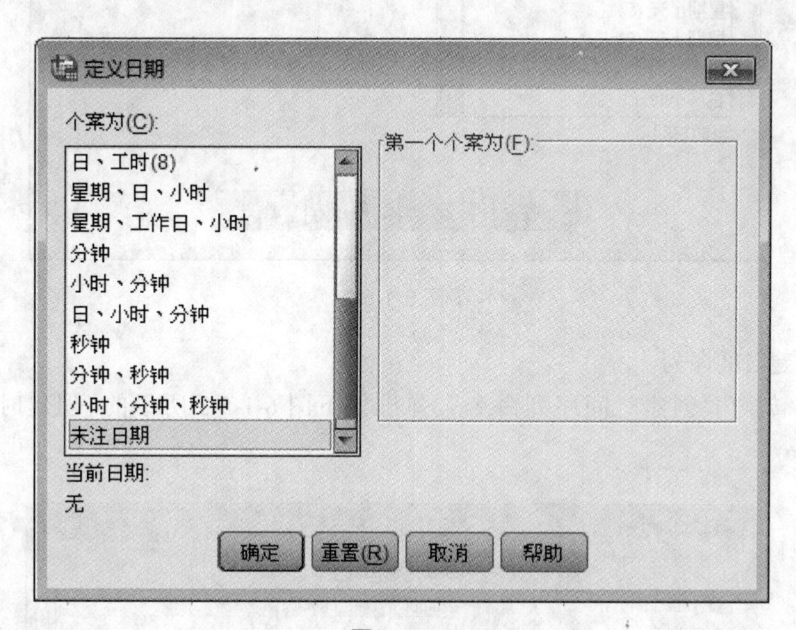

图 6-1-5-1

● "个案为";该列表框提供了 19 种不同的日期格式,包括年份、季度、月份、日、星期、工作日、小时、分钟等。如需要分析的时间序列为跨年度的季度时间序列,则选择"年份、季度"即可;若分析的时间序列为跨年度的月份时间序列,则选择"年份月份"即可。

● "第一个个案为";该选项用于定义时间变量的起始日期。一旦选中"个案为"选项,则会在此显示相应的时间格式。如在"个案为"选中"年份、季度",则显示图 6-1-5-2 所示。在"年"和"季度"文本框中输入数据开始的具体年份和季度,单击"确定"按钮就可以完成时间变量的定义。"更高级的周期"显示该时间格式下的周期。

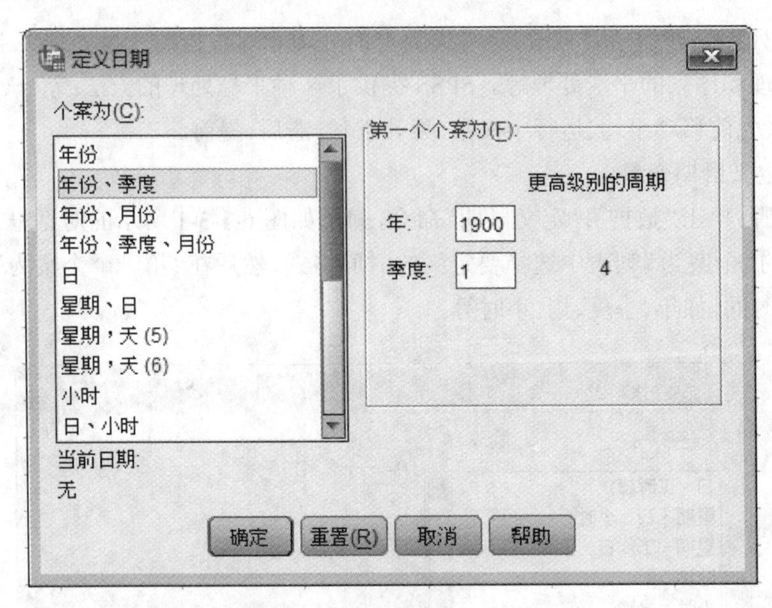

图 6-1-5-2

（2）创建时间序列

单击“转换”|“创建时间序列命令”，弹出如下图 6-1-5-3 所示的“创建时间序列”对话框。

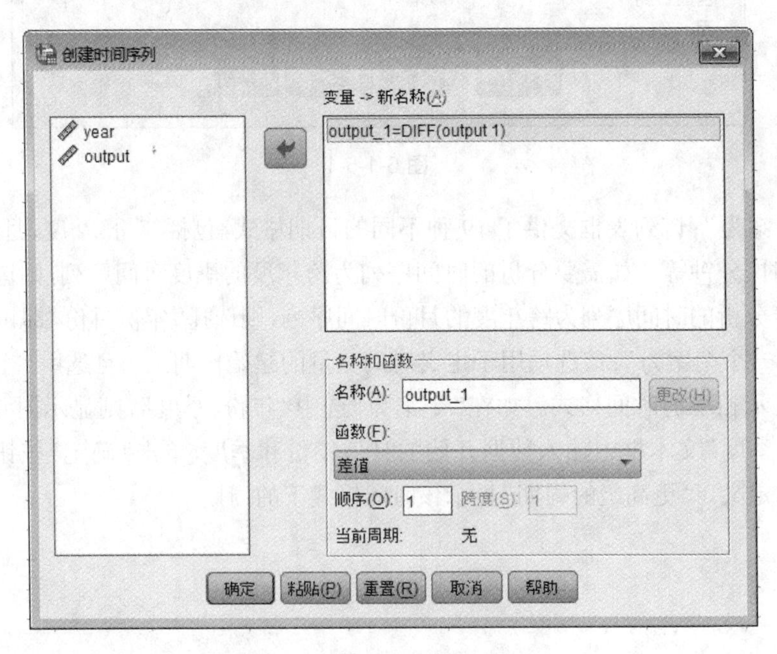

图 6-1-5-3

将“出口总额”选入“变量 -> 新名称”列表中。在“名称和函数”中可以对平稳处理后生成的新变量进行重新命名以及选择平稳处理的方法，单击“更改”按钮就完成了新变量的命名和平稳化处理方法的选择。

SPSS 提供 8 种平稳处理的方法;

● 差分:指对非季度数据进行差分处理,其中,1 阶差分数据即当前的数据减去前一时间数据,1 阶差分为对原始数据做次差分处理,因此 1 阶差分会损失第一个数据,2 阶差分为对 1 阶差分序列再做次差分处理,3 阶差分为对 2 阶差分序列再做一次差分处理,等等。同理,n 阶差分会损失 n 个数据在“顺序”选项中输入差分的阶数。差分不一定是相邻项之间的运算,也可以在有一定跨度的时间点之间进行。差分是时间序列非平稳数据平稳处理的最常用的方法,特别是在 ARIMA 模型中。

● 季节差分:指对季节数据进行差分处理,即当前季节减去前一季节的结果,差分的间隔和季节周期的选取有关,如果数据按天计,周期为周,则季节性差分间隔为 7,差分的阶和差分的间隔是两个不同的概念,差分序列产生缺失值的数量 = 差分间隔 × 差分的阶。对于既有趋势性又有季节性的序列,可同时进行差分和季节差分处理。

● 中心移动平均:指以当前为中心的时间跨度 k 范围内数据的移动平均数。

● 先前移动平均:指取当期前值以前指定跨度内的中位数,在“跨度”文本框中指定取均值的范围。

● 运行中位数:指以当前值为中心取指定跨度内的中位数。

● 累计求和:即对当前值和当前值之间的所有数据进行求和,生成原序列的累计值序列。

● 滞后即对指定的阶数 k,用从当前值向前数到第 k 个数值来代替当前值。这样形成的新序列将损失前 k 个数据。

● 提前:与数据滞后正好相反,即指定的阶数 k,从当前值向后数以第 k 个数值来代替当前值。这样形成的新序列将损失后 k 个数据。

设置完毕后,单击“确定”按钮,可得平稳处理结果。

(3)填补缺失数据

填补缺失数据为时间序列资料分析的重要环节。时间序列分析的参数模型,如 ARIMA 模型、季节模型等,都不允许有缺失值存在,在存缺失值情况下,系统会用默认的方式填补后分析。

单击“转变”|“替换缺失值”命令,弹出如图 6-1-5-4 所示的对话框。

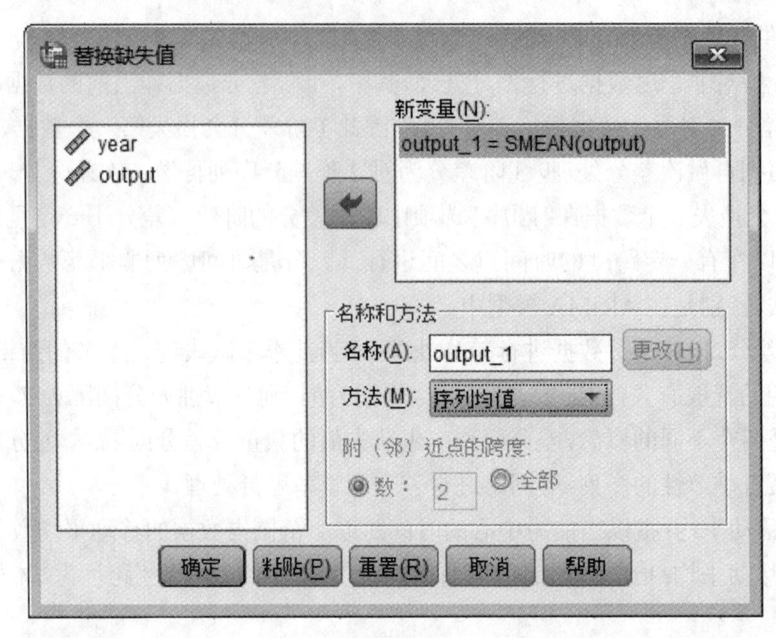

图 6-1-5-4

将“待选量”选入“新变量”列表中。在“名称”中可以对新变量进行重新命名，在“方法”中选择替换缺失值的方法，单击“更改”按钮就完成了新变量的命名和缺失替换。替换缺失值方法包括序列均值、邻近点的均值、邻近点的中位数、线性插值胜法以及点处的线性趋势。

单击“确定”按钮，输出结果。

1.5.3 ARIMA 模型

ARIMA 模型是自回归模型（AR）和移动平均模型（MA）的综合，称为自回归综合，它是指将非平稳时间序列转化为平稳时间序列，然后将因变量仅对它的滞后值以及随机误差项的现值和滞后值进行回归所建立的模型。ARIMA 模型将预测指标随时间推移而形成的数据序列看作是一个随机序列，这组随机变量所具有的依存关系体现着原始数据在时间上的延续性，它既受外部因素的影响，又有自身变动规律。ARIMA 模型也称 B-J 方法，是一种时间序列预测方法，描述时间序列数据的变化规律和行为，它允许模型中包含趋势变动、季节变动、循环变动和随机波动等综合因素影响。该方法具有较高的预测精度，可以把握过去数据变动，有助于解释预测变动规律。

ARIMA 建模的步骤：单击“分析”|“预测”|“创建模型”命令，弹出图 6-1-5-5 所示的对话框。

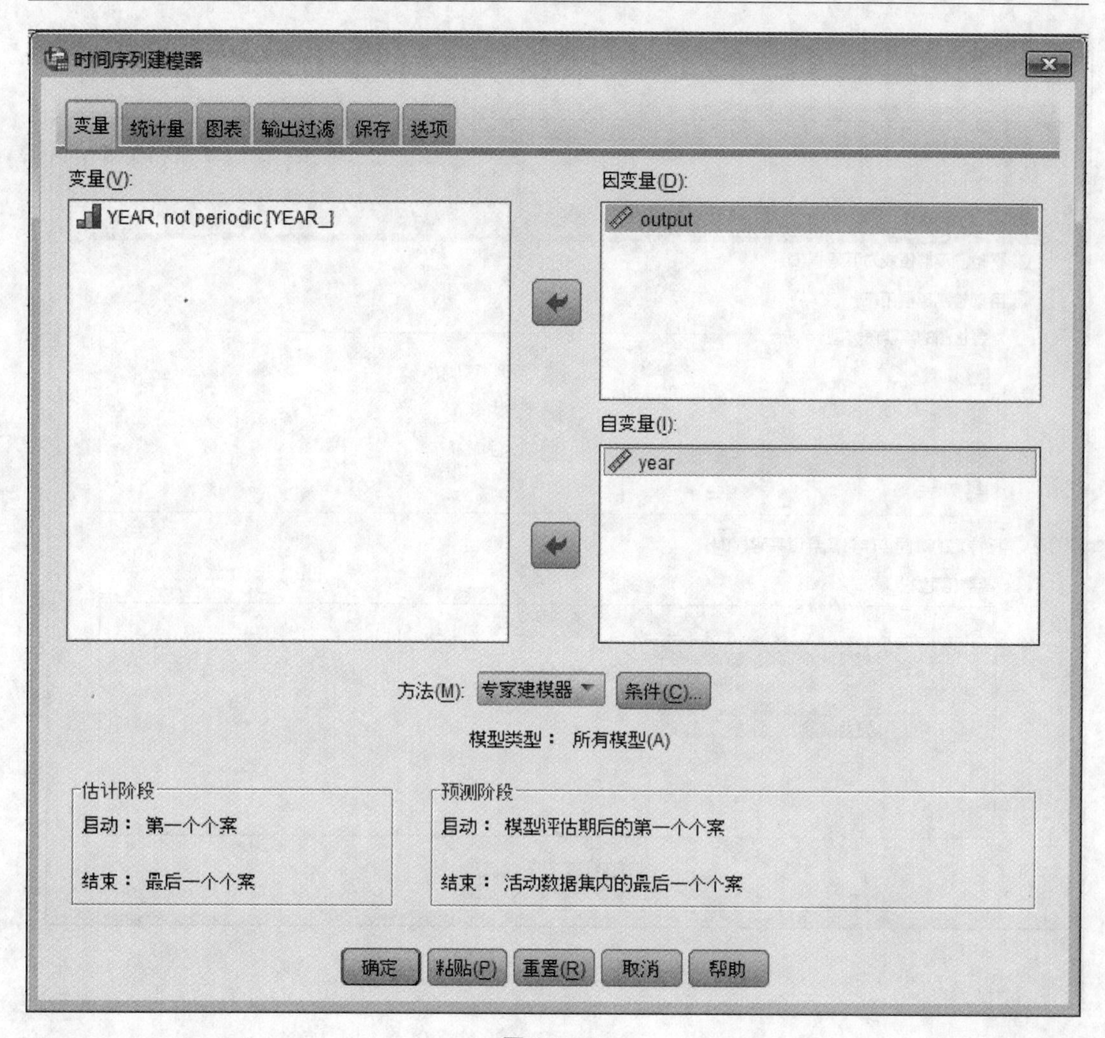

图 6-1-5-5

（1）“离群值”选项卡

单击“时间序列建模器”中间“条件”按钮中的“ARIMA 条件”选项，打开“时间序列建模器：ARIMA 条件”对话框，再单击其中的“离群值”选项卡，弹出图 6-1-5-6 的对话框。

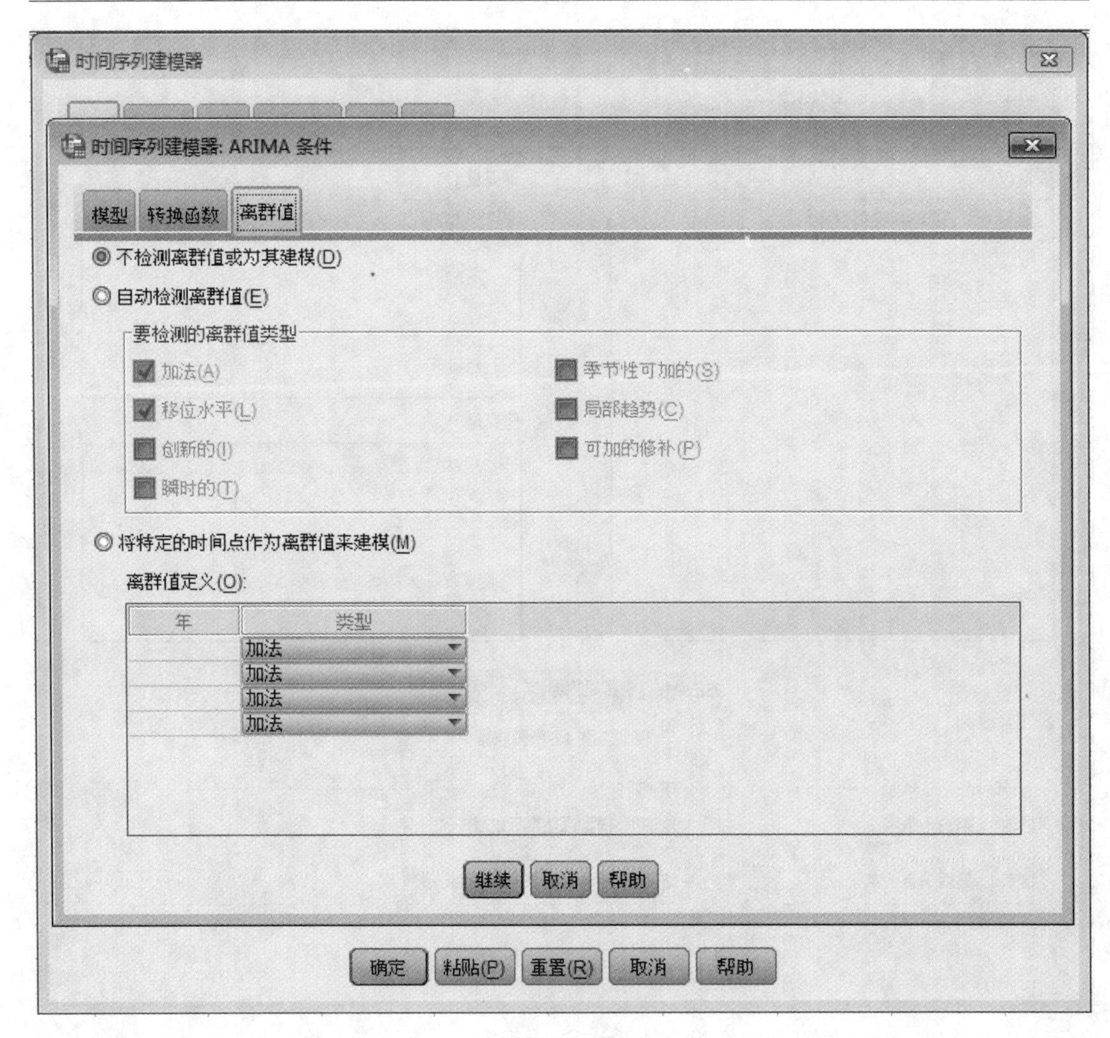

图 6-1-5-6

有以下三种方式：

● 不检测离群值或为其建模：其检测类表示不检测离群值或为其建模，该选项为默认选项。

● 自动检测离群值：表示要自动检测离群值，并选择监测离群值类型。其检查类型有；

➢ 加法：表示自动检测单个观测记录的异常值。

➢ 移位水平：表示自动检测数据水平移动引起的异常值。

➢ 创新的：表示自动检测有噪声冲击引起的异常值。

➢ 瞬时的：表示自动检测对其后观察值的影响按指数衰减值 0 的异常值。

➢ 季节性可加的：表示自动检测周期性的影响某固定时刻的异常值，如月度数据的一月效应。

➢ 局部趋势：表示自动检测导致局部线性趋势的异常值，往往该异常值以后的数据呈线性趋势。

➢ 可加的修补：表示自动检测两个以上连续出现的“加法”异常值。

● 将特定的时间点作为离群值来建模：表示指定特定的时间点作为离群值。其中，每个离群值在“离群值定义”网格中占单独的一行。在指定的日期格式中输入特定时间点，如在“年”和“月”中输入特定时间点的具体年份和月份在“类型”的离群值下拉菜单中选择离群值的具体类型。其中，离群值的类型与“要检测的离群值类型”中提供的类型一致。

（2）“模型”选项卡

单击“模型”选项卡，如图 6-1-5-7 所示。

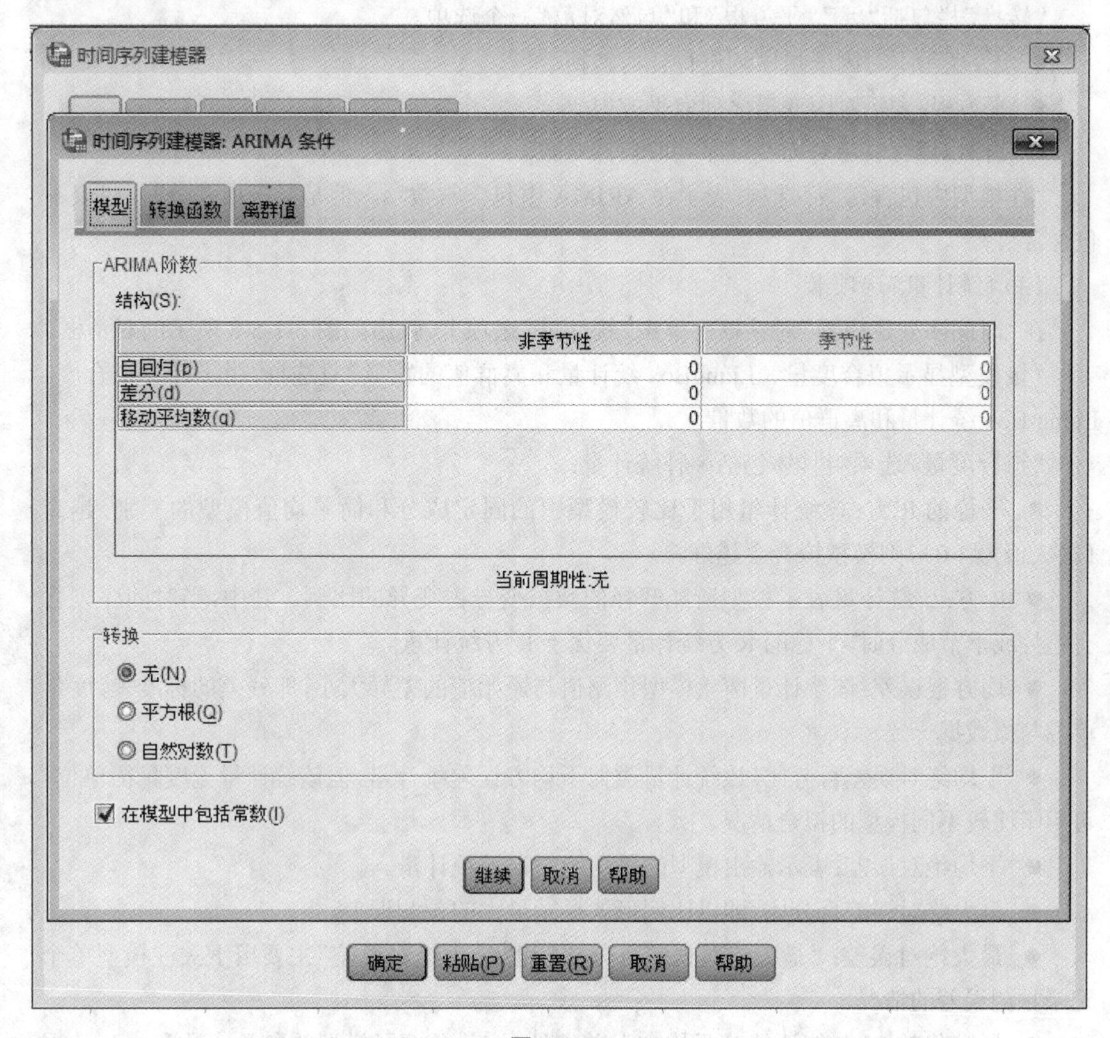

图 6-1-5-7

“结构”栏包括“自回归”“差分”和“移动平均数”3 个单元格。

● “非季节性”列。该列中的“自回归”输入 ARIMA 中的自回归 AR 阶数，即在 ARIMA 使用序列中的哪部分值来预测当前值：“差分”输入框用于输入因变量序列差分的阶数，主要目的是为了使非平稳序列平稳化以满足 ARIMA 模型平稳的需要；“移动平均数”输入框用于输入 ARIMA 中的移动平均阶数，哪些先前值的序列平均数的偏差来预测当前值。

● “季节性”列。为数据集定义了周期时，才会启用“季节性”列中的各个单元格。在“季节性”列中，季节性自回归成分、移动平均数成分和差分成分与其非季节性对应成分起着相同的作用。对于季节性的阶，由于当前序列值受以前的序列传的影响，序列值之间间隔一个或多个季节性周期。如对于季度数据（季节性周期为 4），季节性 1 阶表示当前序列值受自当前周期起 4 个周期之前的序列值的影响，因此，对于季度数据，指定季节性 1 阶等同于指定非季节性 4 阶。

“转换”栏包括“元”“平方根”和“自然对数”三个选项。

● 无：表示不对因变量序列进行任何转换。

● 平方根：表示对因变量序列取平方根。

● 自然对数：表示对因变量序列取自然对数。

“在模型中包含常数”选项：表示在 ARIMA 中包含常数项。但是当应用差分时，建议不包含常数。

（3）“统计量”选项卡

在“时间序列建模器”对话框中单击“统计量”选项卡，弹出如图 6-1-5-8 所示的对话框。

“按模型显示拟合度量、LjungBox 统计量和离群值的数量”复选框，用于计算拟合度、Ljung-Box 统计量和离群值的数量。

“拟合度量”选项组具体包括 8 种统计量：

● 平稳的 R 方：该统计量用于比较模型中的固定成分和简单均值模型的差别，越高（最大值为 1.0），则模型拟合会越好。

● R 方：该统计量表示模型所能解释的数据变异占变异的比例。其中，当时间序列含有趋势或季节成分时，平稳的 R 方统计量要优于 R 方统计量。

● 均方根误差：该统计量衡量模型预测值与原始值的差异大小，即残差的标准差，度量单位与原数据一致。

● 平均绝对误差百分比：该统计量类似于均方误差统计量，但该统计量无度量衡单位，可用于比较不同模型的拟合情况。

● 平均绝对误差：表示输出模型的平均绝对误差统计量。

● 最大绝对误差百分比：即以比例形式显示最大的预测误差。

● 最大绝对误差：“最大绝对误差百分比”和“最大绝对误差”主要用于关注模型单个记录预测误差的情况。

● 标准化的 BIC：统计能基于均方误差统计量，并考虑了模型的参数个数和序列数据个数。

“比较模型的统计量”选项组包含以下选项：

● 拟合优度：表示将每个模型拟合优度的统计量显示到张表格中进行比较。

● 残差自相关函数：表示输出模型的残差序列的自相关函数及百分点。

● 残差部分自相关函数：表示输出模型的残差序列的偏相关函数及百分点。

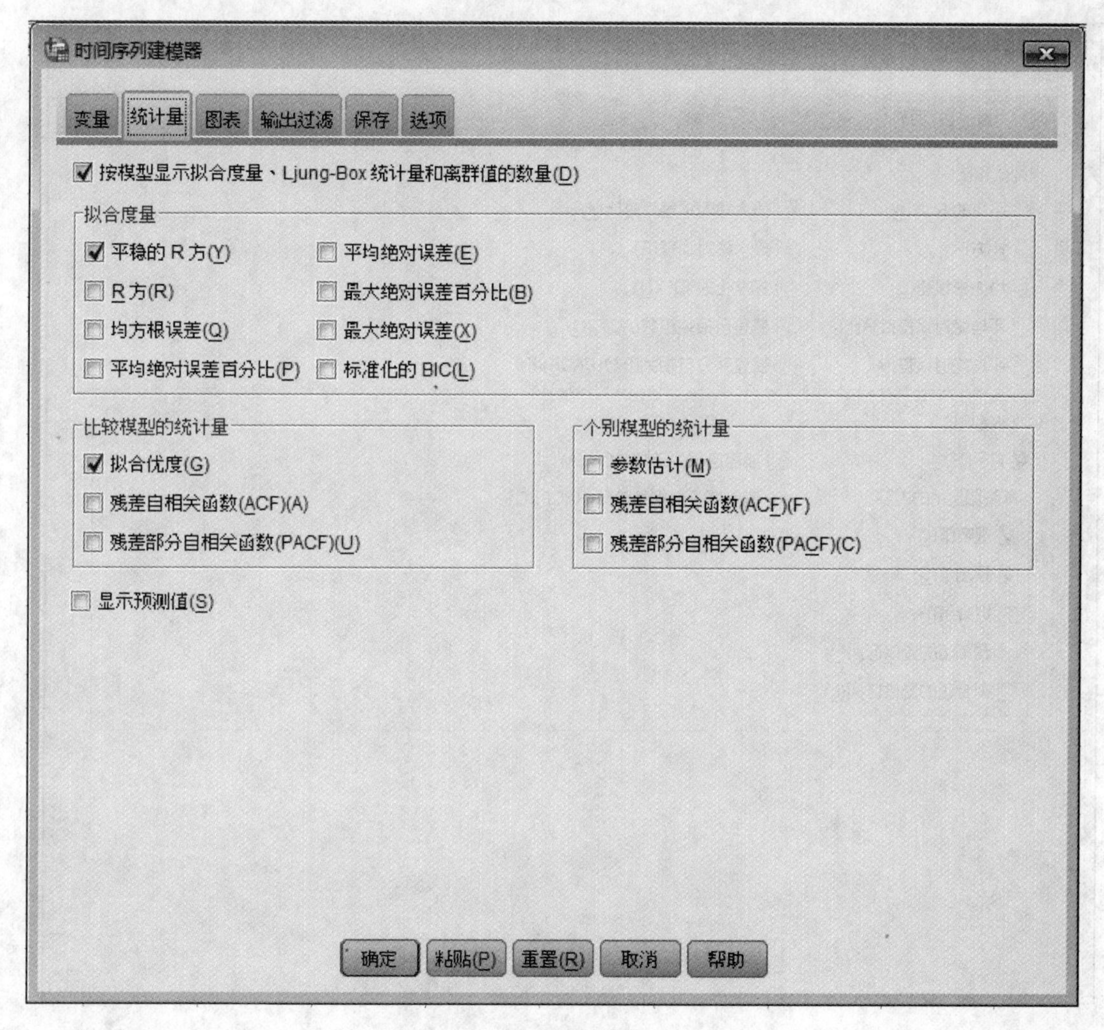

图 6-1-5-8

“个别模型统计量”选项组包含如下选项：

- 参数估计：表示输出模型的参数估计值表。
- 残差自相关函数：表示输出模型的残差序列的自相关函数及置信区。
- 残差部分自相关函数：表示输出模型的残差序列的偏相关函数及置信区间，“显示预测值”复选框表示显示模型的预测值及其置信区同。

（4）“图表”选项卡

单击“图表”选项卡，弹出如图 6-1-5-9 所示的对话框，选中“单个模型图”之下的“序列”和“观察值”“预测值”，单击“确定”按钮。

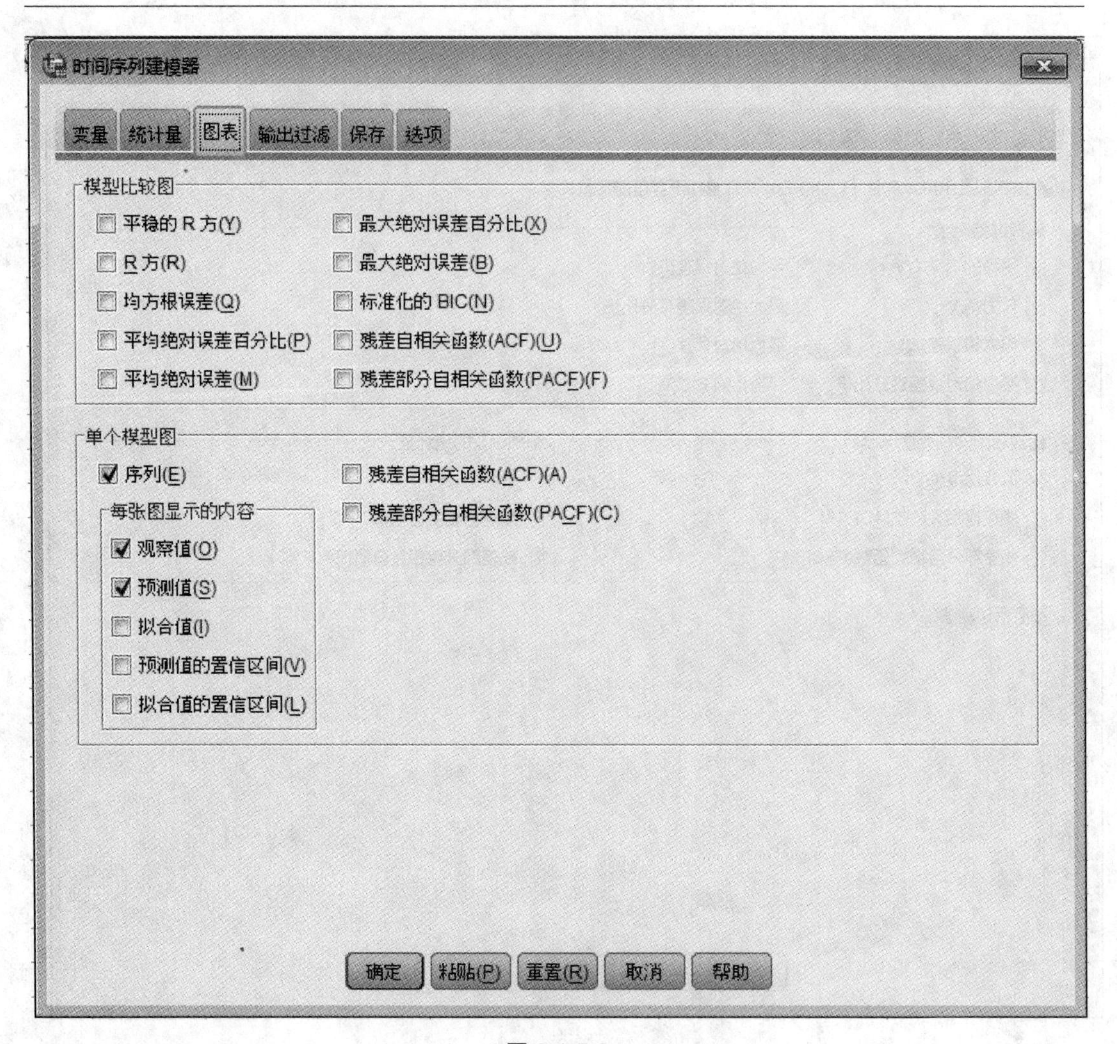

图 6-1-5-9

(5)“输出过滤”选项卡

单击“输出过滤”选项卡,弹出如图 6-1-5-10 所示对话框。

其包括“在输出中包括所有的模型”和“基于拟合优度过滤模型”,选中“基于拟合优度过滤模型”,“输出”选项激活。“输出”选项的含义如下:

- 最佳拟合模型:表示输出拟合优度最好的模型,可以设定满足条件的模型 SPSS 分析结果可视化的数量或百分比。

“模型的固定数量”表示输出固定数量的拟合优度最好的模型,在“数”文本框中指定模型的数目。“占模型总数的百分比”表示输出定比例于总数的拟合优度最好的模型,在“百分比”文本框中指定输出的百分比。

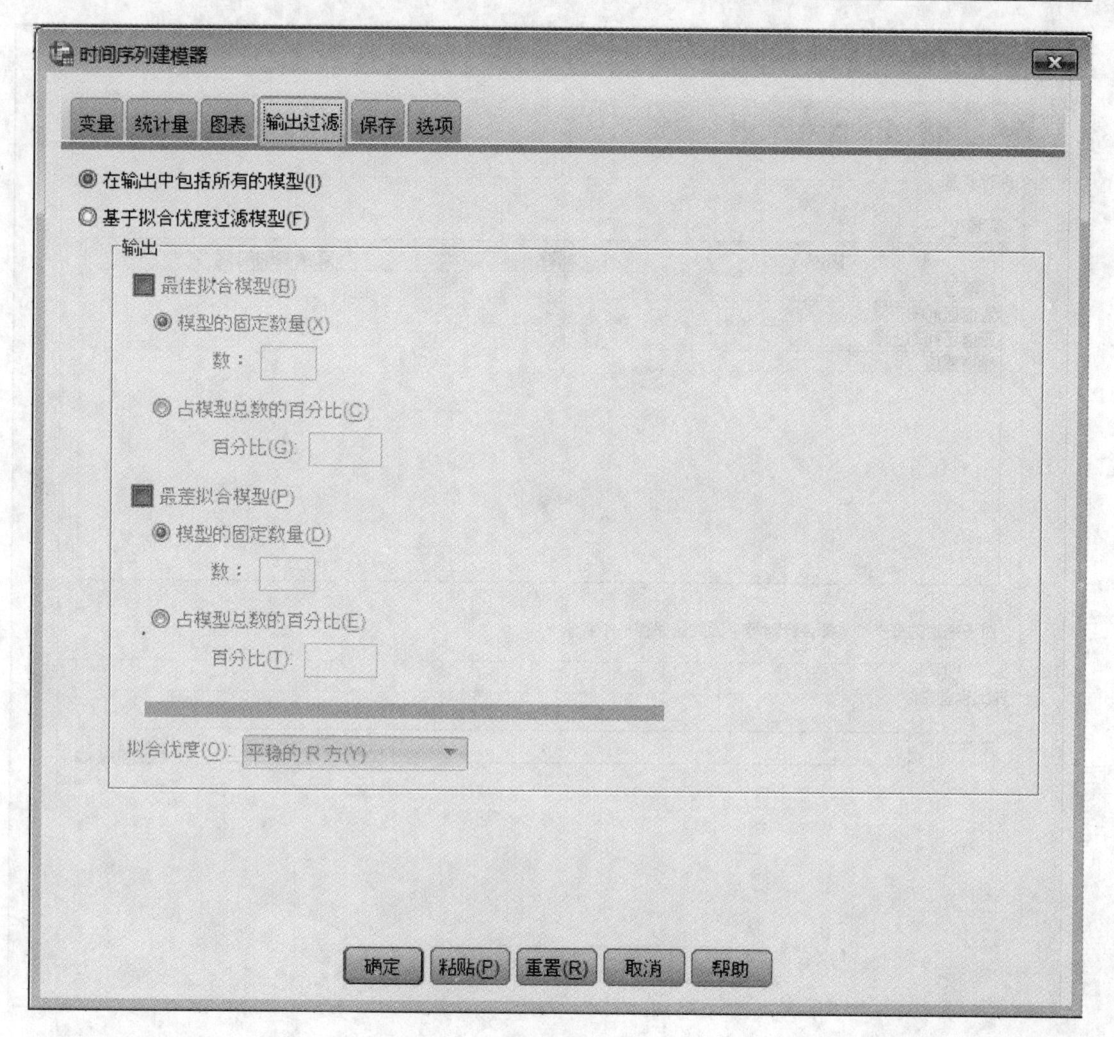

图 6-1-5-10

● 最差拟和模型：表示输出拟合优度最差的模型，可以设定满足条件的模型的数量或百分比。

● 拟合优度：该下拉列表用于指定衡量模型的具体统计量。

（6）“保存”选项卡

单击“保存”选项卡，弹出如图 6-1-5-11 所示的对话框，其包括两个选项组。

“保存变量”用于将模型预测值、置信区间上下限和残差另存为活动数据集中的新变量，每个新变量都包含估计期和预测期的值。选择保存后，“变量名的前缀”可被激活。

“导出模型文件”用于将文件的模型规格以 XML 格式保存到指定的文件。

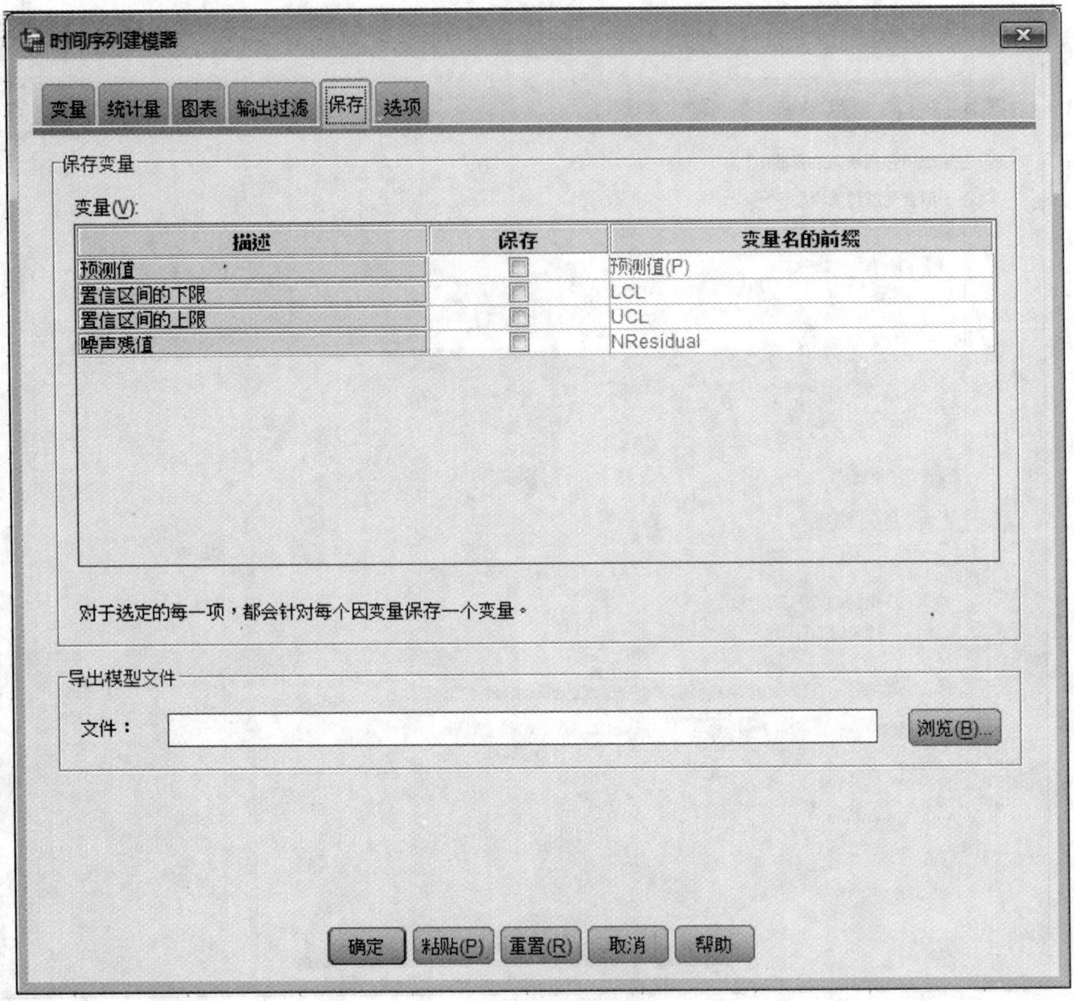

时间序列建模器

变量 统计量 图表 输出过滤 保存 选项

保存变量

变量(V):

描述	保存	变量名的前缀
预测值	☐	预测值(P)
置信区间的下限	☐	LCL
置信区间的上限	☐	UCL
噪声残值	☐	NResidual

对于选定的每一项，都会针对每个因变量保存一个变量。

导出模型文件

文件： 浏览(B)...

确定 粘贴(P) 重置(R) 取消 帮助

图 6-1-5-11

(7)“选项”选项卡

单击“选项”，弹出如图 6-1-5-12 所示的对话框。

“预测阶段”选项包括：

● 模型评估期后的第一个个案到活动数据集内的最后一个个案：一般当估计模型对所用的数据并非全部数据时选择此项。

● 模型评估期后的第一个个案到指定日期之间的个案：常用来预测超过当前数据集的时间范围的个案。

“用户缺失值”包括：“视为无效”即是把缺失值视为无效数据：“视为有效”即把缺失值视为有效数据。

“置信区间宽度”系统默认为 95% 的置信区间。

“输出中模型识别前缀”标志变量的模型前缀。

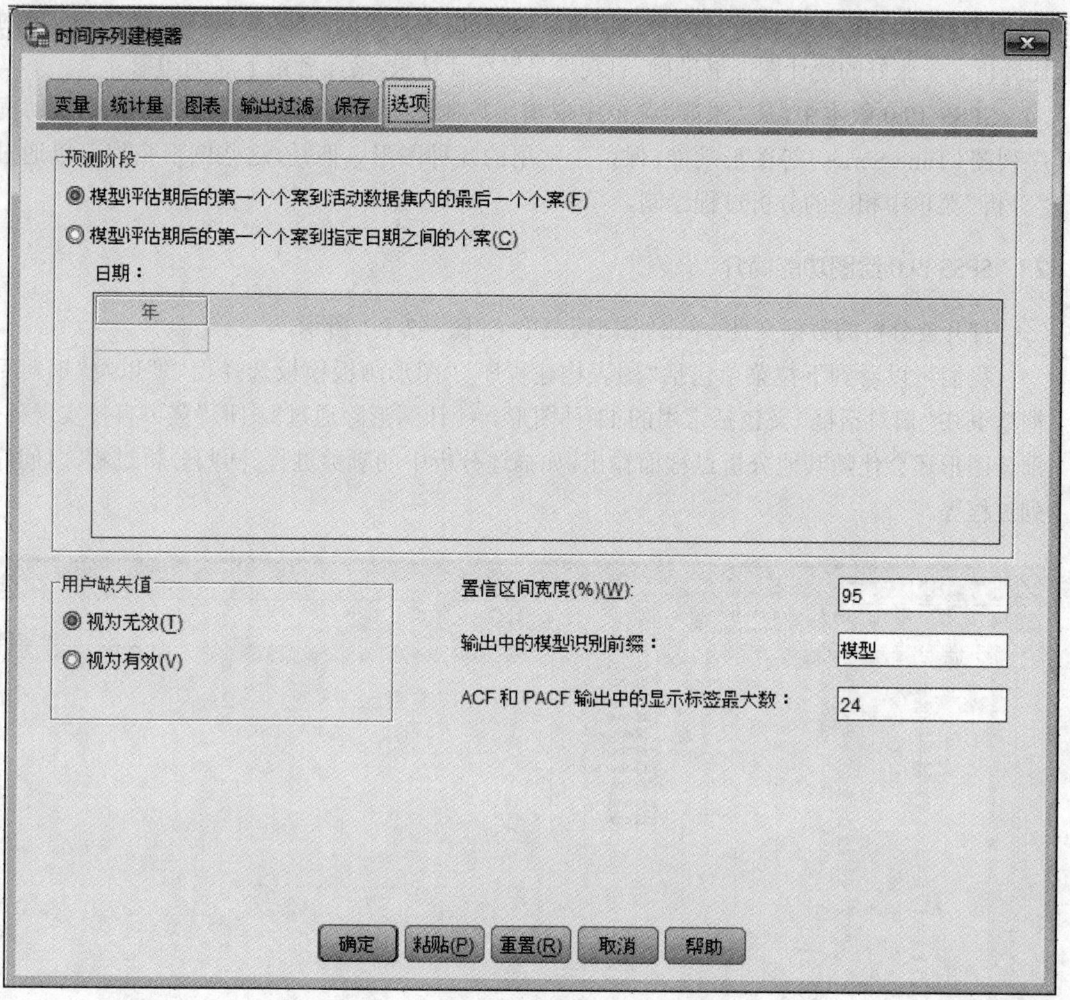

图 6-1-5-12

“ACF 和 PACF 输出中显示的最大延迟数”输入框用于指定自相关函数和偏相关函数的最大延迟阶数。模型残差的自相关函数（ACF）和偏自相关函数（PACF）的值比仅查看拟合优度统计量能更多地从量化角度来了解模型。合理指定的时间模型将捕获所有非随机的变异，其中包括季节性、趋势、循环周期以及其他重要的因素。如果是这种情况，则任何误差都不会随着时间的推移与其自身相关联（自关联）。这两个自相关函数中的显著结构都可以表明基础模型不完整。

设置完毕后，单击“确定”按钮，输出结果。

2. SPSS 分析结果可视化

统计描述分析包括图表法和指标法，统计图是统计分析结果表达的重要工具，它通过线段的升降、点的位置、直条的长短、面积的大小来表现事物间的数量关系，使用统计图可形象、直观、生动地描述统计资料的相关信息，广泛应用于资料的收集、整理以及研究结果的对比分析。一张好的统计图能够准确、直观地呈现统计结果，给读者留下深刻印象。

SPSS 19.0 版本中，从“图形”菜单中取消了控制图（Control）、帕累托图（Pareto）、时间序列图（Time Series）等图形功能，保留了常用的几种图形。但是，这些图形依然可以通过“分析”菜单中相应的分析过程绘制。

2.1 SPSS 19.0 绘图功能简介

打开要分析的数据文件，单击“图形”菜单，如图 6-2-1-1 所示。

我们可以看到下拉菜单包括“图表构建程序”“图形画板模板选择程序”以及“旧对话框”，其中“旧对话框”又包括常用的 11 种图形。统计图形除通过“图形”菜单直接实现外，部分图形还会伴随其他分析过程而输出，如描述分析中的频数过程、回归分析过程、时间序列过程等。

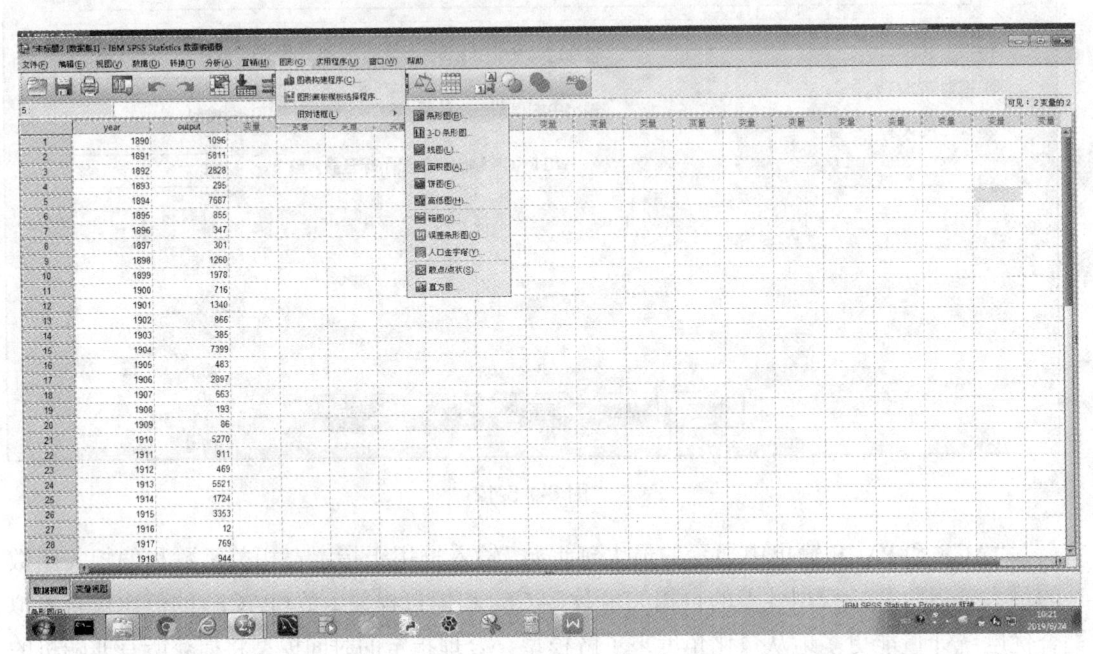

图 6-2-1-1

2.1.1 图表构建程序简介

SPSS 19.0 的图形几乎完全可以通过鼠标的拖拉过程来实现绘制工作。

先选择图形的类型，然后从类型库中选择自己想要输出的图形描述，通过将不同的变量名拖入对应的坐标轴，用户可以绘制各种统计图形。步骤如下：

打开要分析的数据文件，在菜单中依次单击“图形”|“图表构建程序”命令，弹出“图表构建程序”对话框，如图 6-2-1-2 所示。

我们可以通过“图表构建程序”，根据预定义的图库图表或图表的单独部分生成图表，“图表构建程序”对话框包括如下几部分。

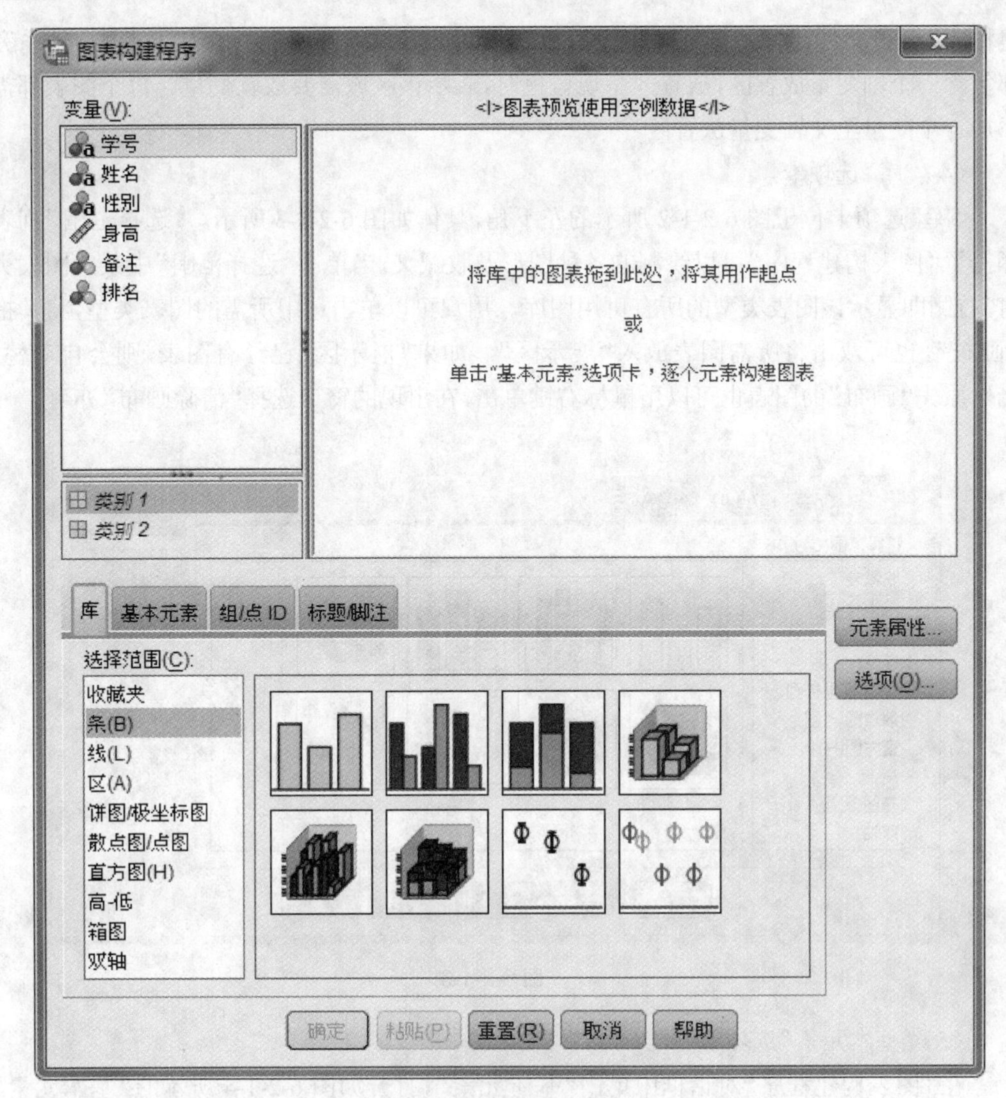

图 6-2-1-2

（1）“变量”列表

位于“图表构建程序”对话框的左上角，该列表显示了已打开的数据文件中所有的可用变量，如果选择该列表中的分类变量，则“类别列表”会显示该变量已经定义的类别。我们还可以通过鼠标右键单击某个变量，然后选择一个测量级别以适合作图，如图 6-2-1-2 所示。此步操作仅对作图有效，不会改变原始数据中的数据测量类别。

（2）画布

画布位于“图表构建程序”对话框的右上角，如图 6-2-1-2 所示。作图时，我们可以将图库项或者基本元素拖放到画布上以生成图表，一旦有图库表或基本元素被拖放到画布。便会生成预览。

（3）轴系

轴系是指特定坐标空间中的一个或多个轴，我们在将图库项拖入“展示区”时，“图表构建程序”会自动创建轴系。用户也可以从“基本元素”选项中选择一个轴系，每个轴系旁边都包含一个轴变量放置区，放置区呈现蓝色时，表示该区域需要放置变量。每个图表都需要添加一个变量至 x 轴变量放置区。

（4）“库”选项卡

“库”选项卡位于图 6-2-1-2 所示的左下角，具体如图 6-2-1-3 所示。“选择范围”列表框涵盖了“图表构建程序”可以绘制的各种图形及收藏夹，当单击“选择范围”中某一图表类型时，右侧即显示该图表类型的所有可用图库。用户可以单击选中所需的图表类型，将其拖入“画布”，也可双击将所需图表放入“展示区”。如果“展示区”已经有图表，则会自动替代，当然原先“画布”的图表也可以用鼠标右键单击，在出现的窗口选择“清除画布”亦可。

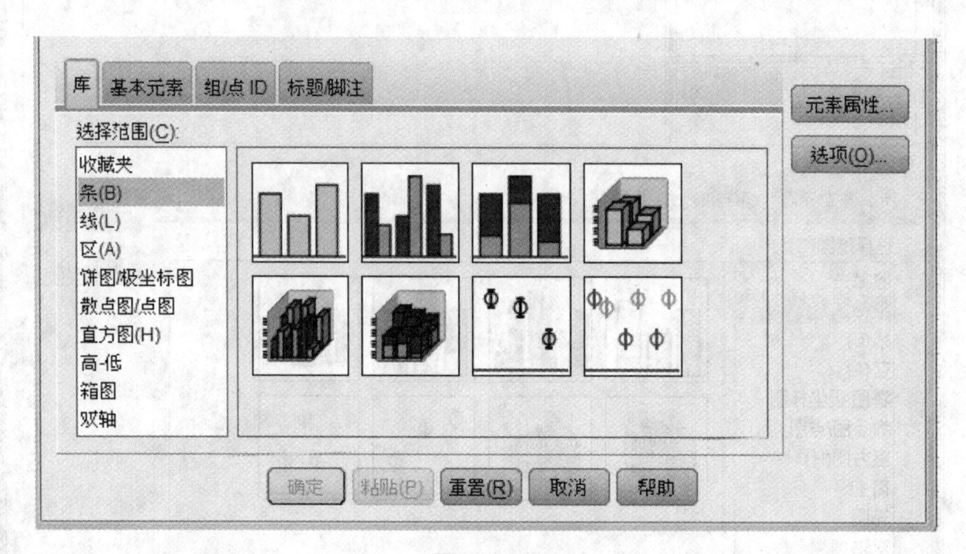

图 6-2-1-3

（5）“基本元素”选项卡

在“图表构建程序”对话框中单击“基本元素”，打开如图 6-2-1-4 所示的“基本元素”选项卡界面。里面包括左侧 5 种选择轴和右侧的 10 种图形元素。一般用户先将选择轴拖入“画布”，再将“选择元素”拖入“画布”。需要注意的是，并不是所有“选择元素”都可以用于上述 5 种轴，每种轴系只支持特定的元素。另对于初次使用的用户建议使用“图库图表”，由于“图库图表”能够自动设置属性并添加功能，因此可以简化创建图表的过程。

（6）“组 / 点 ID”选项卡

在“构建图表程序”对话框，单击“组 / 点 ID”选项卡，如图 6-2-1-5 所示。

若勾选“组 / 点 ID”选项卡中的某个复选框，将会在“画布”中增加相应的一个放置区；若取消一个复选框，将会取消画布中相应的放置区。

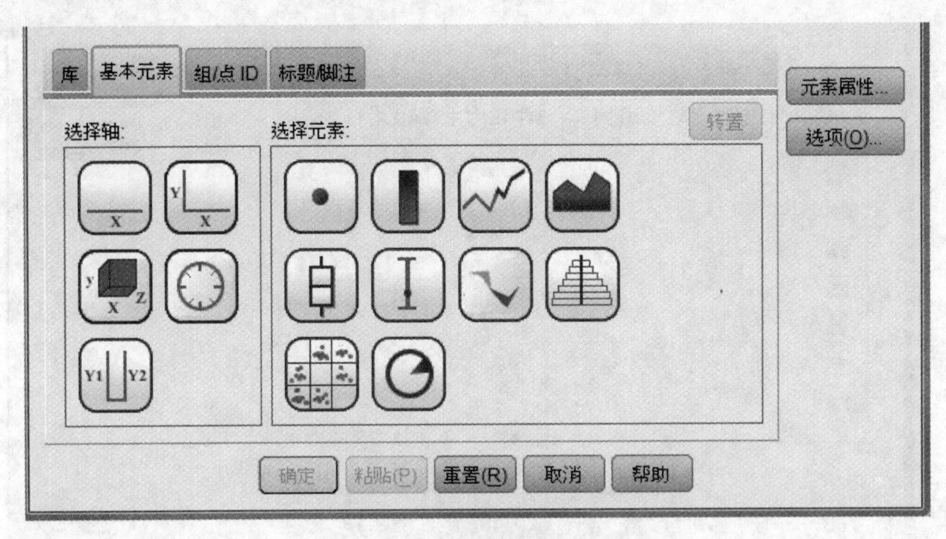

图 6-2-1-4(基本元素选项卡)

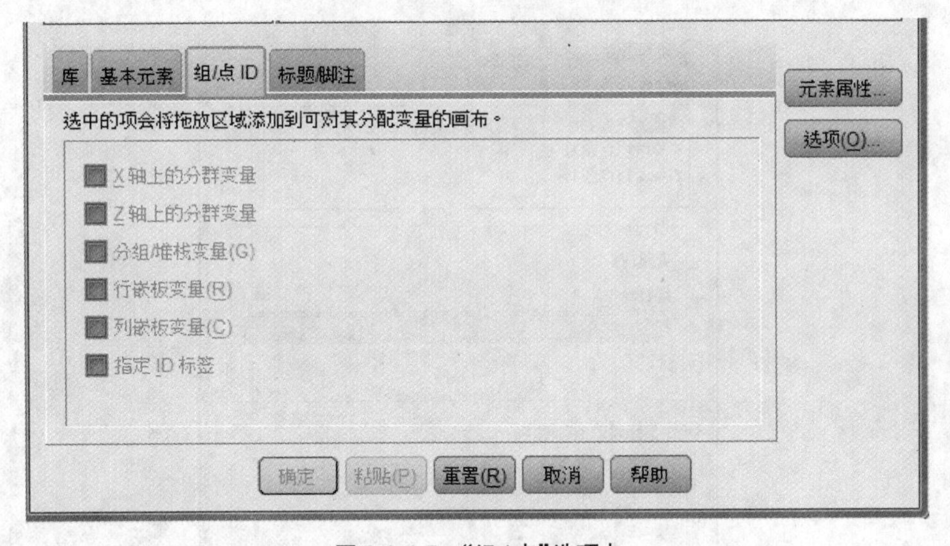

图 6-2-1-5 “组 / 点”选项卡

(7)“标题 / 脚注”选项卡

在“构建图表程序”对话框,单击“标题 / 脚注”选项卡,如图 6-2-1-6 所示。用户通过勾选“标题 / 脚注”选项卡中复选框,并在右侧弹出的“元素属性”对话框中的“内容”文本框中输入相应标题名或脚注名,然后单击“应用”按钮,就可使输出的图形添加标题或脚注;同理通过取消复选框可以去除已经设置的标题或脚注。

(8)“元素属性”按钮

单击“图形构建程序”对话框中的“元素属性”按钮,弹出如图 6-2-1-7 所示的对话框。

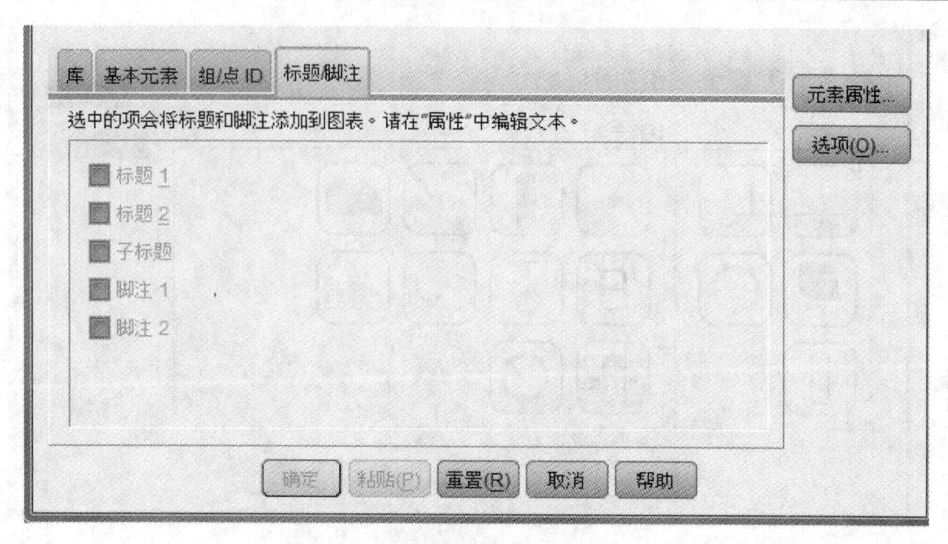
库
基本元素
组/点 ID
标题/脚注
元素属性...
选项(O)...
选中的项会将标题和脚注添加到图表。请在"属性"中编辑文本。
标题 1
标题 2
子标题
脚注 1
脚注 2
确定
粘贴(P)
重置(R)
取消
帮助

图 6-2-1-6

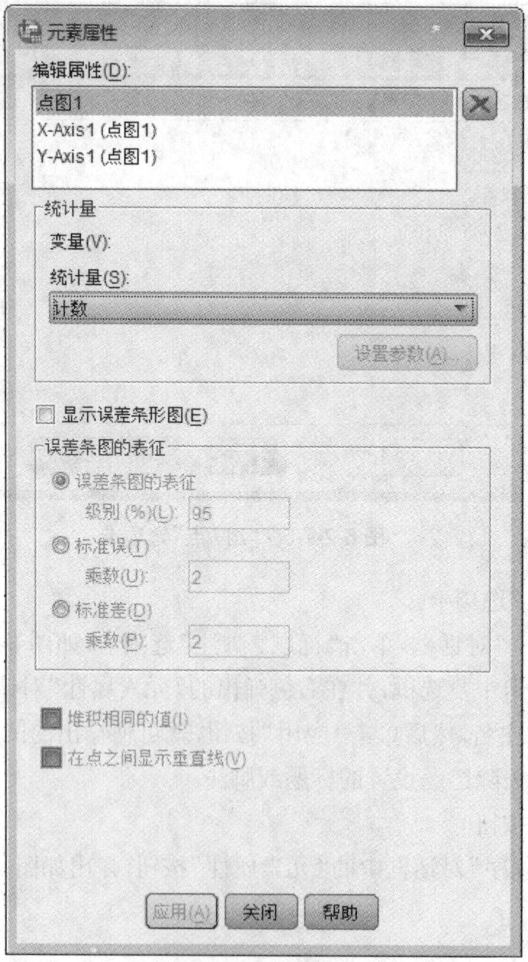

元素属性
编辑属性(D):
点图1
X-Axis1 (点图1)
Y-Axis1 (点图1)
统计量
变量(V):
统计量(S):
计数
设置参数(A)...
显示误差条形图(E)
误差条图的表征
误差条图的表征
级别 (%)(L): 95
标准误(T)
乘数(U): 2
标准差(D)
乘数(P): 2
堆积相同的值(I)
在点之间显示垂直线(V)
应用(A)
关闭
帮助

图 6-2-1-7

在“编辑属性”列表中，显示可以进行属性设置的图形元素，如图所示中包括“条”、X-Axis1、Y-Axis1 和 GroupColor。每一种图形元素可以设置的属性不同，用户可按照预定目标对响应元素进行属性设置。

（9）“选项”按钮

单击“图表构建程序”对话框右侧的“选项”按钮，弹出如图 6-2-1-8 所示“选项”按钮设置，读者可以对缺失值与汇总统计量进行属性设置。

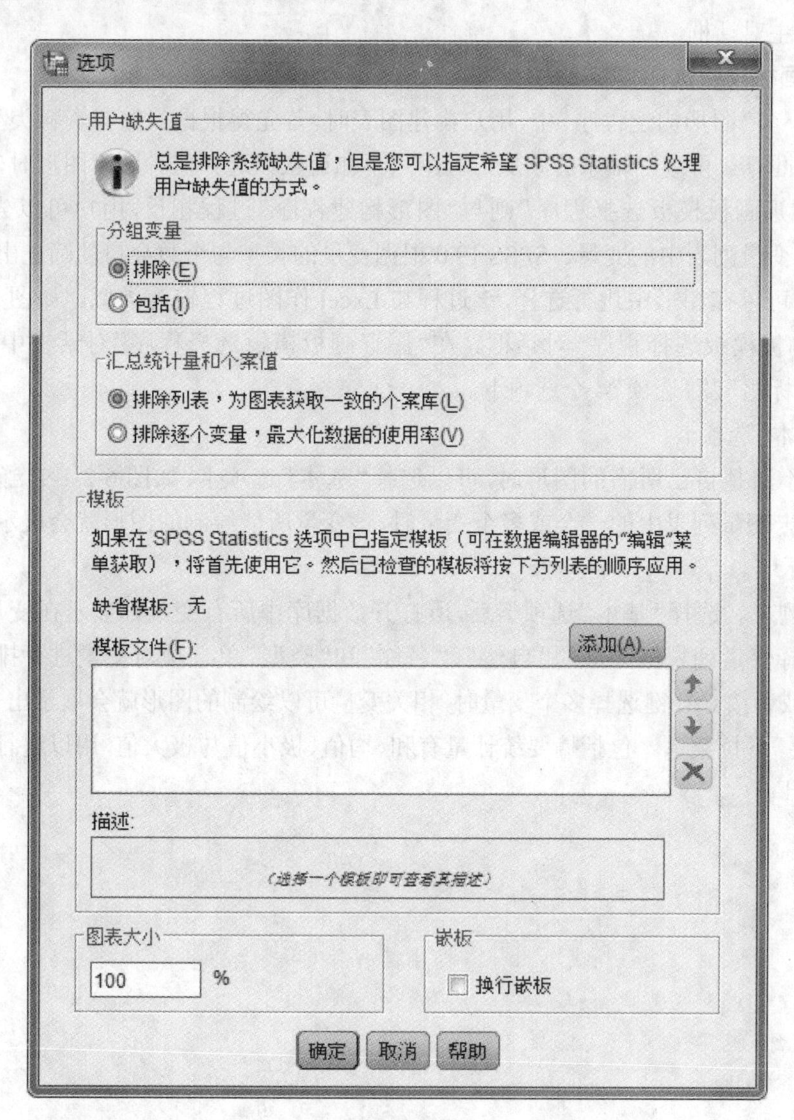

图 6-2-1-8

①分组变量。SPSS 在处理分组变量缺失值时包括两种，“排除”是指绘图时忽略用户定义的缺失值；“包括”是指绘图时把缺失值作为一个单独的类别加以统计。

②汇总统计量和个案值。若选择“排除列表，为图表获取一致的个案库”，则表示绘图时直接忽略这个观测；若选择“排除逐个变量，最大化数据的使用率”，则表示只有包含缺失

值的变量用于当前计算和分析时才忽略这个样本。

③模板。该列表框用于对绘图时的模板进行设置。绘图时最先使用默认的模板文件，也可以通过单击“添加”按钮，打开文件选择对话框，添加指定的文件预置模板文件。

④图表大小与嵌板。“图表大小”用于设置图形生成的大小，默认值为100%；“嵌板”用于图形列数过多时的显示设置。若勾选“换行嵌板”复选框，则表示图形列数过多时允许自动换行否则图形列数过多时，每行上的图形会自动缩小以显示全部。设置完毕后，单击“确定”按钮返回主对话框。

2.1.2 图形画板模板选择程序

在上一小节“图形构建程序”中，用户构建图表时，首先得根据目的与资料类型，在图库中先选择某种图形，再进行轴系的添加。当用户不知道应该选择何种图库图形时，往往不易操作。而“图形画板模板选择程序”则与“图形构建程序”过程相反，用户可以先选择“基本”选项卡中变量列表中的变量，SPSS 19.0 根据变量的类型与个数会自动筛选出可以绘制的图形，用户可以在图形中进行选择，该过程与 Excel 作图过程较为类似。如图 6-2-1-9 所示为“图形画板模板选择程序”对话框。在“图形画板模板选择程序”对话框中，包含“基本”“详细”“标题”及“选项”4 个选项卡。

（1）“基本”选项卡

当用户不清楚自己所需的图形时，可以选择“基本”选项卡，如图 6-2-1-9，当用户单击“基本”选项卡变量列表中的一个或多个变量时，该变量所能绘制的图形就会展示在右侧的图形类型展示区。

①变量列表。选择“基本”选项卡后，所打开数据库中所有变量都显示在变量列表中。用户可以选择变量列表框上部的“自然”、“名称”和“类型”单选项对变量进行排序。当选择一个变量或者按 Ctrl 键选择多个变量时，相关变量可以绘制的图形就会展示出来。

②“摘要”下拉菜单。包括摘要统计量有和、均值、极小值与极大值，用以进行直观展示时的摘要统计。

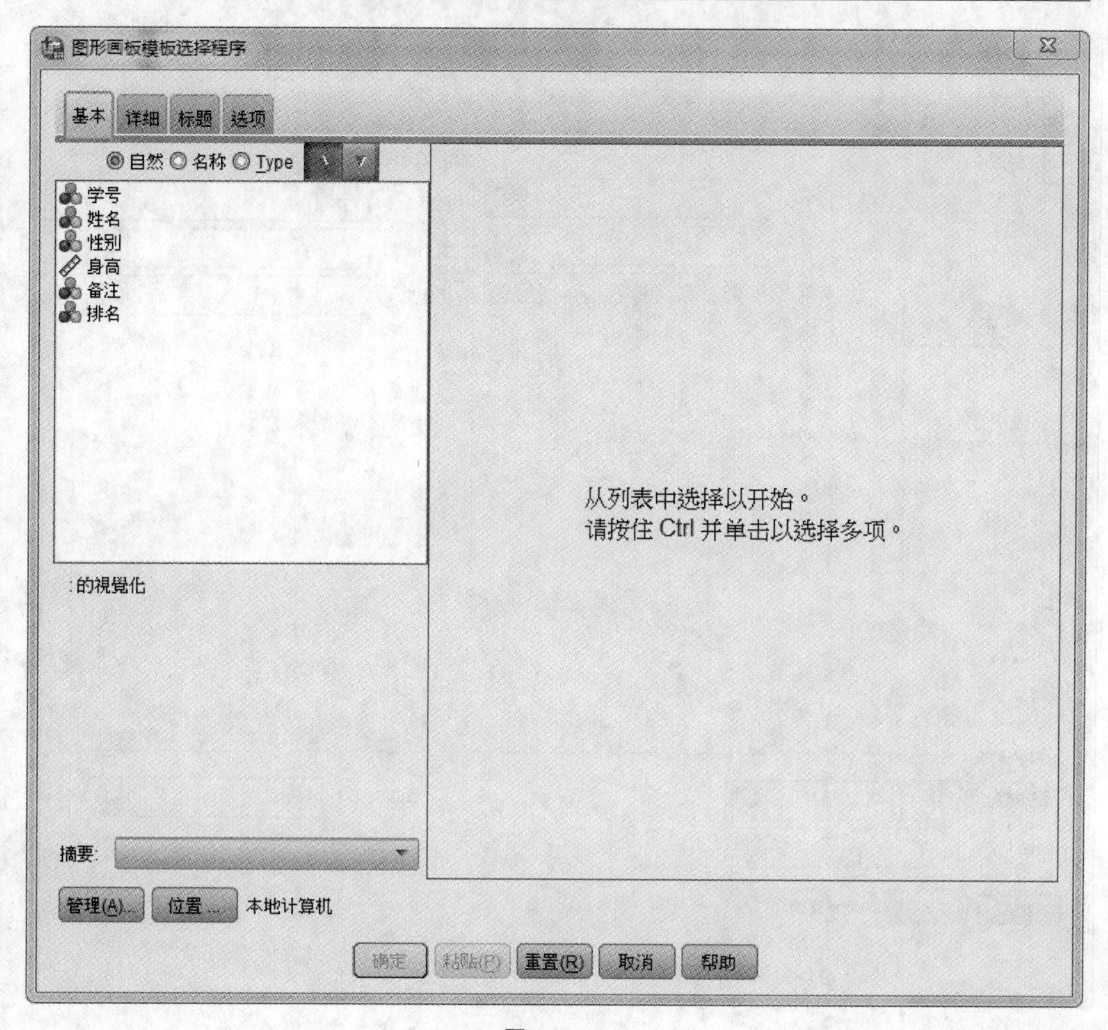

图 6-2-1-9

（2）“详细”选项卡

“图形画板模板选择程序”对话框中，选择“详细”选项卡，弹出界面如图 6-2-1-10。

①可视化类型。用户单击打开“可视化类型”下拉列表，选择好图表类型后。界面将自动显示所选的图形，当用户在“基本”选项卡中已经选择某种图形，“详细”选项卡将显示该图形。

②选择性的审美标准。含 3 个对话框，分别设置“色彩”“大小”和“透明度”。

③面板与动画。用以选择面板变量和动画变量，从而使用户得到个性化的图形。

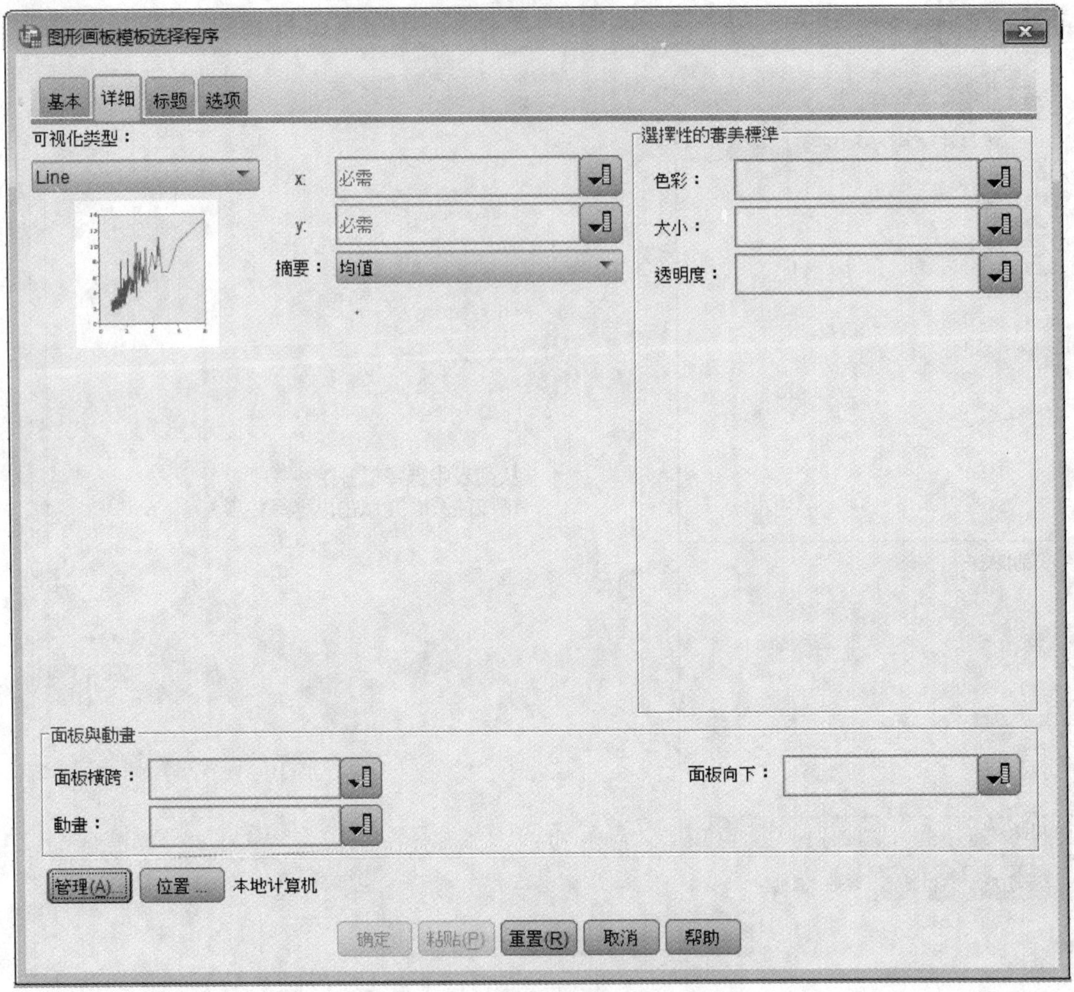

图形画板模板选择程序

基本 详细 标题 选项

可视化类型：

Line

x: 必需

y: 必需

摘要：均值

選擇性的審美標準

色彩：

大小：

透明度：

面板與動畫

面板橫跨：

面板向下：

動畫：

管理(A)... 位置... 本地计算机

确定 粘贴(P) 重置(R) 取消 帮助

图 6-2-1-10

（3）“标题”选项卡

“图形画板模板选择程序”对话框中，选择“标题”选项卡，弹出界面如图 6-2-1-11 所示。当用户选择定制标题选项时，会出现“标题”“副标题”和“脚注”3 个输入框，用户可以自行设置输入。

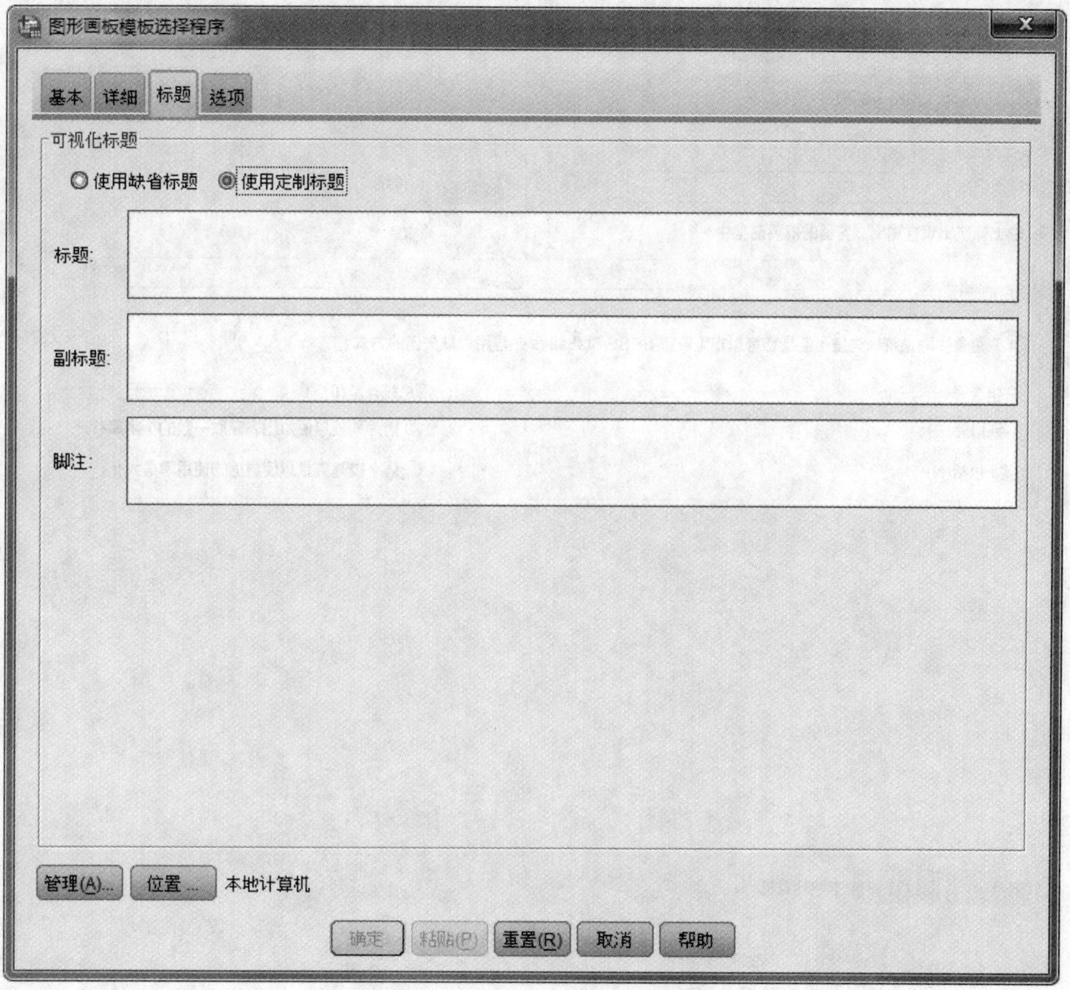

图形画板模板选择程序

基本 详细 标题 选项

可视化标题

使用缺省标题 使用定制标题

标题:

副标题:

脚注:

管理(A)... 位置... 本地计算机

确定 粘贴(P) 重置(R) 取消 帮助

图 6-2-1-11

（4）“选项”选项卡

“图形画板模板选择程序”对话框中，选择“选项”选项卡，弹出界面如图 6-2-1-12 所示。用户可以在“标签”右侧的输入框设置在指定浏览器中出现的输出标签；“样式表”下面的“选择”按钮可以设置可视化的样式属性；“ 用户缺失值”可以设置分析数据出现缺失值的处理方式。

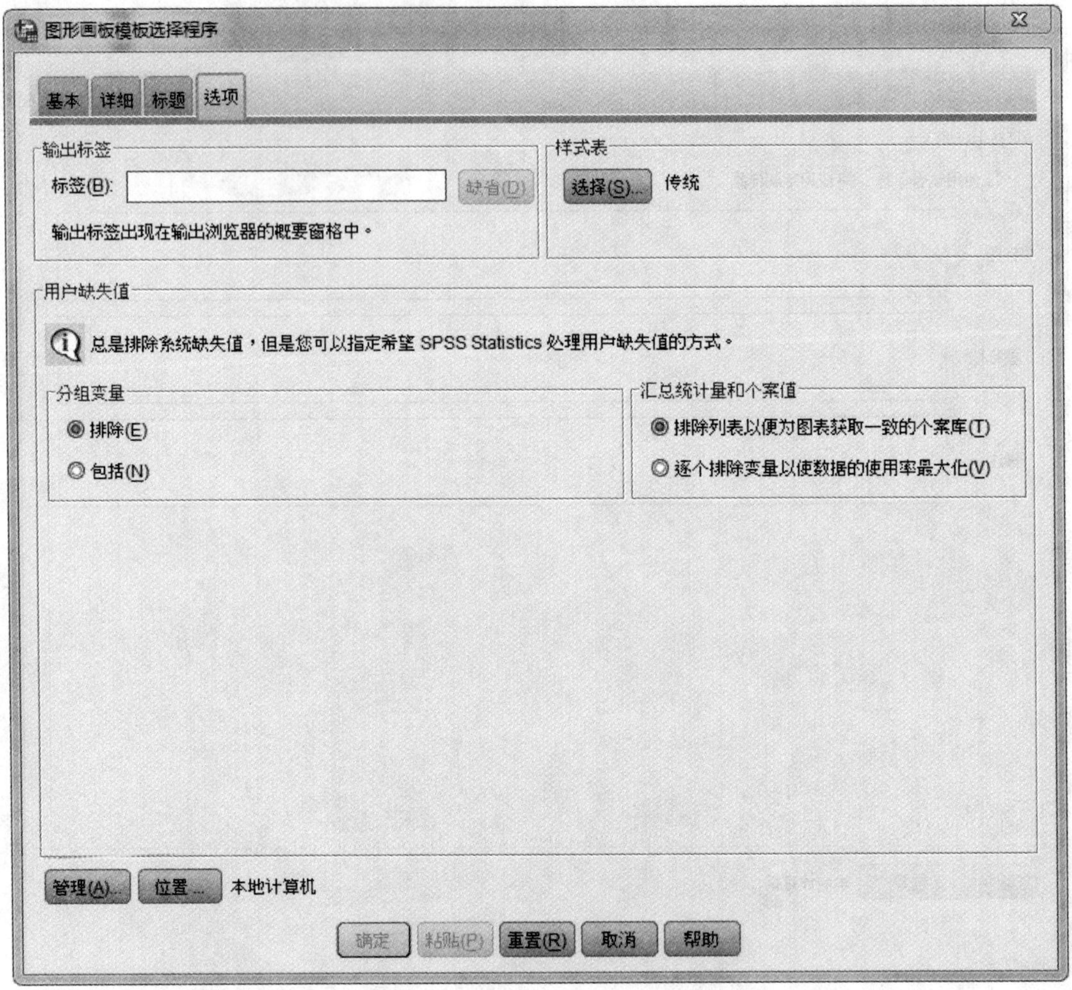

图 6-2-1-12

2.2 条形图(Bar)

条形图，也称直条图(bar chart)，简称条图，适用于相互独立的分组资料。以等宽直条长段的比例代表各相互独立指标的数值及它们之间的对比关系，所比较的资料可以是绝对数，也可以是相对数。直条图分为单式、复式和堆积条图 3 种。

2.2.1 统计图的结构与绘图原则

(1)统计图结构

①图域。即作图空间。取纵横坐标的交点为起点，以第一象限为作图区，图域的长宽比例一般为 7∶5 或者 5∶7。

②标题。概括统计图的内容。标题应简明扼要，告知统计图资料来源的时间、地点及主要内容，其位置一般在图的正下方，同时标题前要标注图形的编号。

③标目。描述图所描述的事物或指标。纵标目和横标目分别放置在纵轴的左侧和横轴的下方，并分别指明纵、横标目所代表的指标和单位。

④刻度。纵轴和横轴上的坐标。刻度数值按从小到大的顺序排列，常用算术尺度和对数尺度，分别列在纵轴外侧和横轴下侧。

⑤图例。针对复杂统计图内不同事物和对象，需要用不同图标、颜色和线型加以区分，并附图例加以说明。图例一般放在图域的空隙处。

（2）统计图的绘图原则

绘制统计图的原则是：合理、精确、简明、协调。不同的统计图的适用条件和表达的信息均不相同，应根据资料的类型和分析目的合理地选用统计图，此外，统计图应满足视觉美观的要求。

2.2.2　单式直条图

（1）单击“图形”|“旧对话框”|“条形图”命令，弹出“条形图”对话框，如图 6-2-2-1 所示。条形图类型可分为简单条图、复式条形图和堆积面积图。

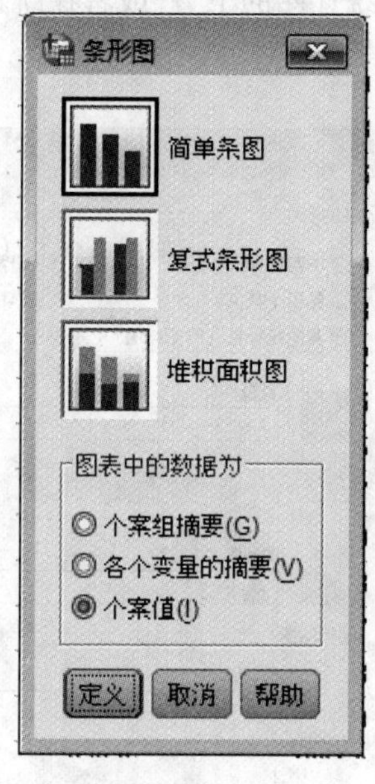

图 6-2-2-1

①简单条图，也叫单式条图，用于表现单个指标的大小。

②复式条形图，也叫分组条图，用以表现两个或多个分组因素间的某指标的大小关系。

③堆积面积图，也叫堆积条图、分段条图。用于表现每个直条中某个因素各水平的构成情况。

（2）“图表中的数据为”选项框，其中有以下 3 个选项。

①个案组摘要：按同变量不同取值作分组汇总。该模式对应分类变量中的每一类观测值生成一个单式条图。

②各个变量的摘要：按照不同变量汇总。对应每个变量生成一个直条，至少需要两个或两个以上变量生成相应的条图。

③个案值：反映了个体观测值。对应分类轴变量中每个观测值生成一个直条。

（3）单击“简单”|“个案组摘要”|“定义”命令，弹出如图 6-2-2-2 的主对话框。其中对话框左侧为通用的候选变量列表框，右侧“条的表征”中，“个案数”是按记录个数汇总；“累积 %”是按记录数所占百分比汇总；如果以上几种函数不满足要求，还可以选择“其他统计量”，将相应的汇总变量选入下方的变量框，可单击下方的“更改统计量”，弹出如图 6-2-2-3 所示统计量指标，各指标不再一一赘述。

（4）“类别轴”，即为条图的横轴，用于选择分类的变量，此处必须选入变量。

（5）“面板依据”框用于在图域中一次制作多个分类的单式条图，“行”框中若选入变量，则会在两行中展示不同的均值直条。

（6）“图表规范的使用来源”，用于选择所用的统计图模块来源，较少使用。

（7）单击“标题”按钮弹出“标题”对话框，如图 6-2-2-4，在其中应填入统计图的标题和脚注，但是若在此处写入统计图的标题，其默认的标题位置在统计图的正上方，不符合中文统计图的习惯，因此需将标题移入统计图的下方，或者在统计图制作完成后在统计图的下方补充标题。

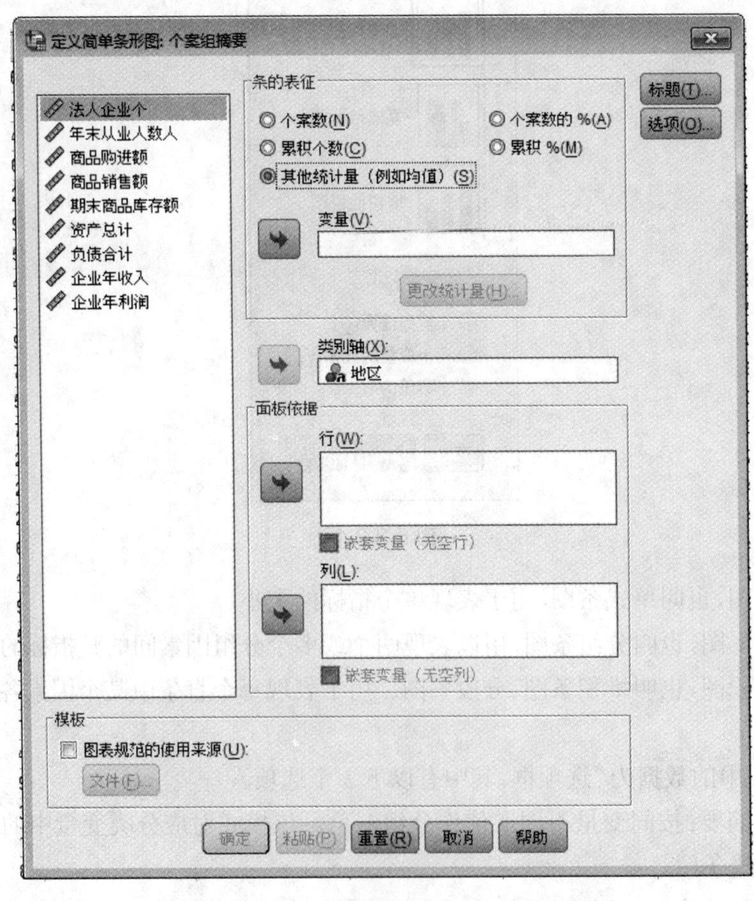

图 6-2-2-2

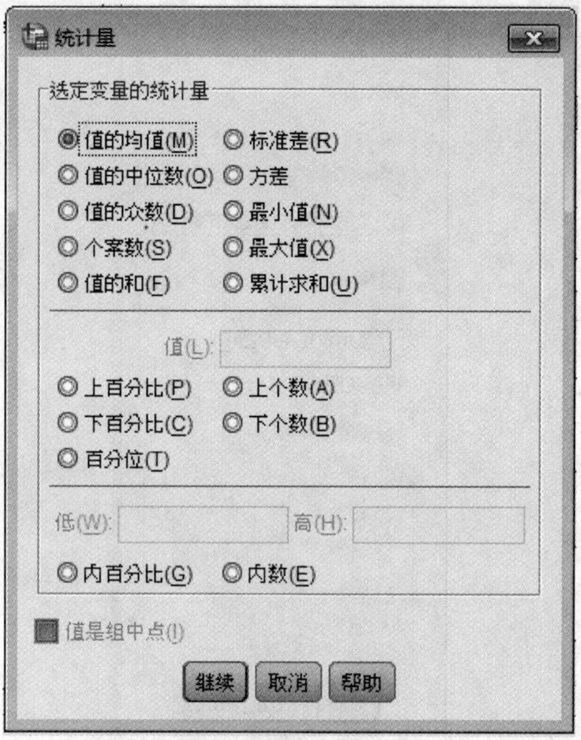

图 6-2-2-3

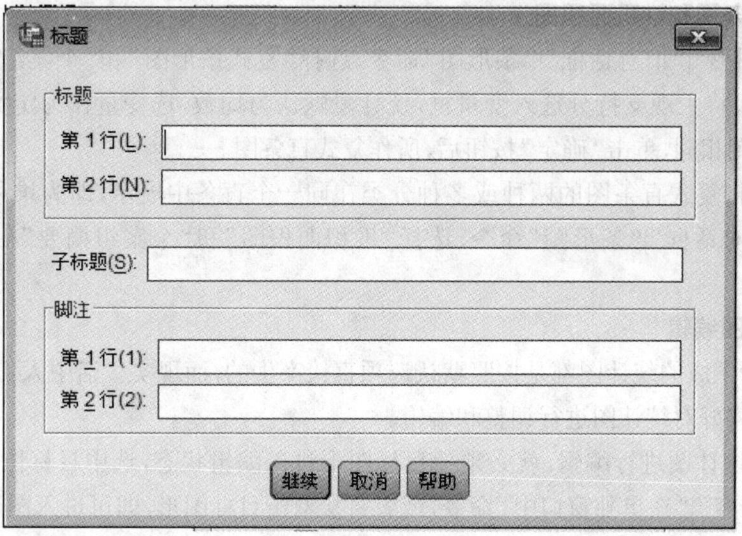

图 6-2-2-4

（8）单击“选项”按钮弹出“选项”对话框，如图 6-2-2-5，“选项”对话框在每个统计图的对话框中都有，用于定义与缺失值、误差有关的内容。

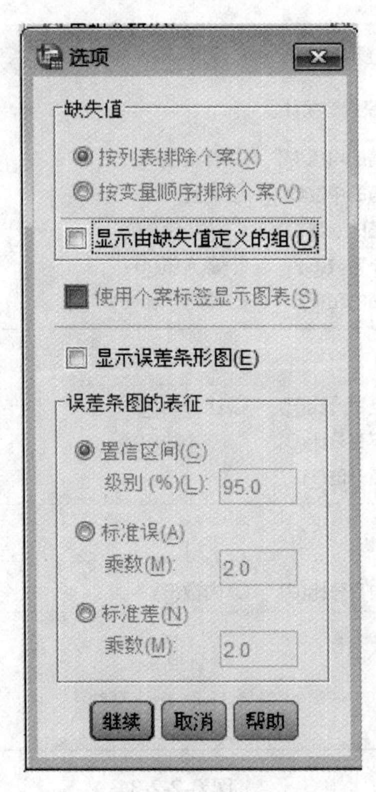

图 6-2-2-5

2.2.3 复式条图和堆积面积图

单击“图形”|“旧对话框”|“条形图”命令，选择“复式条形图”和“个案组摘要”后，单击“定义”按钮，将主观支持分选入变量框，统计量默认为均数，选变量作为定义聚类，其他设置与单式条图相同，单击“确定”按钮后，所作复式直条图。

但如果将复式直条图的两种或多种分类在同一个直条中展示，即为堆积面积图，单击“图形”|“旧对话框”|“条形图”命令，选择“堆积面积图”和“个案组摘要”后，单击“定义”按钮。

2.2.4 统计图编辑

SPSS 所生成的统计图都是按照默认选项直接产生的，而现实生活中人们需要按照作图目的或个人喜好对统计图进行调整和编辑。

若要对统计图进行编辑，就必须使目标图形进入编辑状态，选中目标图形后，单击“编辑”|“编辑内容”|“在单独窗口中”命令，或者直接双击目标图形，即可进入图形编辑窗口，如图 6-2-2-6 所示。

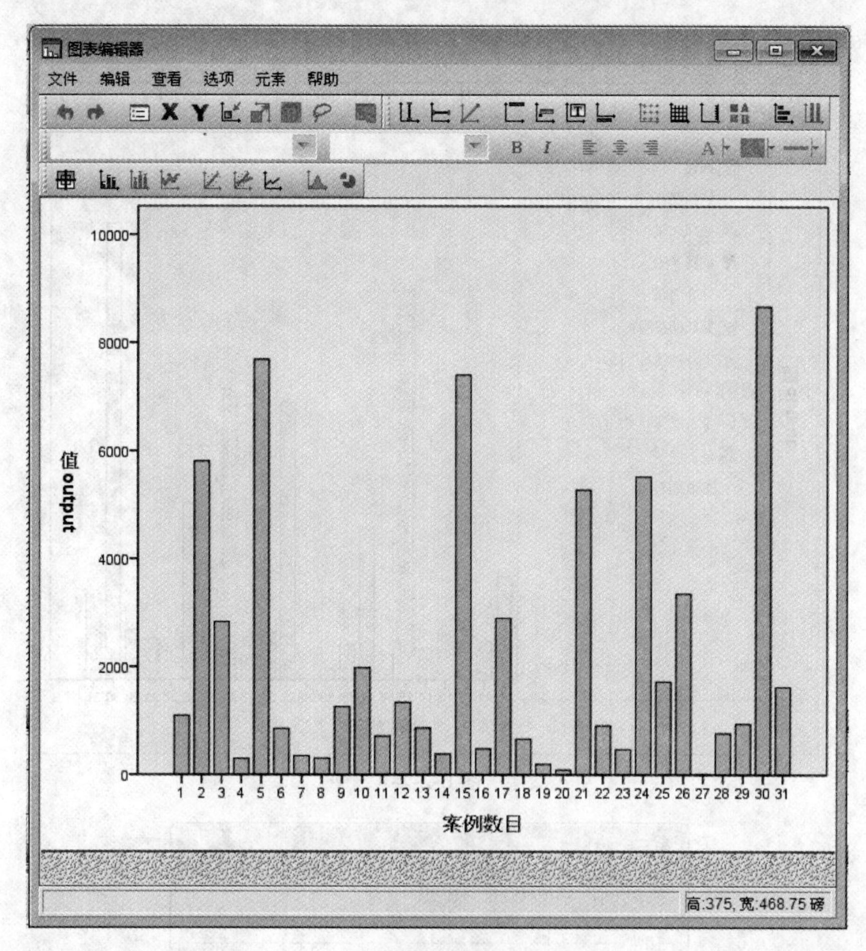

图 6-2-2-6

图形编辑器的窗口也是由菜单项、工具栏和状态栏组成，工具栏和菜单项是一一对应的，菜单项主要有文件、编辑、查看、选项、元素和帮助 6 个菜单，其中对于图形编辑来说主要使用的是编辑、选项和元素 3 个菜单。

（1）“编辑”菜单项

“编辑”菜单是对图表进行编辑的主要菜单项，单击图表的空白区域，再单击“编辑”菜单后，进入图表编辑菜单项，如图 6-2-2-7 所示。其中“属性”是针对图表进行编辑的主要定义模块，而“选择 X 轴”和“选择 Y 轴”则可对 X 轴和 Y 轴进行编辑。“重新调整图表”可针对图表中某一鼠标选定区域进行展示，而“缩放以适合数据”是对图表大小进行调整以适合在展示框中进行展示。

将鼠标移至图表中的空白处，单击“属性”命令，进入“属性”对话框，如图 6-2-2-8。“图表大小”可调整图表的高度和宽度；“填充和边框”可修改空白部分的颜色、边框及模式，“变量”选项卡中的“元素类型”则可将目前的条形图转化为内插线图、路径图、标记图和饼图。

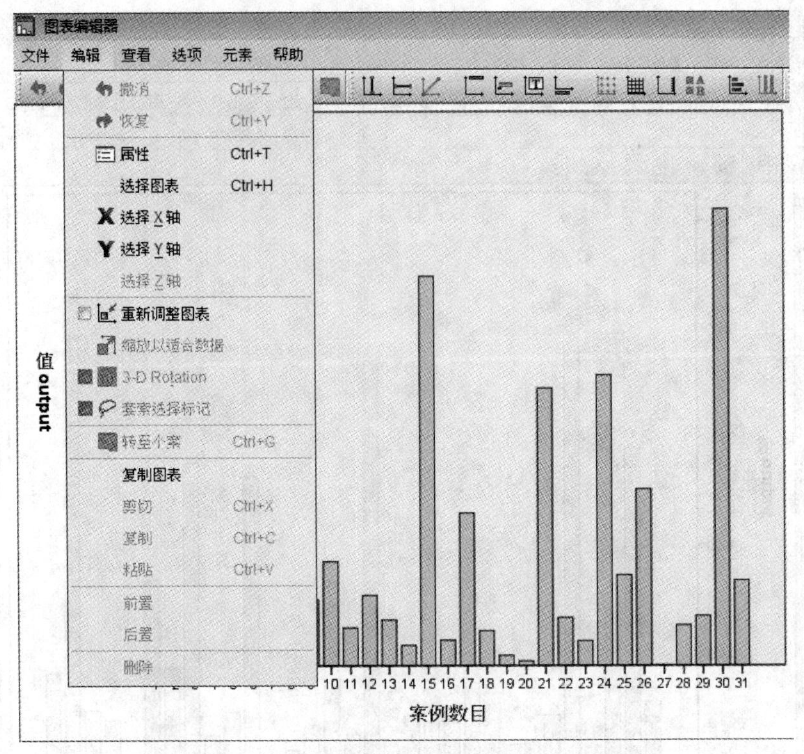
图表编辑器
文件 编辑 查看 选项 元素 帮助
撤消 Ctrl+Z
恢复 Ctrl+Y
属性 Ctrl+T
选择图表 Ctrl+H
选择 X 轴
选择 Y 轴
选择 Z 轴
重新调整图表
缩放以适合数据
3-D Rotation
套索选择标记
转至个案 Ctrl+G
复制图表
剪切 Ctrl+X
复制 Ctrl+C
粘贴 Ctrl+V
前置
后置
删除
值 output
10 11 12 13 14 15 16 17 18 19 20 21 22 23 24 25 26 27 28 29 30 31
案例数目

图 6-2-2-7

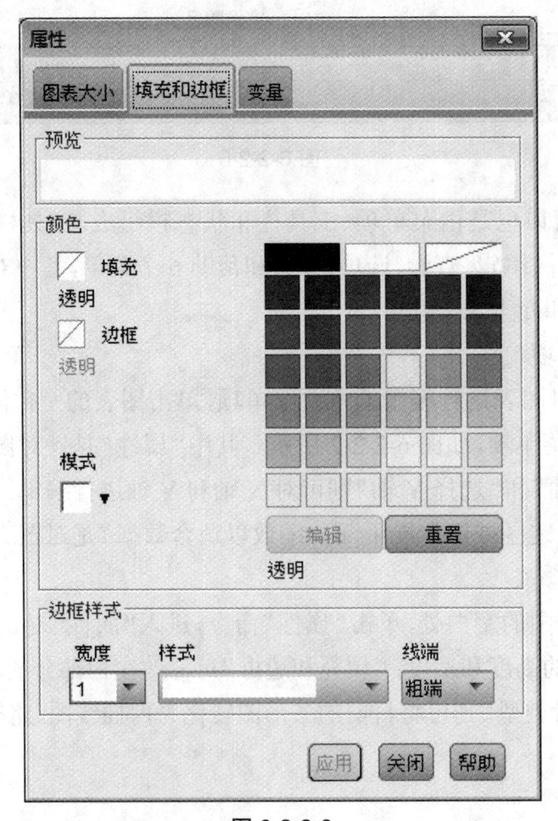
属性
图表大小
填充和边框
变量
预览
颜色
填充
透明
边框
透明
模式
编辑
重置
透明
边框样式
宽度
样式
线端
1
粗端
应用
关闭
帮助

图 6-2-2-8

若鼠标单击图表中的直条，则意味着选中所有直条，此时，单击“编辑”|“属性”命令弹出对话框如图 6-2-2-9 所示。其中，“深度和角度”可将平面直条转化为阴影和 3D 直条；“类别”可针对类别轴变量进行合并或者进一步定义；“条形图选项”则是对直条图的条进行调整，若调整为 100%，则类似于直方图；“变量”、“图表大小”和“填充和边框”选项卡的定义同前。

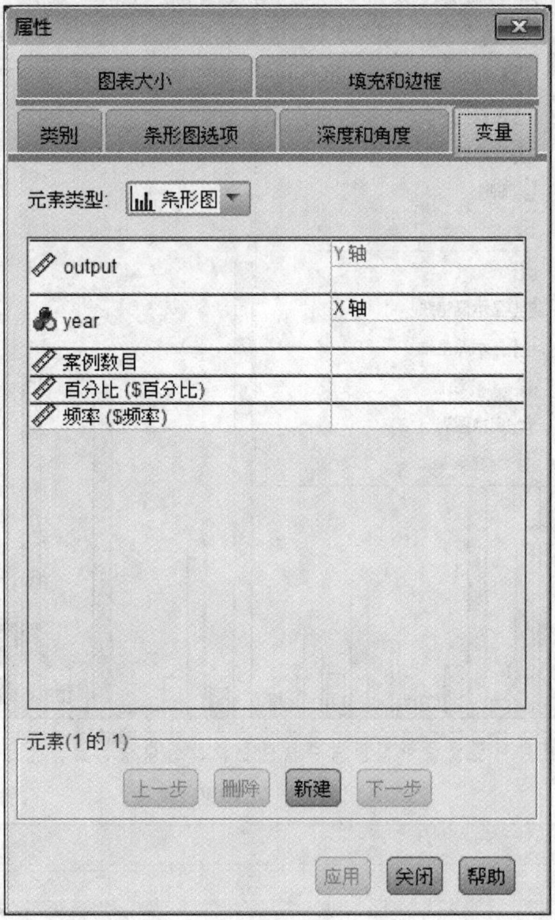

图 6-2-2-9

（2）“选项”菜单项

单击“选项”菜单进入“选项”菜单项，如图 6-2-2-10 所示。其中“X 轴参考线”和“Y 轴参考线”是在图表中绘制 X 轴和 Y 轴的取值参考线；“来自方程的参考线”可对 X 轴和 Y 轴的变量分类绘制刻度线；“隐藏图注”可将统计图的图示隐藏，“标题”“注释”“文本框”和“脚注”则可对该 4 项内容进行补充和修改；“显示网格线”可以显示或隐藏网格线；“变换图表”则可将直条图纵向和横向进行转换。

（3）“元素”菜单项

可显示每直条的数据标签及绘制内插线。其实在图表编辑窗口中，统计图可视为由各个基本单位构成，如标题、坐标、图例等，可通过单击鼠标左键选中这些基本单位，然后再双击，即可弹出相应的对话框，从而完成统计图的编辑。

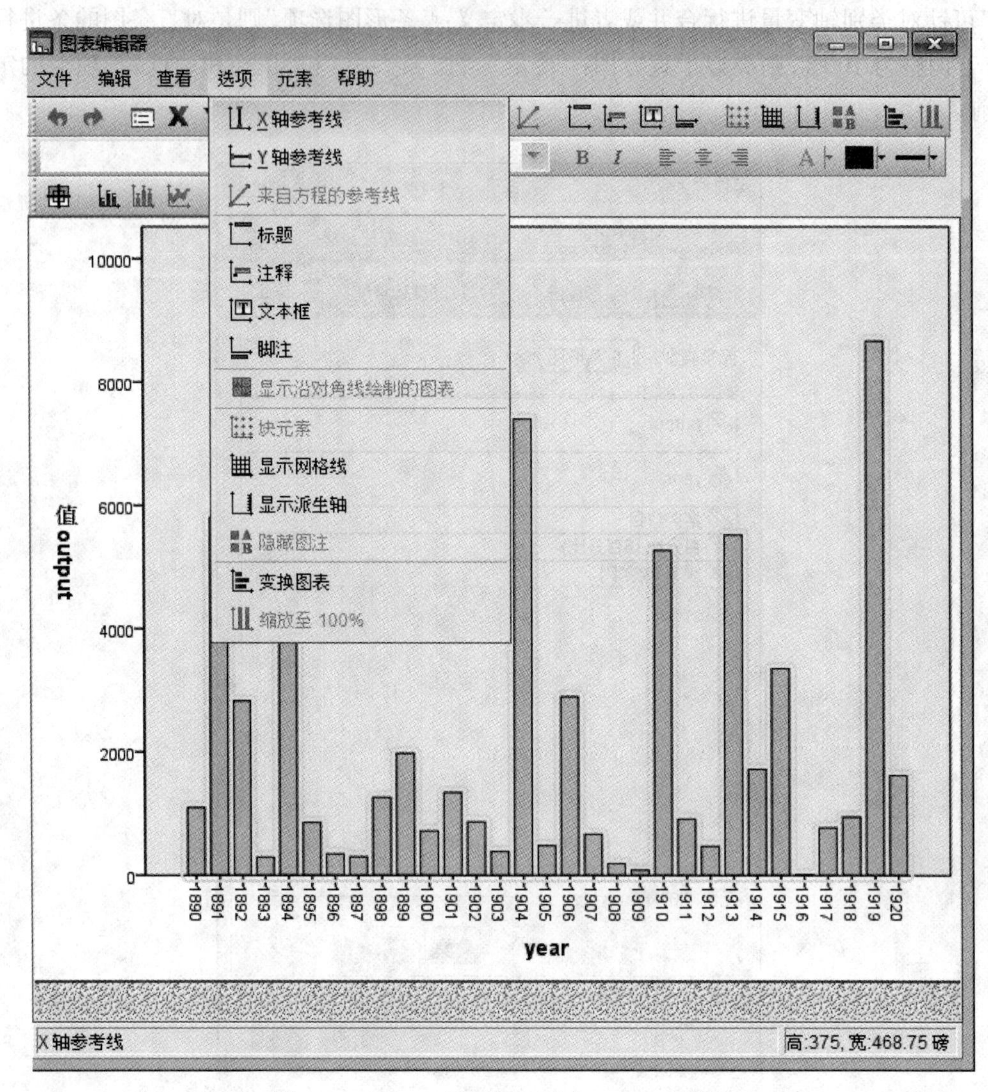

图 6-2-2-10

2.3 3D 条形图（3D Bar）

3D 条形图是复式条图的三维立体表现形式。

（1）单击“图形”|“旧对话框”|“3D 条形图”命令，屏上弹出“3D 条形图”对话框，如图 6-2-3-1 所示。其中“个案组”“单个变量”和“个别个案”的定义与条形图相同。

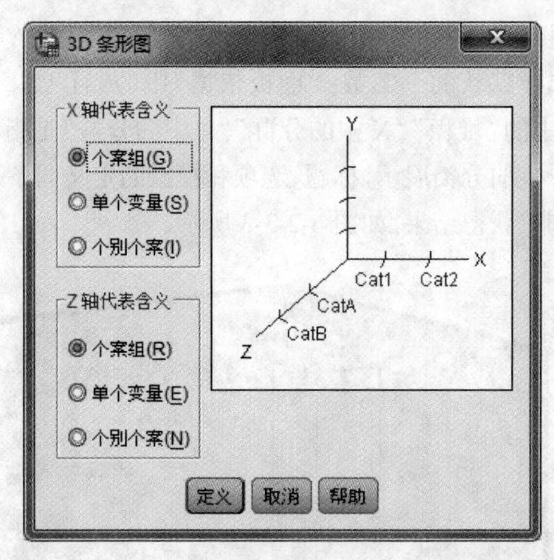

图 6-2-3-1

（2）分别在“X 轴代表含义”和“Z 轴代表含义”选项框中选择“个案组”，单击“定义”按钮，弹出 3D 条形图定义主对话框，如图 6-2-3-2 所示。

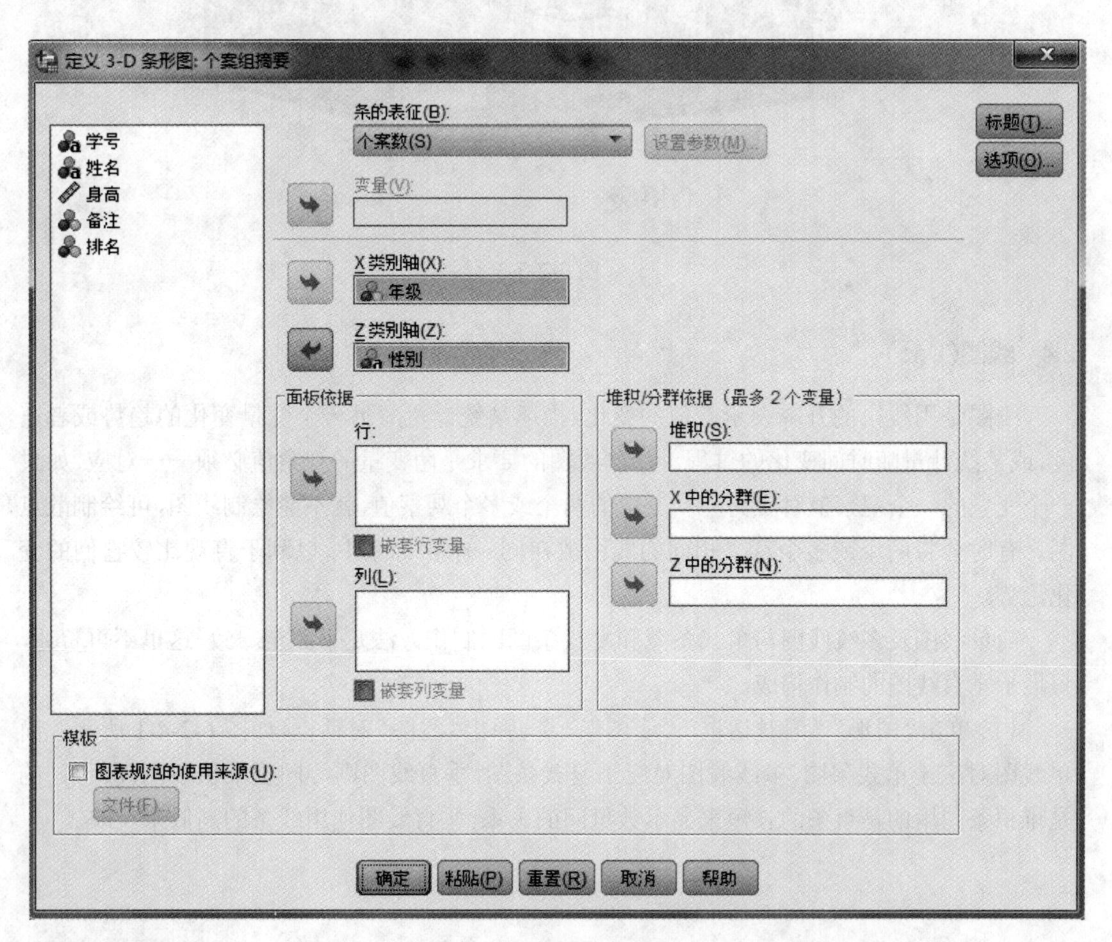

图 6-2-3-2

（3）将年级和性别分别选入“X 类别轴”和“Z 类别轴”，其中 Y 轴表示描述统计量，即为“图的表征”，本例选择默认的个案数；“面板依据”中的“行”与“列”的设置与条形图相同，“堆积 / 分群依据”中的“堆积”“X 中的分群”“Z 中的分群”是指将 Y 轴、X 轴和 Z 轴指标按照某因素进行进一步的分类展示，标题、选项和模板的定义同条形图部分。

（4）直接单击“确定”获得结果，如图 6-2-3-3 所示。

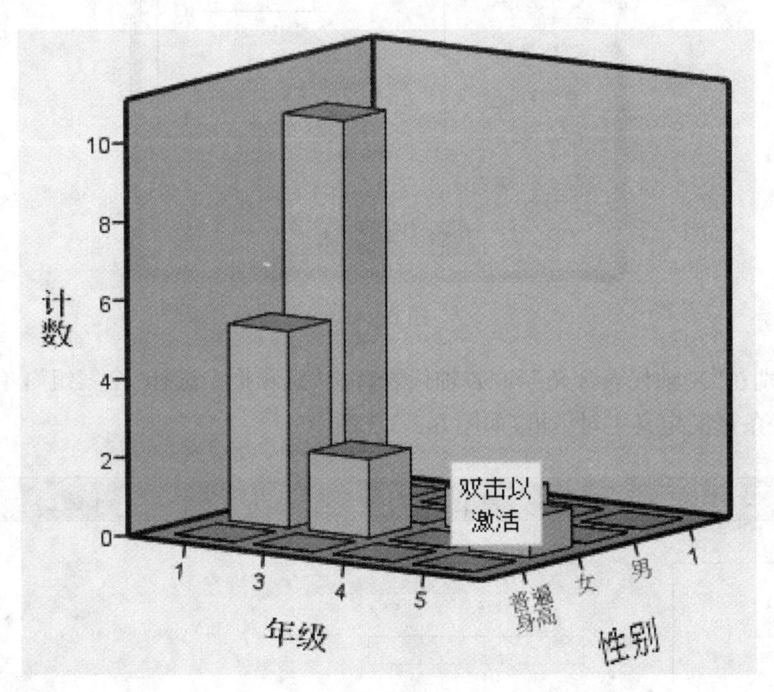

图 6-2-3-3

2.4 线图（Linc）

线图是用线段的升降表示教值的变化，描述某统计量随另一个变量变化的趋势或者速度，或某统计量随时间变化的过程。绘制线图的要求是两变量的观察值必须一一对应，如果一个变量的一个观察值对应另一个变量的两个或多个观察值，就不能绘制线图，可绘制散点图。有时会将两个或多个意义相同的线图放在同一个坐标系中，以利于直观比较它们的变化趋势。

简单线图及多线线图与单式条图和复式条图的制作方法几乎完全一致，这里不再赘述，只展示垂直线图的制作构成。

（1）单击“图形”|“旧对话框”|“线图”命令，弹出“线图”对话框，如图 6-2-4-1 所示。简单线图对应于单式条图，多线线图对应于复式条图，垂直线图则等同于堆积条图，所不同的是堆积条图用的是直条的长短来显示数量间的关系，垂直线图使用线条的高低来反映。

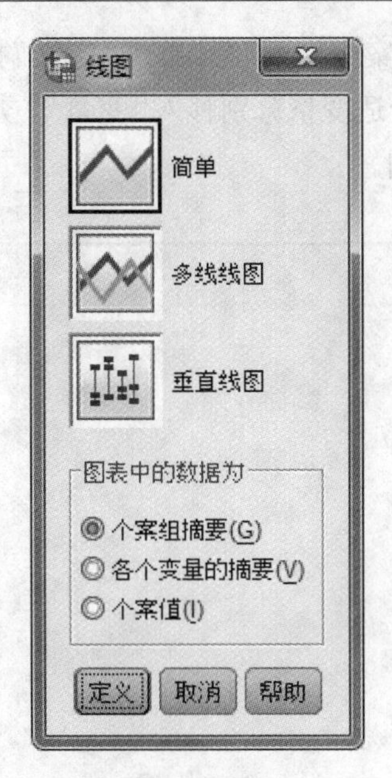
线图
简单
多线线图
垂直线图
图表中的数据为
个案组摘要(G)
各个变量的摘要(V)
个案值(I)
定义
取消
帮助

图 6-2-4-1

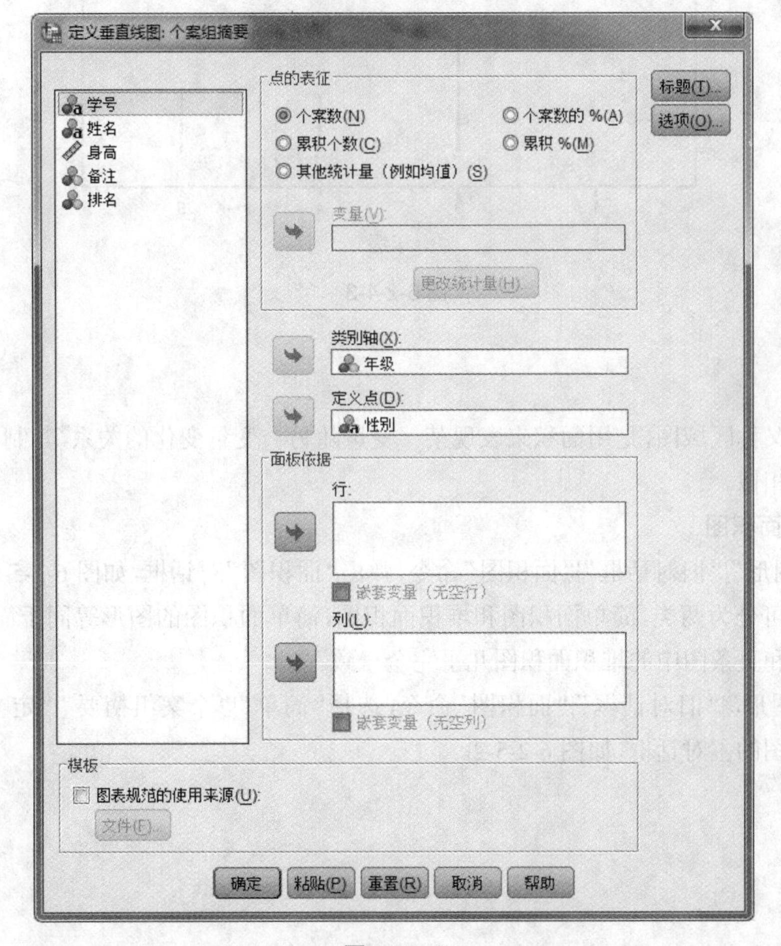
定义垂直线图: 个案组摘要
学号
姓名
身高
备注
排名
点的表征
个案数(N)
个案数的 %(A)
累积个数(C)
累积 %(M)
其他统计量（例如均值）(S)
变量(V):
更改统计量(H)...
类别轴(X):
年级
定义点(D):
性别
面板依据
行:
嵌套变量（无空行）
列(L):
嵌套变量（无空列）
模板
图表规范的使用来源(U):
文件(F)...
标题(T)...
选项(O)...
确定
粘贴(P)
重置(R)
取消
帮助

图 6-2-4-2

（2）选中“垂直线图”和“个案组摘要”后，单击“定义”按钮，得到垂直线图制作主对话框，如图 6-2-4-2 所示。将相应合适变量分别移入“变量”“类别轴”和“定义点”后，单击“确定”按钮，即获得相应的垂直线图。

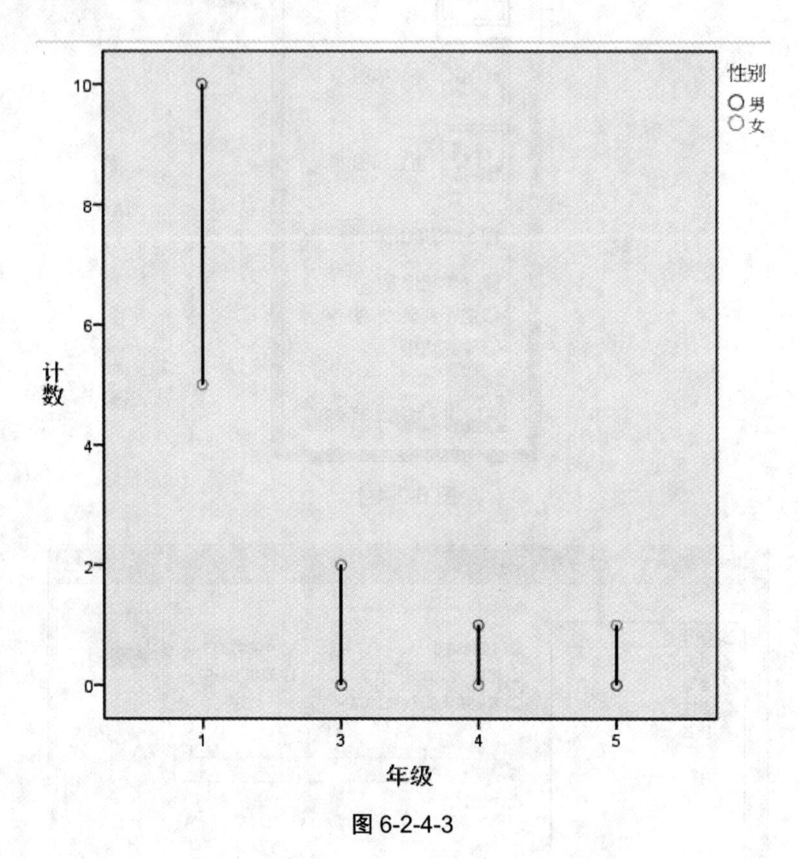

图 6-2-4-3

2.5 面积图

面积图又称区域图，是用面积来表现某一变量随另一变量变化的关系，其制作步骤与直条图和线图相似。

2.5.1 简单面积图

单击“图形”|“旧对话框”|“面积图”命令，弹出“面积图”对话框，如图 6-2-5-1 所示。

面积图可分为两类，简单面积图和堆积面积图，简单面积图的图形等同于简单线图，而堆积面积图和直条图中的堆积面积图几乎完全一致。

单击“图形”|“旧对话框”|“面积图”命令，选择“简单”|“个案组摘要”|“定义”选项，进入简单面积图的主对话框，如图 6-2-5-2。

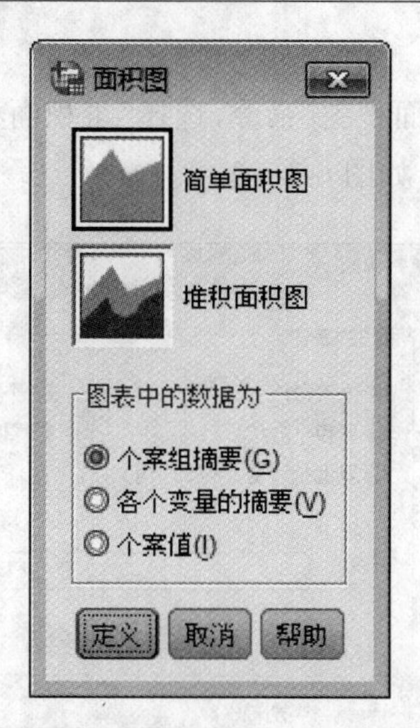
面积图
简单面积图
堆积面积图
图表中的数据为
个案组摘要(G)
各个变量的摘要(V)
个案值(I)
定义
取消
帮助

图 6-2-5-1

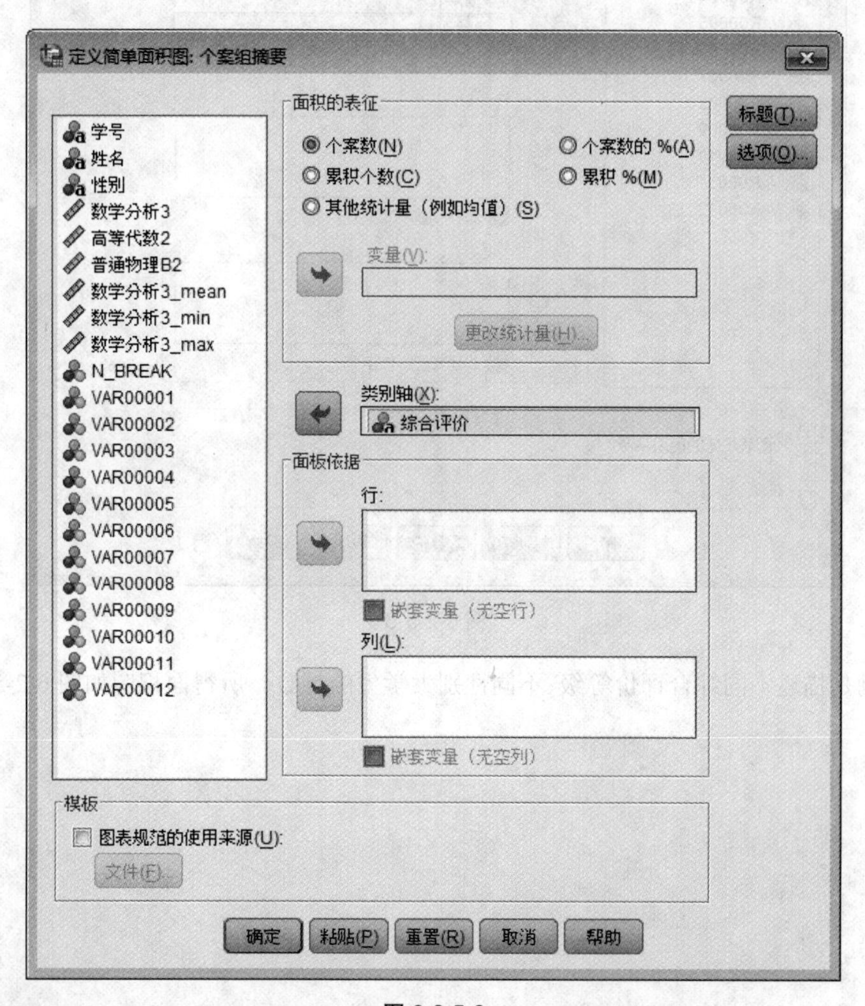
定义简单面积图: 个案组摘要
学号
姓名
性别
数学分析3
高等代数2
普通物理B2
数学分析3_mean
数学分析3_min
数学分析3_max
N_BREAK
VAR00001
VAR00002
VAR00003
VAR00004
VAR00005
VAR00006
VAR00007
VAR00008
VAR00009
VAR00010
VAR00011
VAR00012
面积的表征
个案数(N)
个案数的 %(A)
累积个数(C)
累积 %(M)
其他统计量（例如均值）(S)
变量(V):
更改统计量(H)...
类别轴(X):
综合评价
面板依据
行:
嵌套变量（无空行）
列(L):
嵌套变量（无空列）
标题(T)...
选项(O)...
模板
图表规范的使用来源(U):
文件(F)...
确定
粘贴(P)
重置(R)
取消
帮助

图 6-2-5-2

2.5.2 堆积面积图

单击“图形”|“旧对话框”|“面积图”命令，选择“堆积面积图”|“个案组摘要”|“定义”选项，进入堆积面积图的主对话框，如图 6-2-5-3。

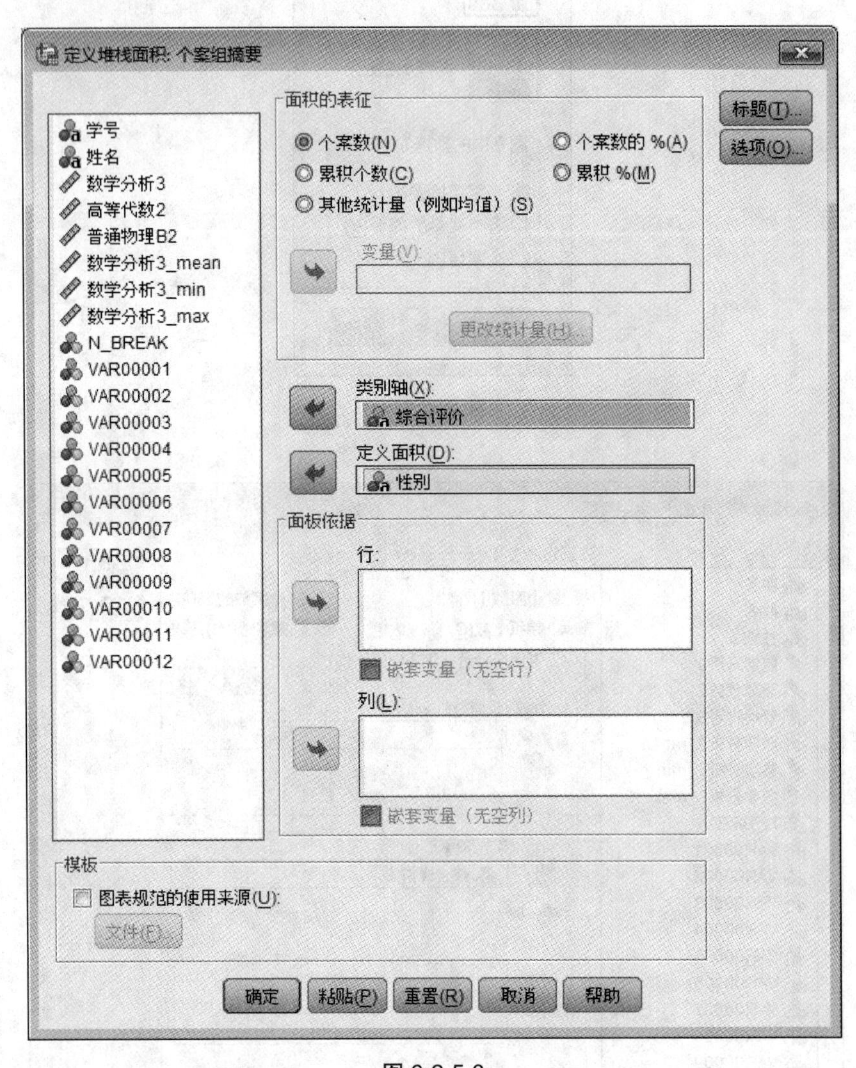

图 6-2-5-3

本例是描述不同综合评价等级、不同性别大学生的频数。所得面积图如图 6-2-5-4。

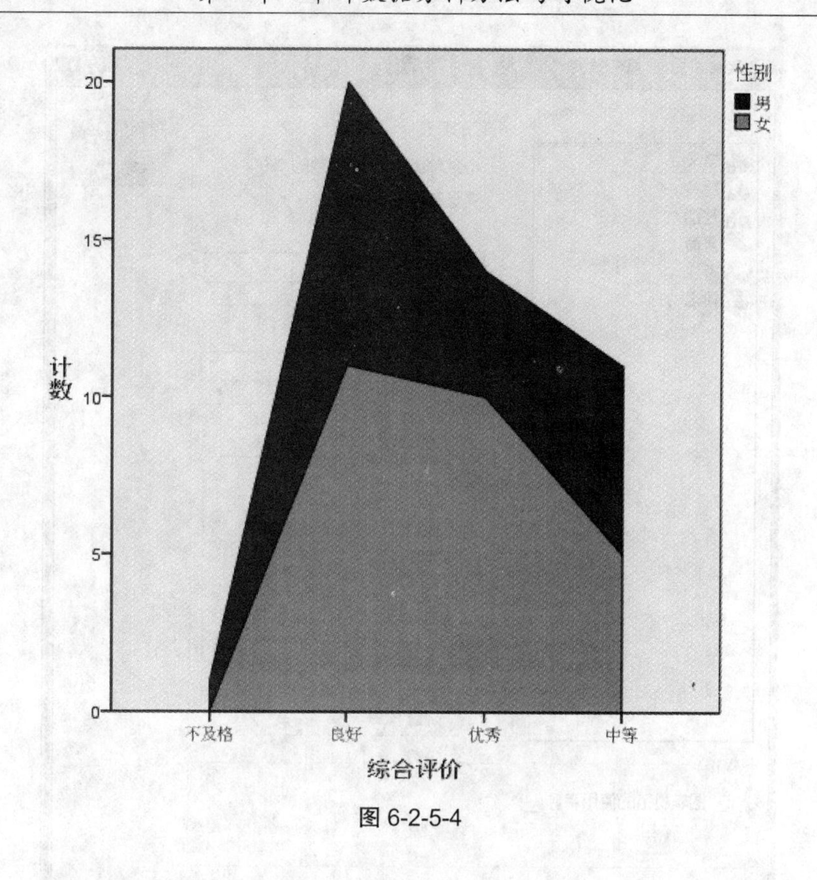

图 6-2-5-4

2.6　饼图

饼图是用来表示各个部分与总体的构成关系，它以整个圆的面积表示为总体，各组成部分的大小对应其所占的构成比大小。

（1）单击“图形”|“旧对话框”|“饼图”命令，进入“饼图”对话框，如图 6-2-6-1 所示。“个案组摘要”“各个变量摘要”“个案值”选项的定义同上小节完全一致，单击“定义”按钮，进入自定义对话框，如图 6-2-6-2。

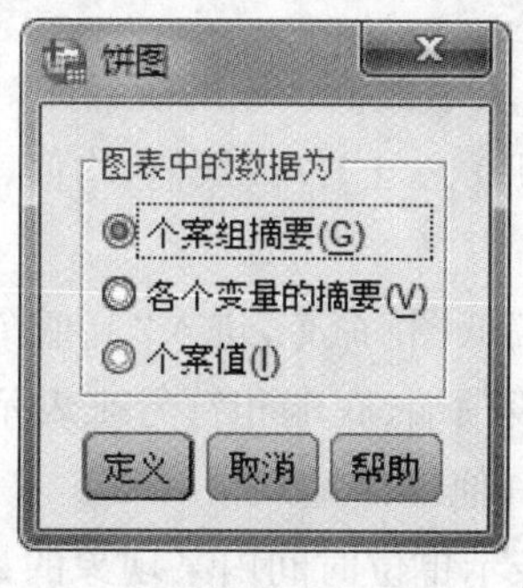

图 6-2-6-1

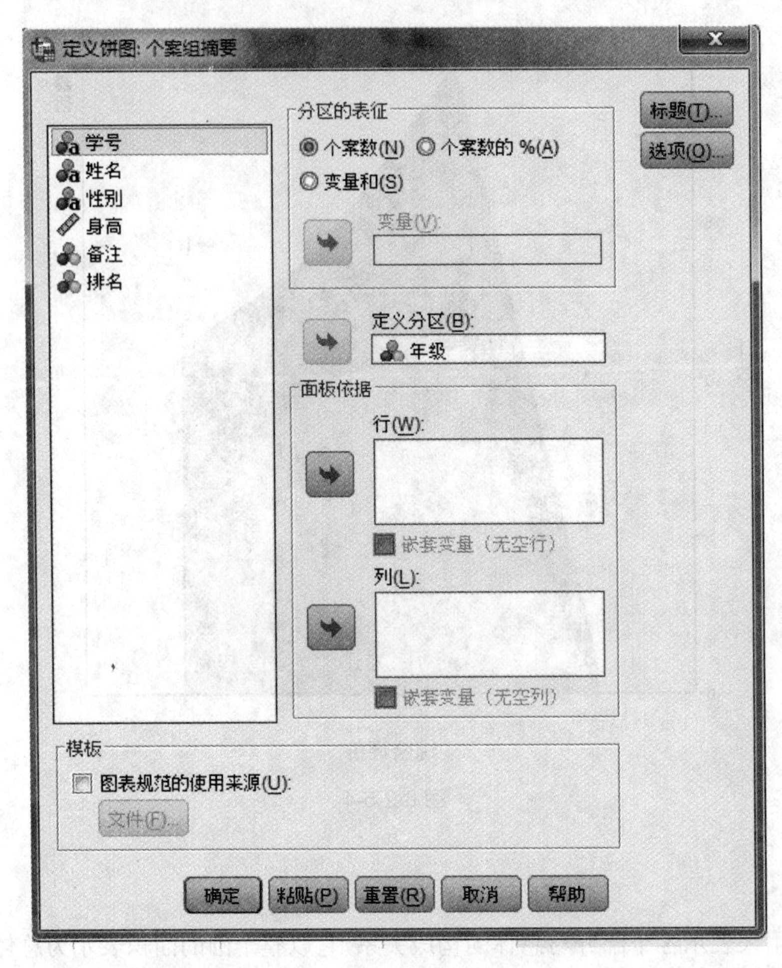

图 6-2-6-2

（2）因为是对各个年级的频数进行统计，所以选择默认的“分区的表征”为“个案数”，将年级选入“定义分区”，单击“确定”按钮。

2.7 高低图（High-Low Charts）

高低图是用多个垂直线段来表示数值区域的统计图，如一组测定值的范围（最小值、最大值）、95% 置信区间（下限、上限）、x±1.96（低值、均值、高值）和股票、货币市场长期及短期数据波动等。

单击“图形”|“旧对话框”|“高低图”命令，进入“高低图”对话框，如图 6-2-7-1 所示。

（1）简单高低关闭图：用线段顶端、底端和符号来表示单位时间内某现象的最高数值、最低数值和最后数值（也可以是其他统计量）。

（2）简单范围栏图：用直条表示单位时间内某现象的最高数值和最低数值，但不显示最后数值。

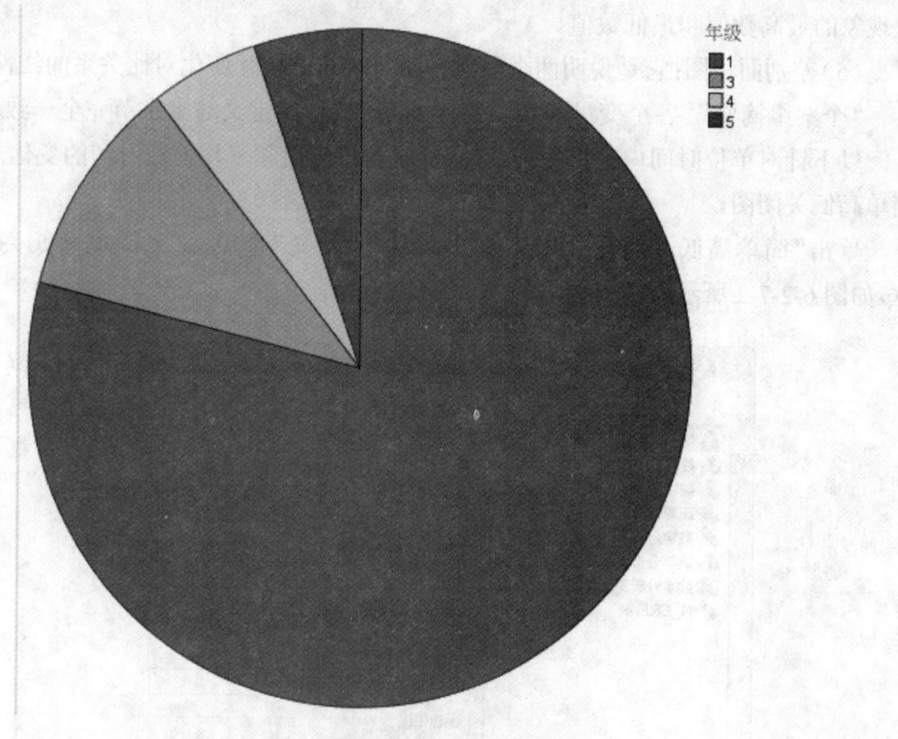

图 6-2-6-3

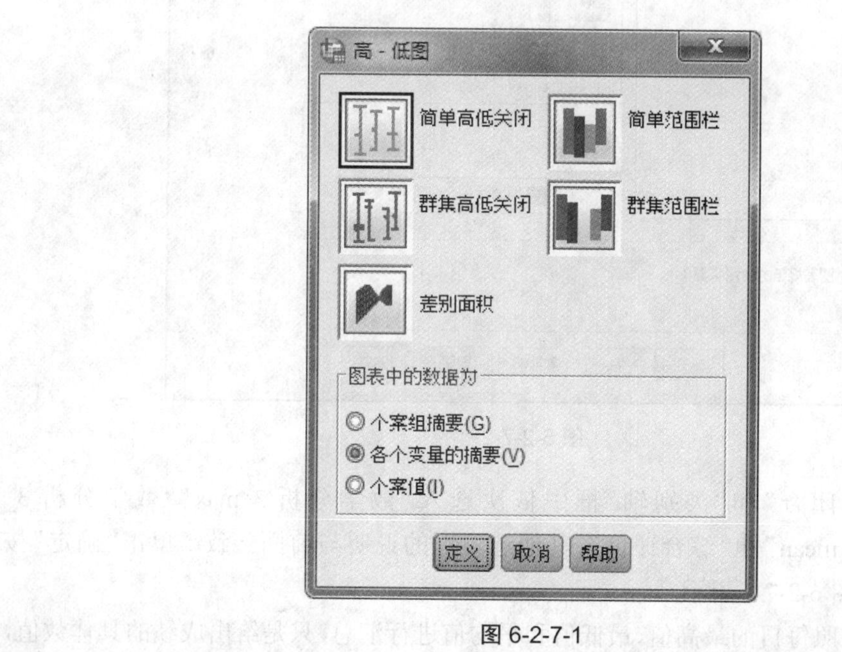

图 6-2-7-1

（3）群集高低关闭图：用两条或者多条线段的顶端、底端和符号来表示单位时间内两个或两个以上现象的最高数值、最低数值和最后数值。

（4）群集范围栏图：用两个或者多个直条的顶端、底端来表示单位时间内两个或两个以上现象的最高数值和最低数值。

(5)差别面积图:它是说明两个现象在同一时间内相互变化对比关系的线性统计图。

"个案组摘要""各个变量的摘要""个案值"选项的定义与上小节完全一致。

以下针对单位时间内某单一指标的最高值、最低值和平均值随时间的变化规律,来绘制简单高低关闭图。

单击"简单高低关闭"|"各个变量的摘要"|"定义"选项,进入简单高低关闭图主对话框,如图 6-2-7-2 所示。

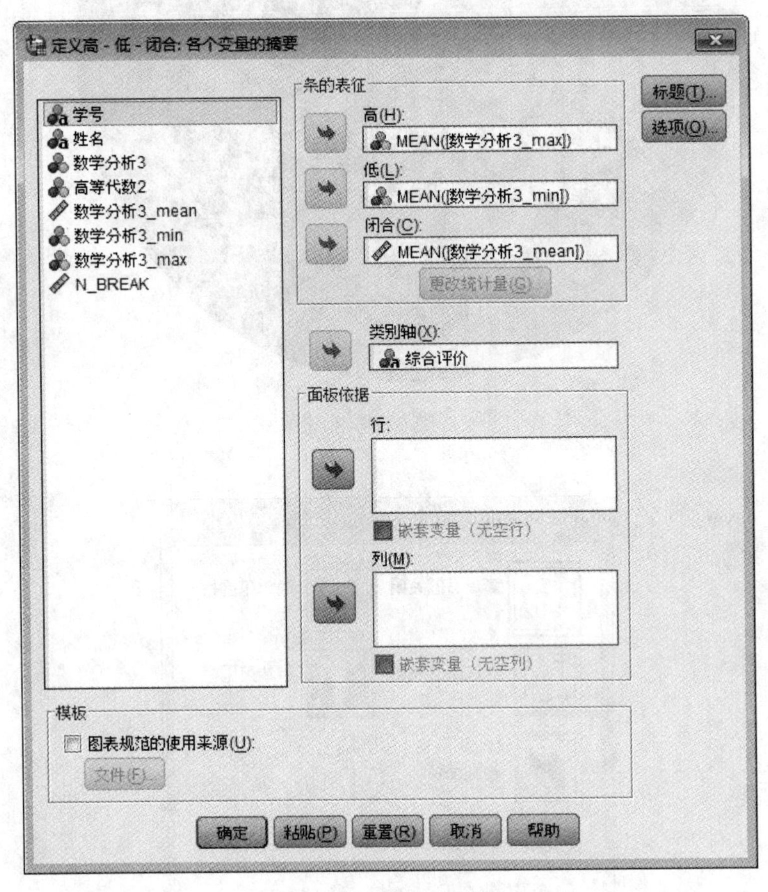

图 6-2-7-2

在"高""低""闭合"和"类别轴"框中依次选入"数学分析 3_max""数学分析 3_min""数学分析 3_mean"和"综合评价",其他选项框的说明与前面一致。单击"确定"按钮,获得高低图如图 6-2-7-3 所示。

若数据库未按照每日的最高值、最低值和平均值进行汇总,只是给出成绩的具体数值,如"数学分析 3",则可以通过"数据"|"分类汇总"对话框产生汇总的最高值、最低值和平均值。先将"综合评价"选入"分组变量",将"数学分析 3"选入"变量摘要"框,单击"函数"按钮,分别选择最大值、最小值和均值,并在"保存"栏中选择"写入只包含汇总变量的新数据文件",并创建新文件,所创建新文件如图 6-2-7-4 所示。

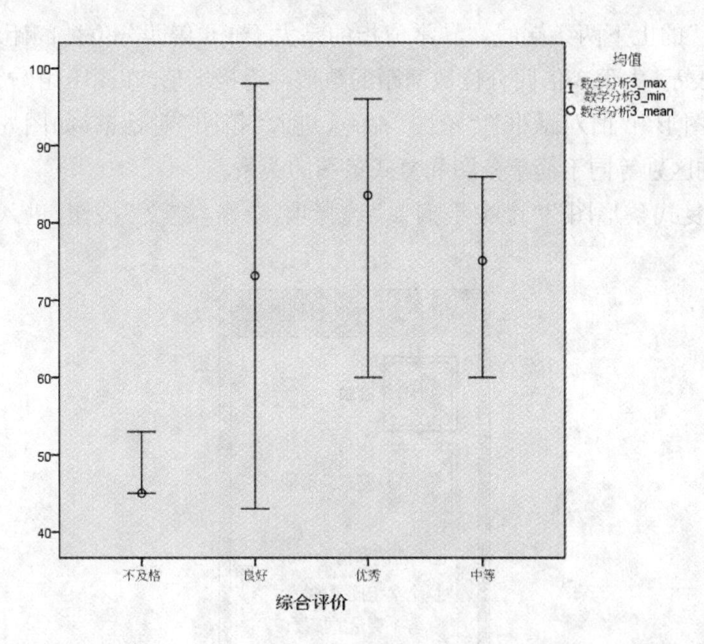

图 6-2-7-3

文件(F)　编辑(E)　视图(V)　数据(D)　转换(T)　分析(A)　直销(M)　图形(G)　实用程序(U)　窗口(W)　帮助

	学号	姓名	数学分	高等代	综合评价	数学分析3_mean	数学分析3_min	数学分析3_max	N_BREAK	变量	变
1	20092111868	段刘双	78	93	优秀	83.57	60	96	14		
2	20092111881	李卫东	79	77	良好	73.15	43	98	20		
3	20092111886	单超君	61	65	良好	73.15	43	98	20		
4	20092111893	谭振辉	63	80	中等	75.09	60	86	11		
5	20092111905	张芬	85	84	中等	75.09	60	86	11		
6	20092111910	陈凡	94	92	优秀	83.57	60	96	14		
7	20092111920	李奎	62	51	良好	73.15	43	98	20		
8	20092111926	牛凤超	63	68	良好	73.15	43	98	20		
9	20092111941	杨晓东	45	53	不及格	45.00	45	53	1		
10	20092111944	于忠兴	72	65	优秀	83.57	60	96	14		
11	20092111947	张舰匀	73	85	良好	73.15	43	98	20		
12	20092111949	张磊	61	65	中等	75.09	60	86	11		
13	20092111951	赵欢欢	91	85	良好	73.15	43	98	20		
14	20092111956	邓茹	81	72	良好	73.15	43	98	20		
15	20092111963	何帅	43	44	良好	73.15	43	98	20		
16	20092111966	黄富航	85	68	良好	73.15	43	98	20		
17	20092111985	孙哲	64	49	良好	73.15	43	98	20		
18	20092112005	李飞	91	85	中等	75.09	60	86	11		

图 6-2-7-4

2.8　箱图（Boxplot）

箱图可直观描述连续型变量的分布及离散状态，箱图可显示数据的 5 个特征值，分别是最小值、下四分位数（P25）、中位数（P50）、上四分位数（P75）和最大值。P25 和 P75 之间分别构成“箱体”部分，去除异常值以外最小值和 P25，去除异常值以外的最大值和 P75 之间分别构成“箱子”的上下两条端线。异常值指的是大于 1.5 倍四分位数间距的数值，在箱图中小圈圈“○”表示，大于 3 倍四分位数间距的数值称为极端值，在图中用“*”号表示。

（1）单击“图形”|“旧对话框”|“箱图”命令，进入“箱图”对话框，如图 6-2-8-1。简单箱图和复式箱图的区别等同于简单条图和复式条图的关系。

（2）选择“复式条形图”|“个案组摘要”选择项，单击“定义”按钮，进入复式箱图对话框，如图 6-2-8-2。

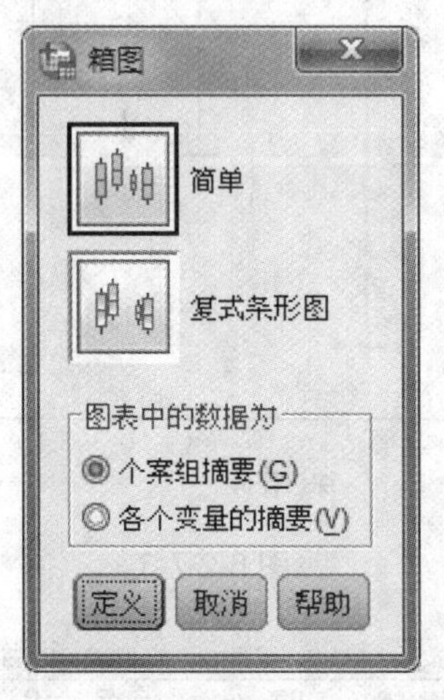

图 6-2-8-1

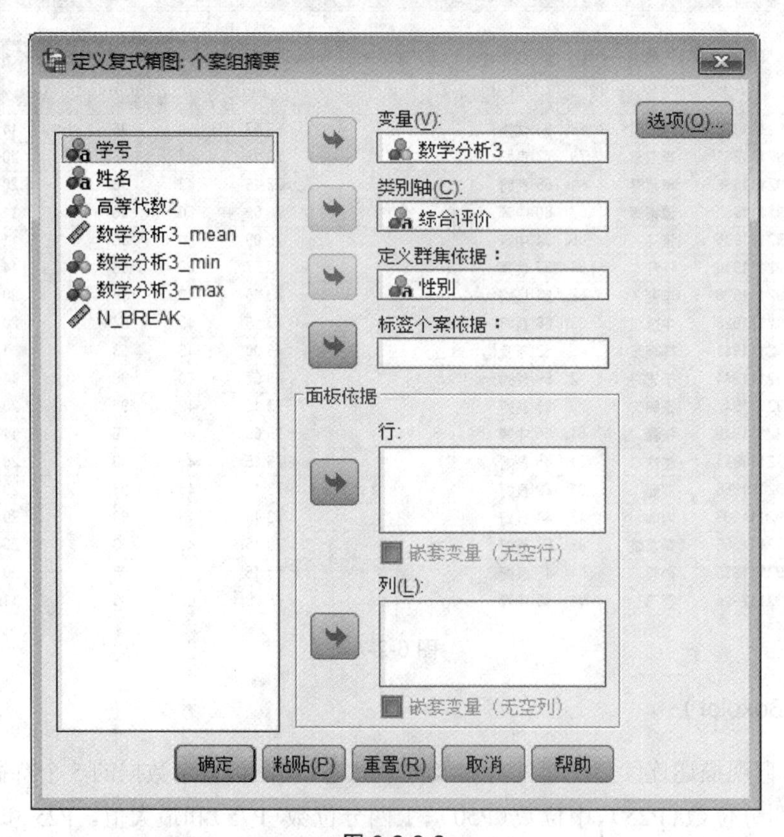

图 6-2-8-2

（3）将“数学分析 3”和“综合评价”分别选入“变量”和“类别轴”，把“性别”选入“定义群集依据”。单击“确定”按钮，生成不同性别不同综合评价类型的大学生数学分析得分的箱图，如图 6-2-8-3 所示。

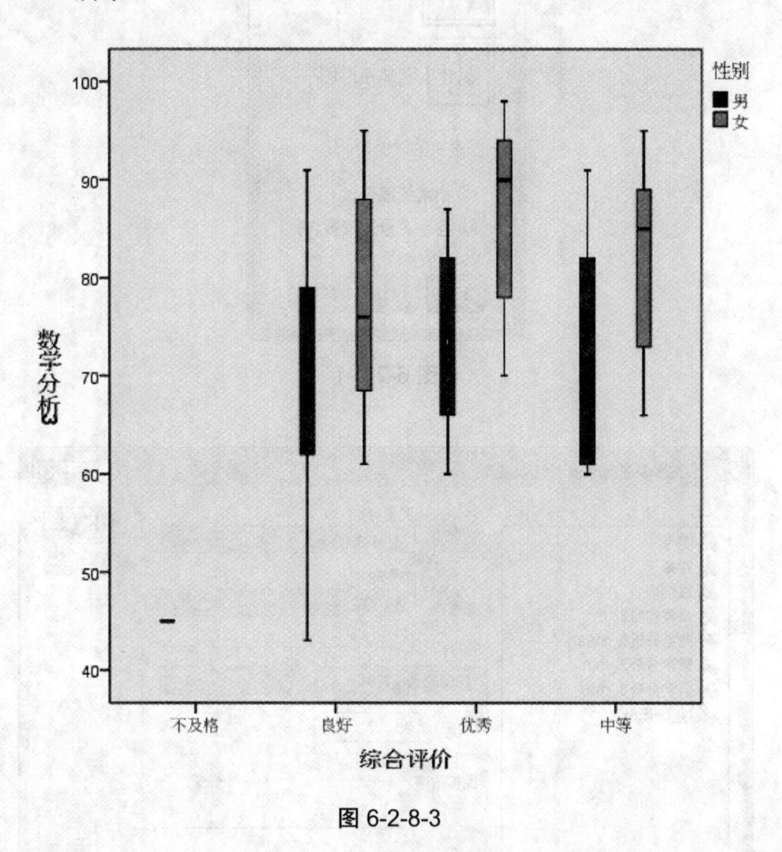

图 6-2-8-3

2.9　误差条形图（Error bar）

误差条图可用来显示数据所来自的总体的离散程度，使用均数和可信区间、均数的标准误和标准差来描述数值变量。

（1）单击“图形”|“旧对话框”|“误差条形图”，进入“误差条形图”对话框，如图 6-2-9-1，其中，简单及复式条形图的差异等同于单式条图和复式条形图。

（2）选择“简单”和“个案组摘要”，单击“定义”按钮，进入简单误差条形图的定义对话框。如图 6-2-9-2。

（3）将“数学分析 3”“综合评价”选入“变量”和“类别轴”；在“条的表征”下拉菜单中，有 3 个可选项；均值的置信区间、均值的标准误和标准差，与“度”和“乘数”结合，可分别展示均数的 95% 置信区间、均数的 2 倍标准误和 2 倍标准差。本例选择默认的均数的 95% 置信区间；面板依据、标题、选项及模板意义同条图部分一致。

（4）在上述第二步骤中选择“复式条形图”和“个案组摘要”，进入复式误差条图定义对话框，如图 6-2-9-4。

误差条图
简单
复式条形图
图表中的数据为
个案组摘要(G)
各个变量的摘要(V)
定义
取消
帮助

图 6-2-9-1

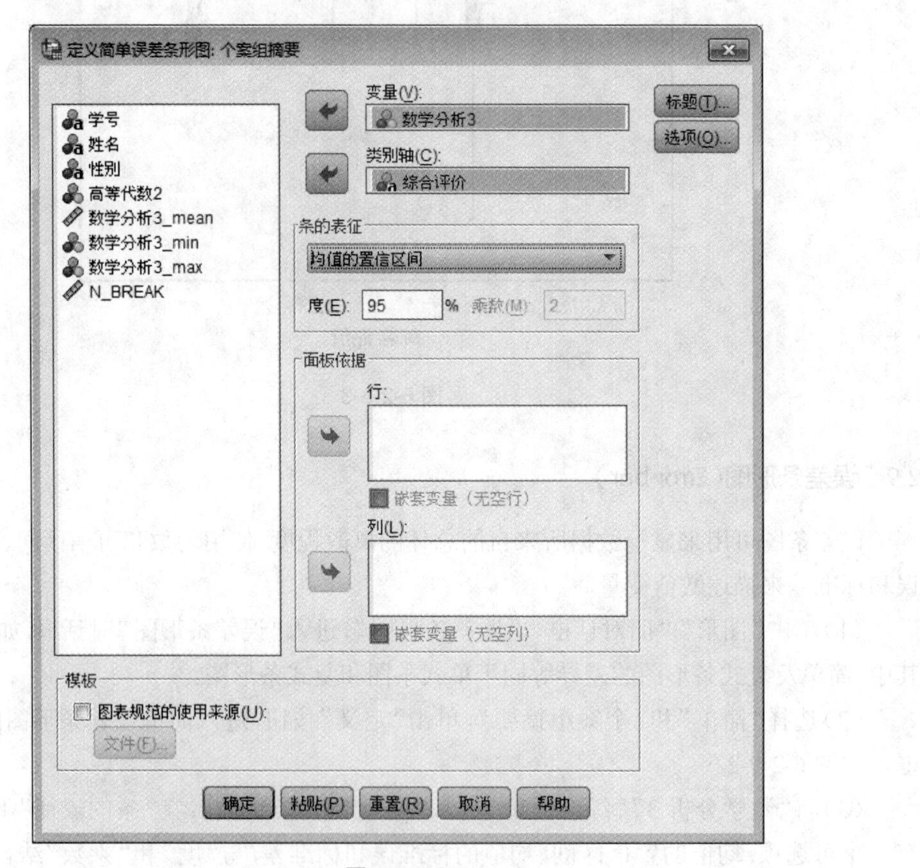
定义简单误差条形图: 个案组摘要
学号
姓名
性别
高等代数2
数学分析3_mean
数学分析3_min
数学分析3_max
N_BREAK
变量(V):
数学分析3
类别轴(C):
综合评价
标题(T)...
选项(O)...
条的表征
均值的置信区间
度(E): 95 %
乘数(M): 2
面板依据
行:
嵌套变量（无空行）
列(L):
嵌套变量（无空列）
模板
图表规范的使用来源(U):
文件(F)...
确定
粘贴(P)
重置(R)
取消
帮助

图 6-2-9-2

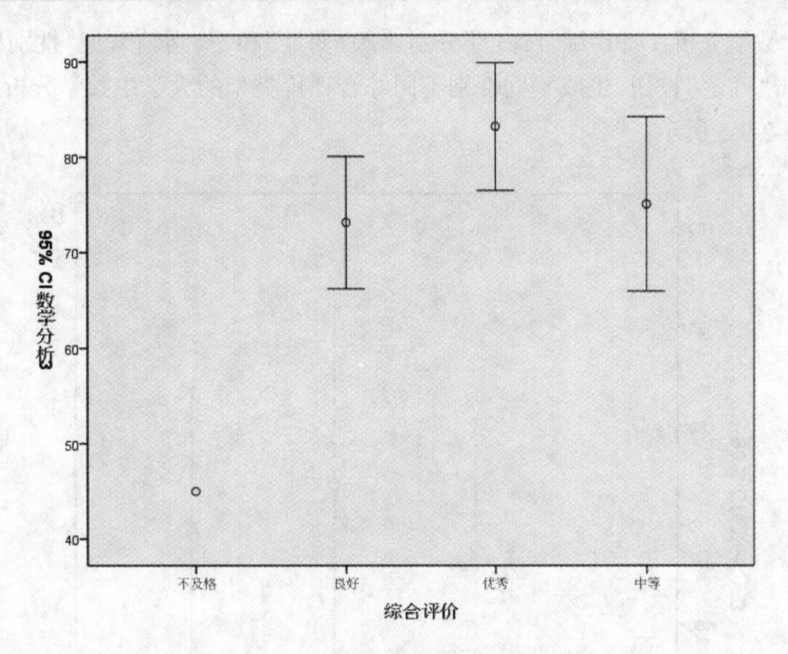
95% CI 数学分析3
90
80
70
60
50
40
不及格
良好
优秀
中等
综合评价

图 6-2-9-3

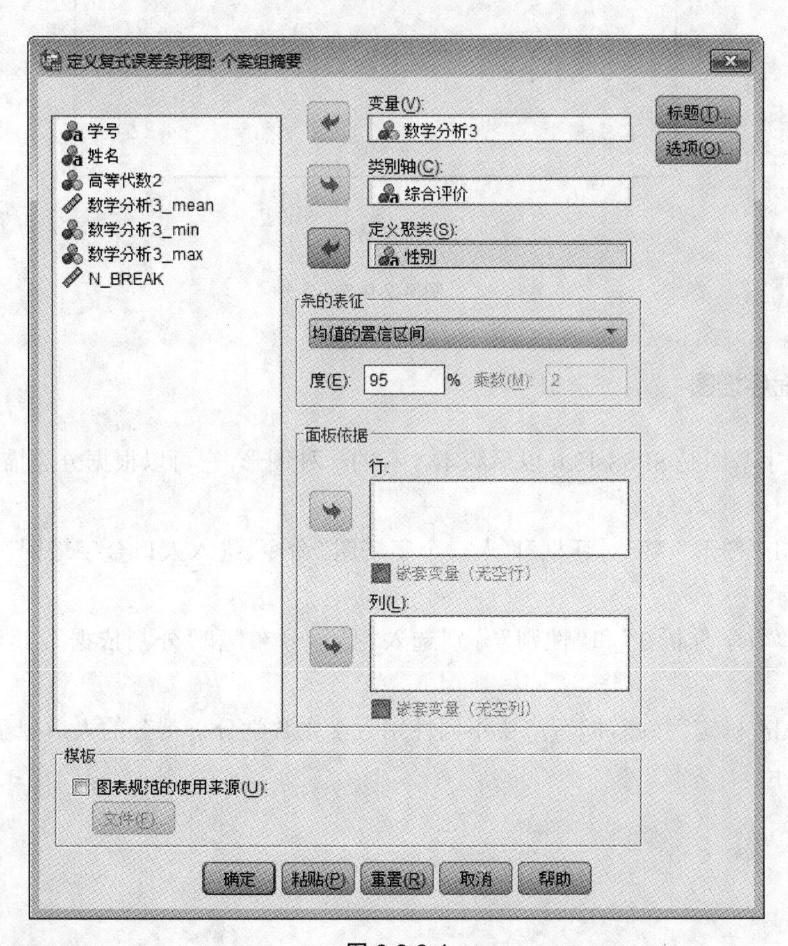
定义复式误差条形图: 个案组摘要
学号
姓名
高等代数2
数学分析3_mean
数学分析3_min
数学分析3_max
N_BREAK
变量(V):
数学分析3
类别轴(C):
综合评价
定义聚类(S):
性别
标题(T)...
选项(O)...
条的表征
均值的置信区间
度(E): 95 % 乘数(M): 2
面板依据
行:
嵌套变量（无空行）
列(L):
嵌套变量（无空列）
模板
图表规范的使用来源(U):
文件(F)...
确定
粘贴(P)
重置(R)
取消
帮助

图 6-2-9-4

(5)将“数学分析 3”和“综合评价”分别选入“变量”和“类别轴”,把“性别”选入“定义聚类”。单击“确定”按钮,生成不同性别不同综合评价类型的大学生数学分析得分的误差条图,如图 6-2-9-5 所示。

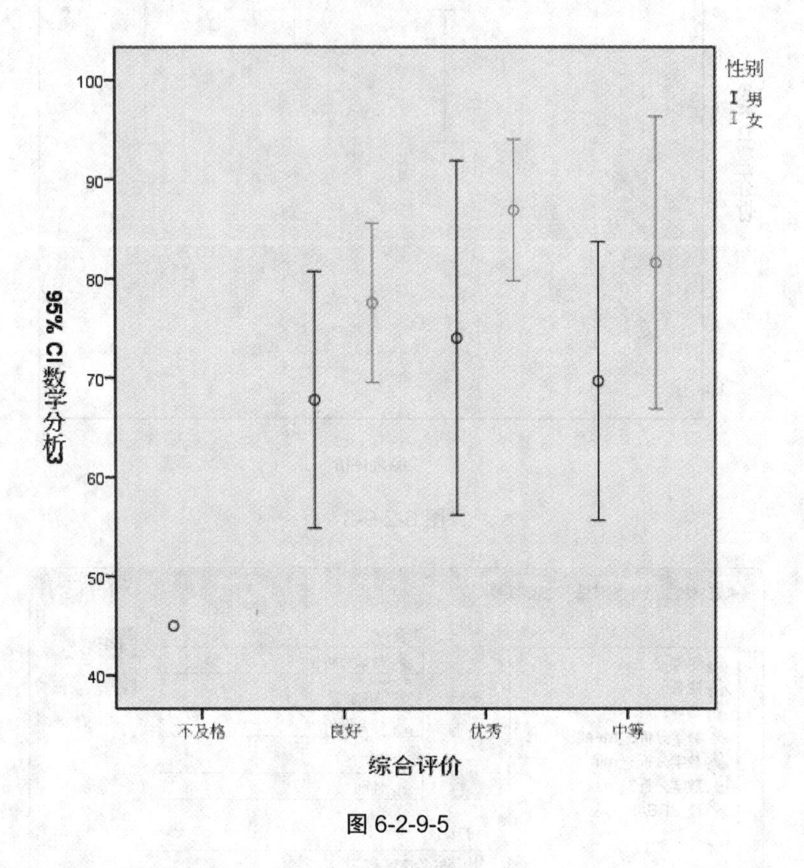

图 6-2-9-5

2.10 人口金字塔图

人口金字塔图是 SPSS 13.0 以后版本才有的一种图形,它可以根据分类描述某变量的频数分布。

(1)单击“图形”|“旧对话框”|“人口金字塔图”命令,进入人口金字塔图对话框,如图 6-2-10-1 所示。

(2)将“数学分析 3”和“性别”分别选入“显示分布”和“分割依据”,其他选项定义如前。

(3)单击“确定”按钮,即可产生不同性别大学生数学分析得分的人口金字塔图,如图 6-2-10-2 所示。

图 6-2-10-1

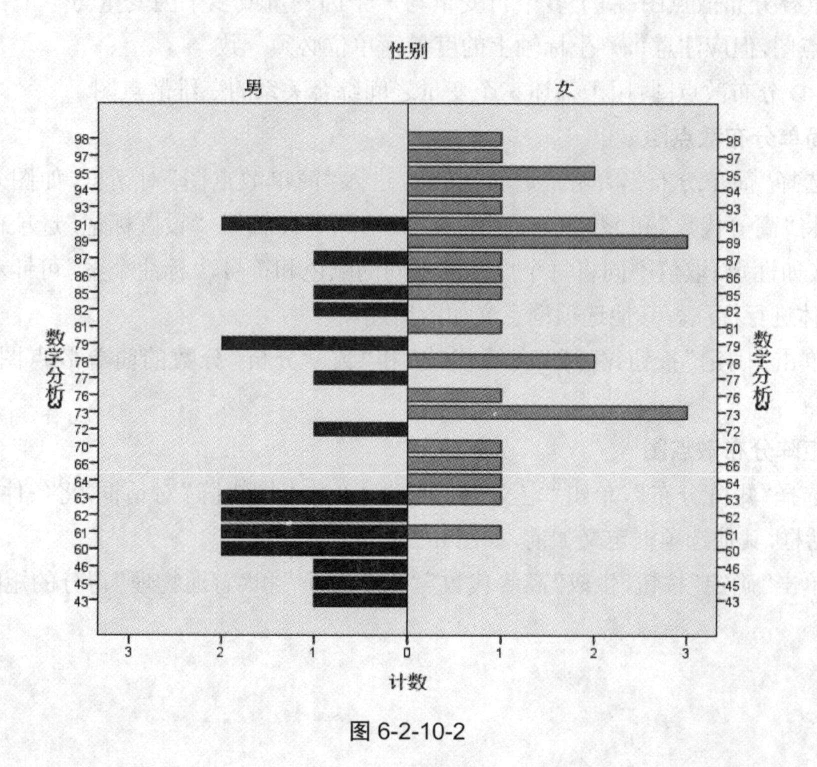

图 6-2-10-2

2.11 散点图(Scatter)

散点图是用于表示两个或多个变量之间有无相关关系的统计图。单击“图形”|“旧对话框”|“散点图”命令,进入“散点图”对话框,如图 6-2-11-1 所示。

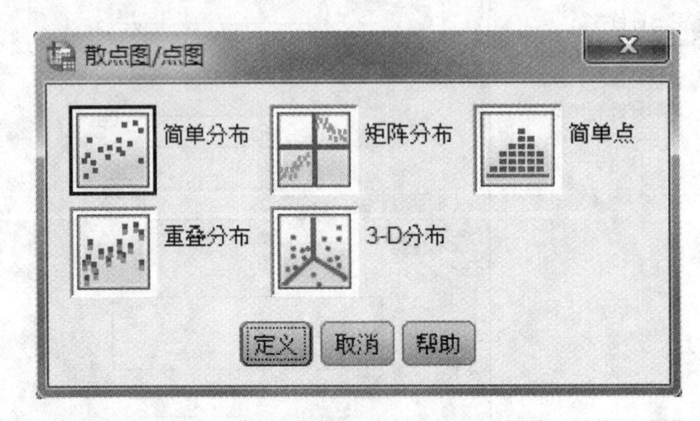

图 6-2-11-1

(1)简单分布散点图:适用于两个变量之间关系描绘,每个点代表一个观察单位的两个变量值。

(2)矩阵分布散点图:采用矩阵形式表达多个变量之间两两关系的散点图。

(3)简单点图:采用点纵向累加的形式描述某单一变量的频数分布,每个点代表一个观察单位的变量值,图形与频数分布的直方图相似。

(4)重叠分布散点图:用于多个自变量与一个因变量或多个因变量与一个自变量关系的重叠散点图,但应注意每一坐标轴上的度量衡单位必须一致。

(5)3-D 分布散点图:用于描述三个变量之间综合关系的三维散点图。

2.11.1 简单分布散点图

(1)选择“简单分布”,单击“定义”按钮,进入“简单散点图”对话框,如图 6-2-11-2 所示。分别将“高等代数”和“数学分析”纳入“Y 轴”和“X 轴”。“设置标记”选项框可根据某外部变量(如性别)取值不同将每个点标注不同的颜色和符号,“标注个案”可针对某些特殊取值的个体进行标注。其他选项框意义如前所述。

(2)单击“确定”按钮,生成“高等代数”和“数学分析”分数的简单散点图,如图 6-2-11-3 所示。

2.11.2 矩阵分布散点图

(1)选择“矩阵分布”,单击“定义”按钮,进入“散点图矩阵”对话框,将条件选入“矩阵变量”对话框,其他选项框定义如前,如图 6-2-11-4。

(2)单击“确定”按钮,生成“高等代数”“数学分析”和“普通物理”得分的矩阵散点图。

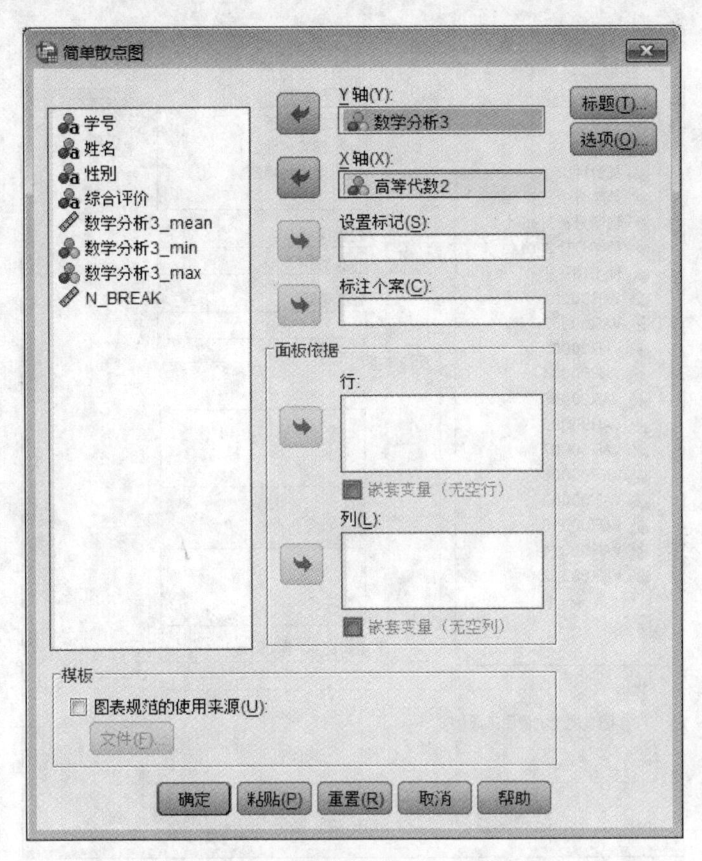

图 6-2-11-2

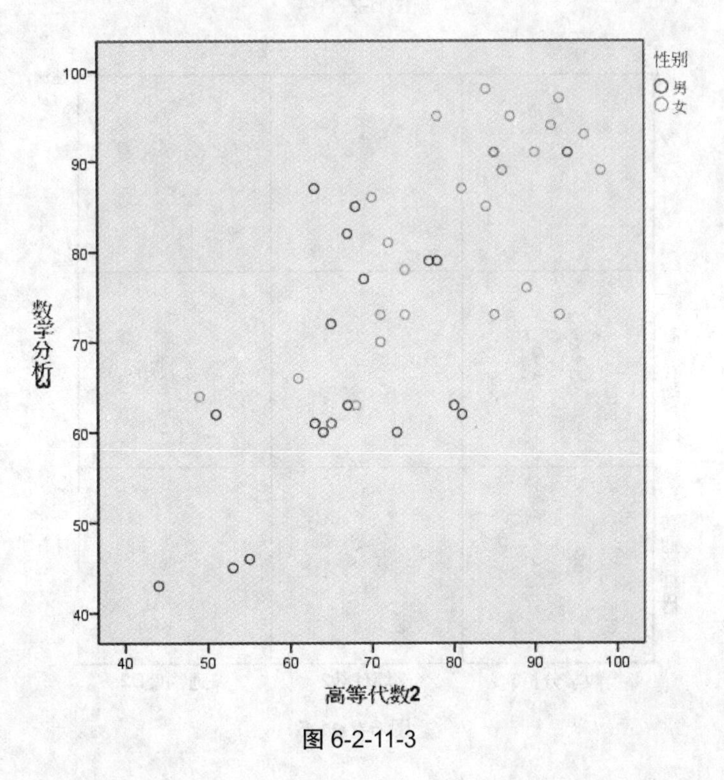

图 6-2-11-3

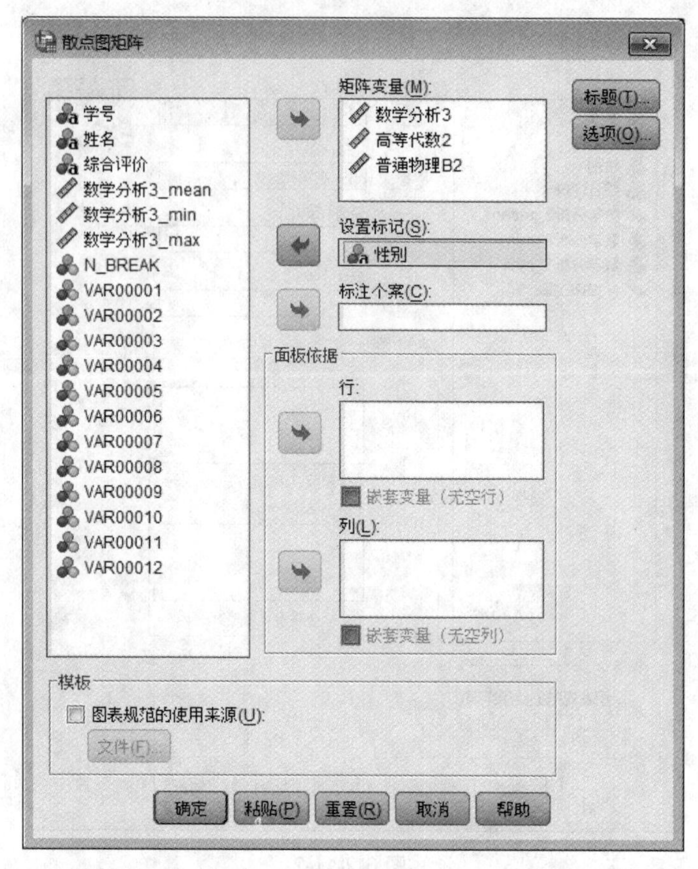

图 6-2-11-4

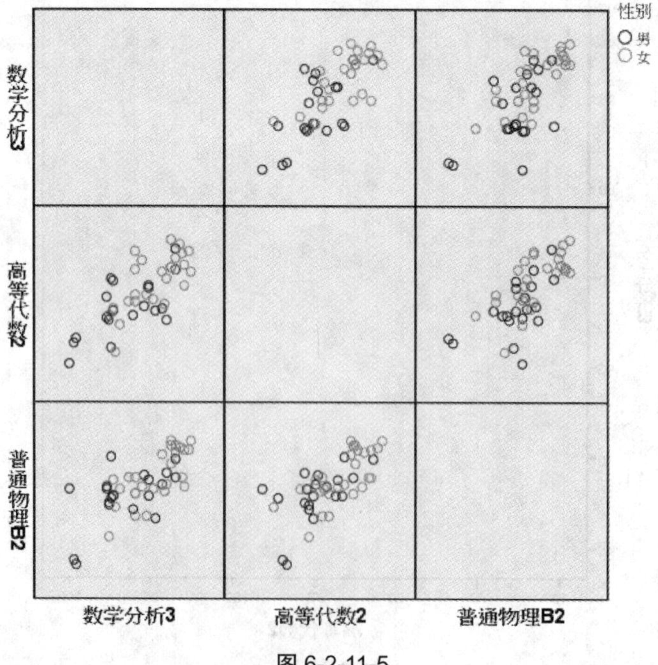

图 6-2-11-5

2.11.3　简单点图

（1）选择“简单点图”，单击“定义”按钮，进入“定义简单点图”对话框。将条件分选入“X 轴变量”框，其他选项框定义如前。

（2）单击“确定”按钮，产生选入条件的简单点图，如图 6-2-11-6 所示。

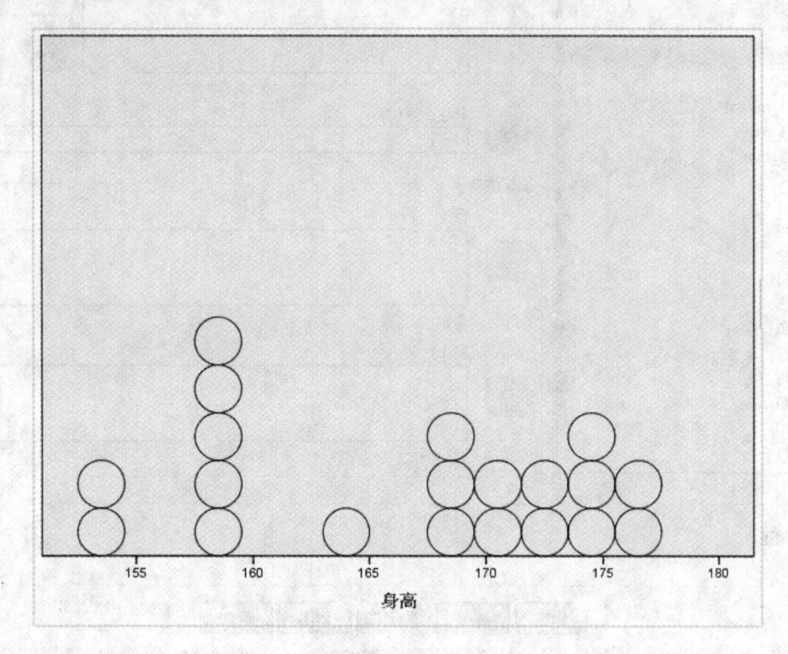

图 6-2-11-6

2.11.4　重叠分部散点图

（1）在图中的基础上，选择“重叠分布散点图”，单击“定义”按钮，进入“重叠散点图”对话框，如图 6-2-11-7 所示。将条件分别选入“Y-X 对”选项框，其他选项框定义如前。

（2）单击确定按钮，产生重叠分布散点图，如图 6-2-11-8 所示。

2.11.5　3–D 分布散点图

（1）在图中所示的基础上，选择“3-D 分布散点”，单击“定义”按钮，进入“3-D 散点图”对话框，如图 6-2-11-9 所示。将条件分别选入“Y 轴”“X 轴”和“Z 轴”选项框，其他选项框定义如前。

（2）单击“确定”按钮，产生输入条件的 3-D 分布散点图，如图 6-2-11-10 所示。

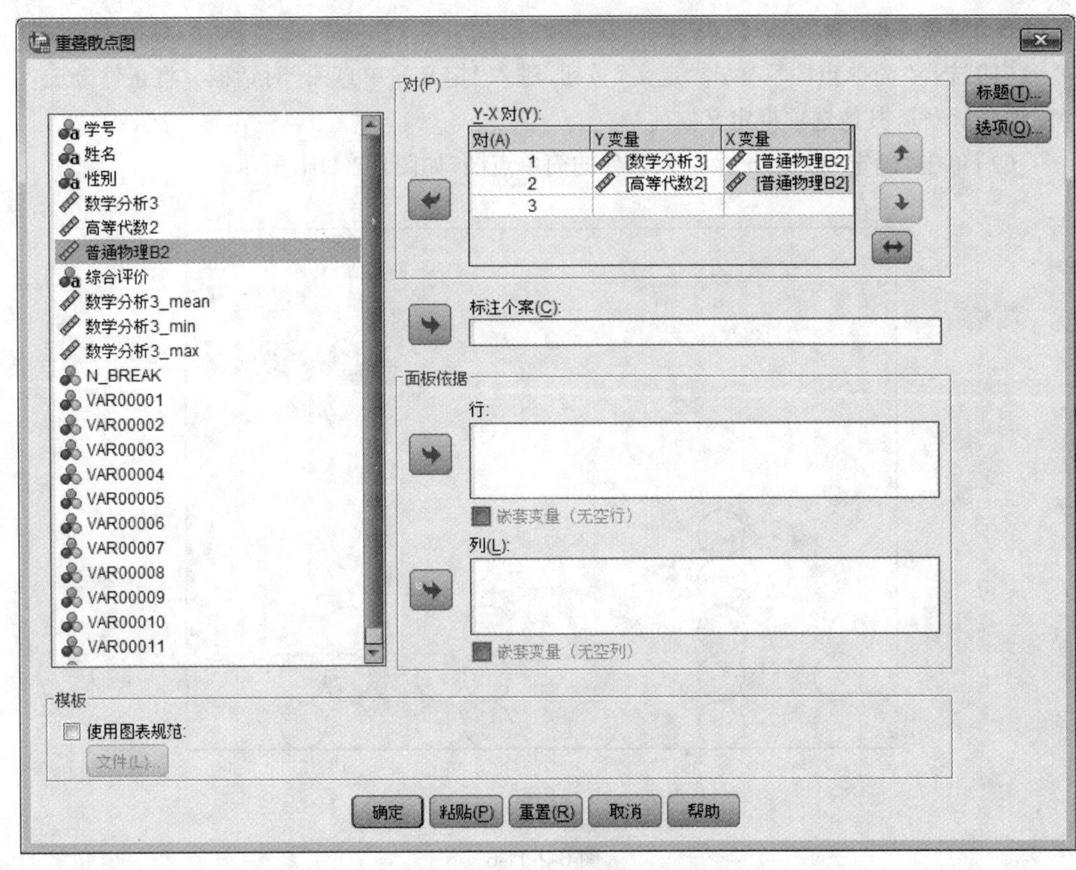

图 6-2-11-7

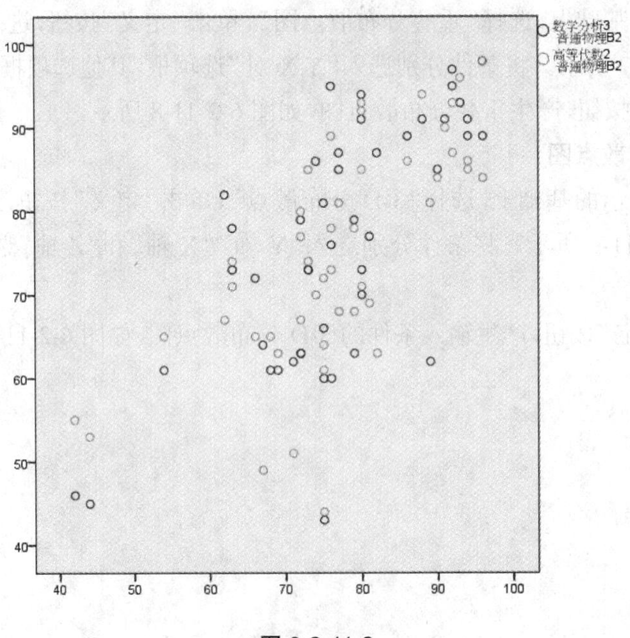

图 6-2-11-8

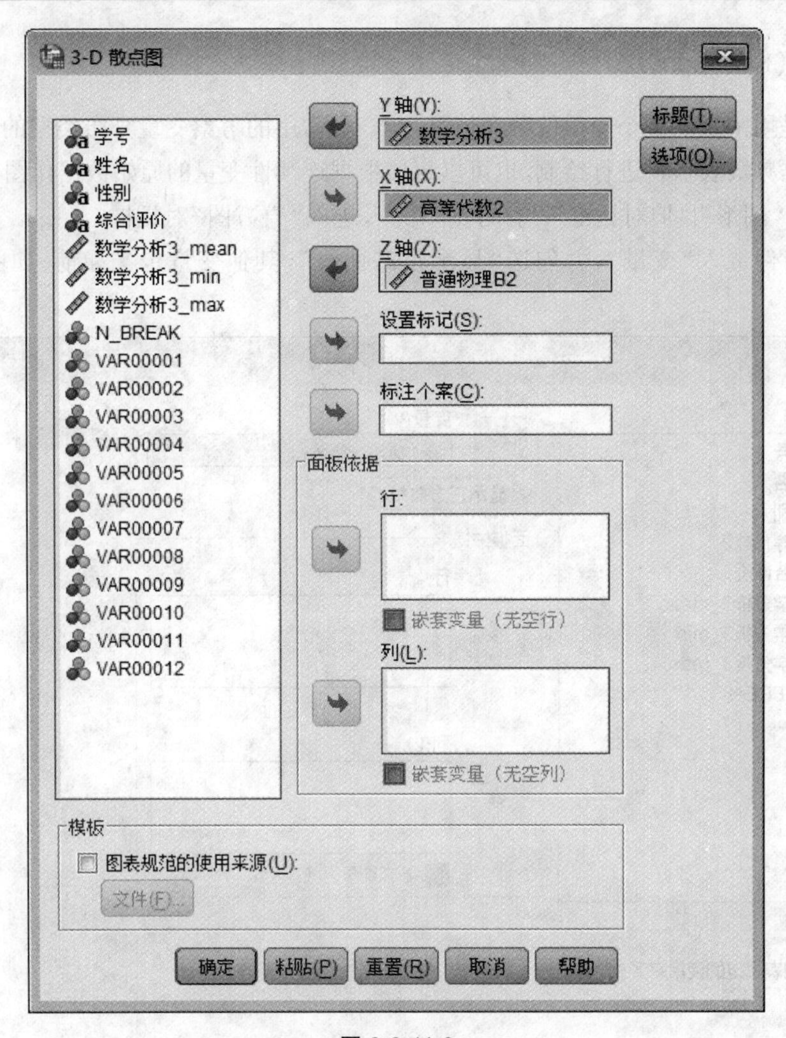

图 6-2-11-9

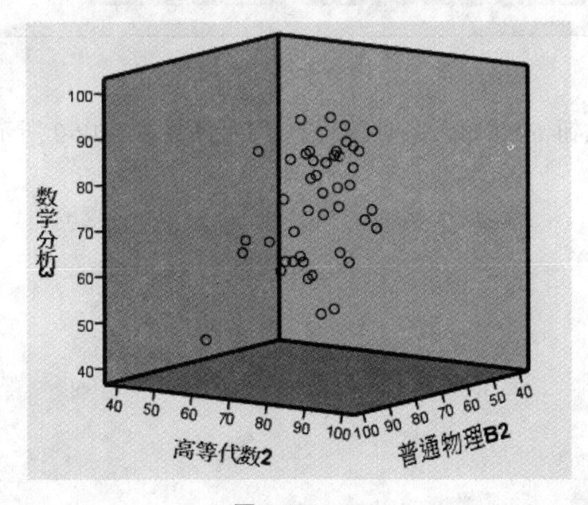

图 6-2-11-10

2.12 直方图(Histogram)

直方图是用来反映某个变量的分布情况,是一种常用的考察变量分布类型的统计图,直方图可以根据频数表资料进行绘制,也可以直接根据连续性变量的原始数据作图。

(1)单击“图形”|“旧对话框”|“直方图”命令,进入“直方图”对话框。

(2)将条件选入“变量”,并勾选“显示正态曲线”,其他变量定义如前,如图 6-2-12-1 所示。

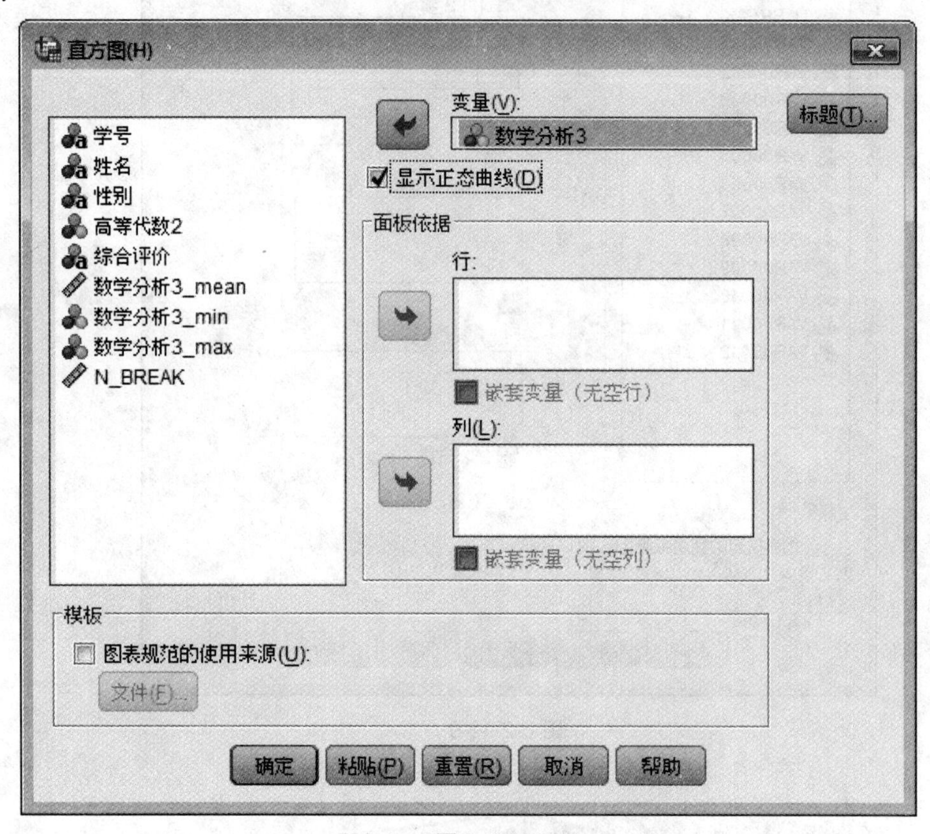

图 6-2-12-1

(3)单击“确定”按钮,产生输入条件的直方图,如下图 6-2-12-2 所示。

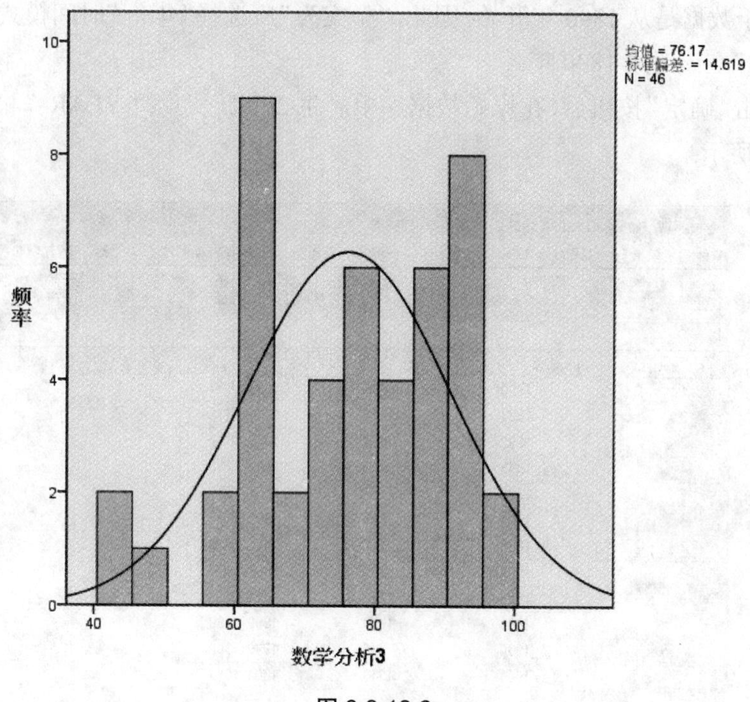

图 6-2-12-2

2.13 时间序列图

时间序列图是以时间轴为横轴、变量为纵轴的一种统计图，其目的是观察变量是否随时间变化而呈现某种趋势。

（1）单击“数据”|“定义日期”命令，进入“定义日期”对话框，如下图 6-2-13-1 所示。

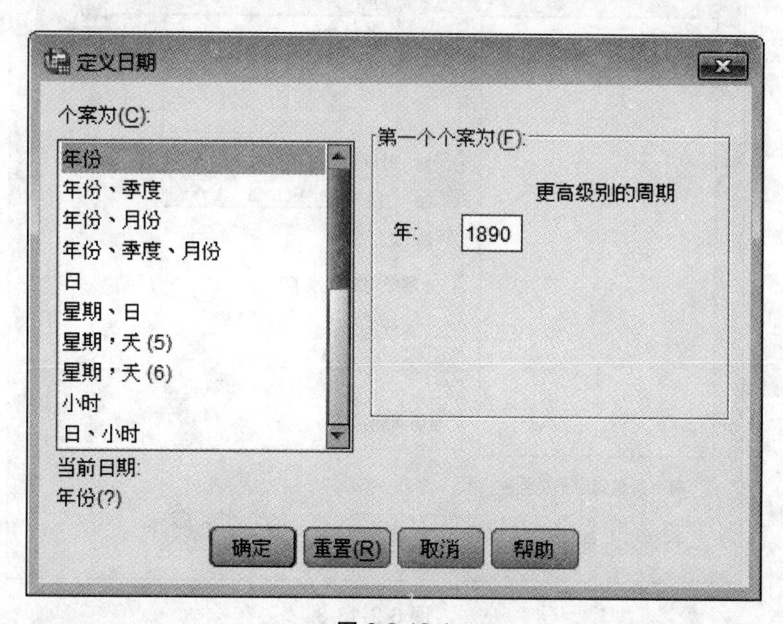

图 6-2-13-1

（2）由于数据是从 1890 年开始，因此，“个案为”应选择“年份”时间模式，且“第一个个案为”的“年”应该改成 1890 年。

（3）单击“确定”按钮后，在原始数据库中产生 2 个新变量；“YEAR-”和“DATE-”。如图 6-2-13-2 所示；

	year	output	YEAR_	DATE_	变量	变量
1	1890	1096	1890	1890		
2	1891	5811	1891	1891		
3	1892	2828	1892	1892		
4	1893	295	1893	1893		
5	1894	7687	1894	1894		
6	1895	855	1895	1895		
7	1896	347	1896	1896		
8	1897	301	1897	1897		
9	1898	1260	1898	1898		
10	1899	1978	1899	1899		
11	1900	716	1900	1900		
12	1901	1340	1901	1901		

图 6-2-13-2

（4）单击“分析”|“预测”|“序列图”命令，进入“序列图”对话框，如图 6-2-13-3 所示，分别将条件和“DATE-”纳入“变量”和“时间轴标签”，其他选项框默认即可。

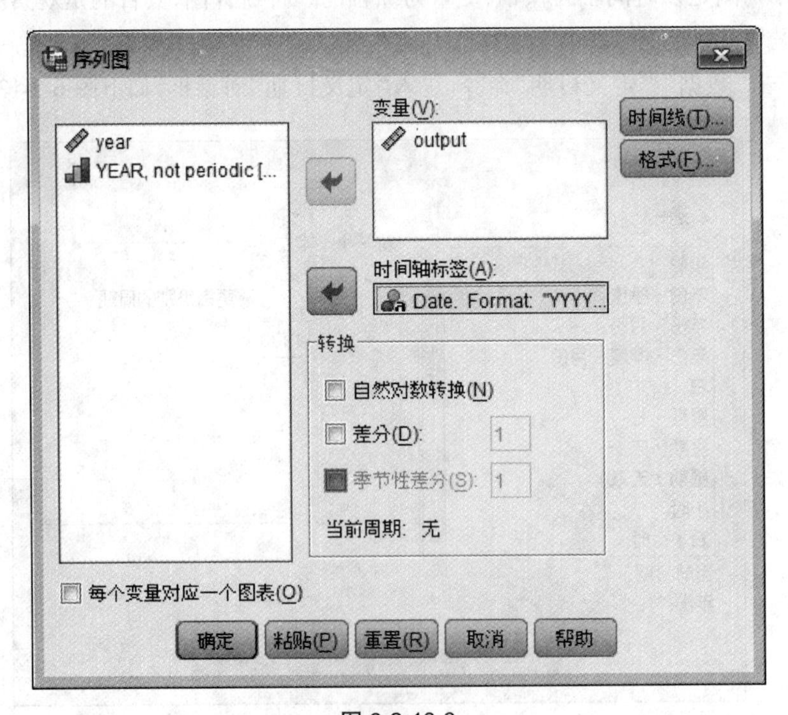

图 6-2-13-3

（5）单击“确定”按钮后，生成时间序列图，如图6-2-13-4所示。

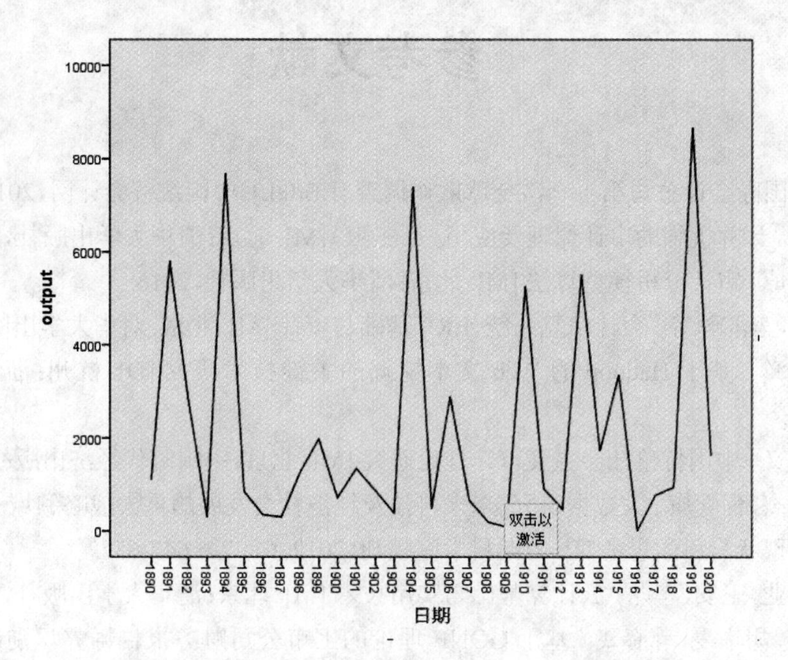

图6-2-13-4

参考文献

[1] 安永国际会计公司第十一次全球欺诈调查 [EB/OL]. 中国法务会计网，2013-03-08.

[2] 陈伟 . 计算机辅助审计原理及应用（第三版）[M]. 北京：清华大学出版社，2016.

[3] 刘汝焯 . 审计分析模型算法 [M]. 北京：清华大学出版社，2016.

[4] 张莉，李湘蓉等 . 会计信息系统、ERP 基础与审计 [M]. 北京：清华大学出版社，2016.

[5] 陈玲玲 . 基于 Hadoop 的 Web 文本挖掘的关键技术研究 [D]. 杭州：浙江理工大学，2012.

[6] 刘家义 . 中国特色社会主义审计理论研究 [M]. 北京：中国时代经济出版社，2013.

[7] 李国杰，程学旗 . 大数据研究：未来科技及经济社会发展的重大战略领域——大数据的研究现状与科学思考 [J]. 中国科学院院刊，2012，6（27）：647-657.

[8] 黎连业，王安，李龙 . 云计算基础与实用技术 [M]. 北京：清华大学出版社，2013.

[9] 洪荭，胡华夏，郭春飞 . 基于 GONE 理论的上市公司财务报告舞弊识别研究 [J]. 会计研究，2012（8）：85-90.

[10] 乔鹏，李湘蓉 . 会计信息系统与审计 [M]. 北京；清华大学出版社，2010.

[11] 审计署关于印发审计署“十二五”审计工作发展规划的通知（审办发〔2011〕112 号），2011-06-30.

[12] 审计署关于印发信息系统审计指南——计算机审计实务公告第 34 号的通知（审计发〔2012〕11 号），2012-02-01.

[13] 郭宗文 . 计算机审计 [M]. 北京：清华大学出版社，2018.

[14] 汪刚，付奎亮 . 会计信息化实用教程 [M]. 北京：清华大学出版社，2014.

[15] 万建国，张冬霁，安景琦 . 一种基于控制数据检查的内部控制测试方法 [J]. 审计研究，2013（5）：66-71.

[16] 谢宗晓 . 信息安全管理体系实施指南 [M]. 北京：中国标准出版社，2012.

[17] 张磊 . 基于子空间的高维审计数据异常挖掘研究 [J]. 硅谷，2012（6）：86-87.

[18] 张莉，王璐 . 资产负债表平行模拟审计数据分析模型 [J]. 北京信息科技大学学报，2011，1（26）：53-56.

[19] 张瑞君，蒋砚章 . 会计信息系统（第六版）[M]. 北京：中国人民大学出版社，2012.

[20] 朱志坚 . 基于信息化视角下财务会计领域的舞弊及对策 [J]. 财务会计，2012（11）：24-25.

[21] 周玉清 . ERP 与企业管理 [M]. 北京：中国时代经济出版社，2013.

[22] 本书课题组 . ERP 环境下的财务收支审计指南 [M]. 北京：中国时代经济出版社，2013.

[23] 陈伟 . 一种基于等级法的联网审计绩效评价办法 [J]. 计算机科学，2010，37（11）：111-

116.

[24] ISACA.COBIT5.0.www.siaca.org. 2012.

[25] Morris，John J. The Impact of Enterprise Resource Planning（ERP）Systems on the Effectiveness of Internal Controls over Financial Reporting [J].Journal of Information Systems，2011，25（1）：129-157.

[26] Ping-Feng Pai，Ming-Fu Hsu，Ming-Chieh Wang. A support vector machine-based model for detecting top management fraud[J].Knowledge-Based Systems，2011（24）：314-321.

[27] Reshef DN，Reshef Y A，Finucane H K.Detecting novel associations in large data sets [J]. Science，2011，334（6062）：1518-1524.

[28] Zhang Li，Zhang Jianping.The model and application of mining the features of financial statement audit with multi-subjects[C]//The 8th Intternational Conference on Service Systems and Service Management，June，2011，IEEE Tianjin：25-27.

[29] Acl. http：//www.acl.com. 2011.

[30] Alali A F，Pan F.Use of audit software：review and survey[J].Internal Auditing，2011，26（5）：29-36.

[31] Alles M G，Kogan A，Vasarhelyi M A.Collaborative design research：Lessons from continuous auditing[J].International Journal of Accounting Information Systems，2013，14：104-112.

[32] Armbrust M，Fox A，Griffith R et al.A view of cloud computing[J].Communications of the ACM.2010，53（4）：50-58.

[33] Caseware. http：//www.caseware.com. 2011.

[34] CaseWare 国际有限公司 .IDEA 第 8 版教程 [EB/OL]. http：//www.caseware.com.2010.

[35] CCF 大数据专家委员会 . 中国大数据技术与产业发展白皮书 [R]. http：//www.ccf.org.cn.2013.

[36] Chen C L P，Zhang C Y.Data-intensive applications，challenges，techniques and technologies A survey on Big Data[J].Information Sciences，2014，275（8）：314-347.

[37] Chen W，Liu S F，Zheng H Y.Study on Systems，Man，and Cybernetics[C].IEEE Press，2008：2876-2880.

[38] Chen w，Menzefricke U，Smieliauskas W.Dynamic analysis of the performance of bayesian audit strategies with reliability modeling of internal control.IEEE International Conference on Grey Systems and Intelligent Services[C].IEEE Press，2011：642-646.

[39] Chen W，Smieliauskas W，Liu S F.Performance assessment of online auditing in China from the perspective of audit cost control.IEEE International Conference on Systems，Man，and Cybernetics[C].IEEE Press，2011：833-837.

[40] Chen W，Smieliauskas W，Trippen G.An audit evidence gathering model in online auditing environments.IEEE International Conference on Systems，Man，and Cybernetics[C].IEEE

Press.2011.

[41] Divyakant A，Philip B，Elisa B，et al.Challenges and Opportunities with Big Data[R].Cyber Center Technical Reports，Purdue University.2011.

[42] Gartner E S. 10 Critical Tech for the Next Five Years[EB/OL].http：//www.forbes.com/sites/ericsavitz/2012/10/22/gartner-10-critical-tech-trends-for-the-next-five=years/.2012.

[43] Geng B，Li Y，Tao D C，et al..Parallel lasso for large-scale video concept detection[J].IEEE Transactions on Multimedia，2012，14（1）：55-65.